北京高等教育精品教材
BEIJING GAODENG JIAOYU JINGPIN JIAOCAI

新编21世纪财务管理系列教材

成本管理学

第3版

Cost Management

孙茂竹　姚　岳　编著

中国人民大学出版社
·北京·

前　言

无论是从竞争角度（成本是企业竞争优势的要素之一）判断还是从业绩角度（企业的利润是收入减成本的余额）衡量，成本管理历来都是企业财务管理的重要内容。在中国经济经历了数十年的高速增长并进入新常态后，传统依赖低成本战略（该战略建立在资源便宜和市场无限的基础之上）获得成功的中国企业不得不面临严峻的挑战和选择：应该继续努力降低成本还是基于成本效益实施差异化战略？

因而，对成本内涵的正确理解，对成本分类及其概念的科学掌握，对成本计算和管理方法的合理使用，就成为企业各级管理者基本财务素质和能力的体现。

本次修订有以下特点：

（1）对成本管理的全过程进行了重新梳理，各章节的安排体现战略与战术相结合、预测与过程控制相结合、成本计算与成本管理相结合的基本要求，真正体现成本管理一体化的要求。

（2）将价值链分析与战略成本管理结合起来，一是防止价值链阐述过于冗长；二是突出战略成本管理的主要内容及其与成本日常管理的衔接。

（3）对有关章节做了较大调整，以突出重点，方便读者理解和掌握。例如：删去第 2 版的第 8 章和第 9 章，是因为有关内容虽然重要但具有环境特性（如基本职能活动中的成本管理）或暂时不能系统有效计量（如人力资本管理的决策），相关成本管理问题留待以后研究；将成本计算分为两章，方便读者循序渐进地掌握成本计算的方法。

（4）按照简练、实用的原则充实了成本管理学的内容，更有效地引导读者理解和把握成本管理学的内容和方法。

（5）对第 2 版中的错误进行了更正，对其中一些章节的内容做了简化或充实，使阐述更加清晰、准确。

本书共 11 章，其中第 1 章至第 5 章由孙茂竹教授编写，第 8 章、第 10 章、第 11 章由姚岳副教授编写，第 6 章、第 7 章、第 9 章由范歆副教授编写。本次修订由孙茂竹教授负责。

本次修订旨在不断完善《成本管理学》教材，使之更好地服务读者和企业各级管理者。希望广大读者能够批评、指正，继续提出宝贵意见，以便本书做进一步的修改、补充和完善。

编　者

目　　录

第1章

成本管理概论

1.1 成本管理的发展历程

成本的计算和管理源于业绩考核及提升企业价值的需要。通过成本管理系统的设计为企业成本管理提供指导。

1.1.1 成本管理萌芽阶段

1. 社会经济发展的基本特征

19世纪的英国工业革命促使企业生产规模迅速扩大，伴随合伙经营、股份公司等企业组织形式的出现，企业所有者逐渐将企业经营权委托给专门的管理层。为使各有关方面（如股东、债权人和经营者等）了解公司财务状况和经营成果，需要编制各种会计报表，由此形成了近代会计。

2. 经济理论的产生

英国工业革命完成后，机器代替了手工劳动，工厂制代替了手工工场；企业规模逐渐扩大，出现了竞争，生产成本得到普遍重视。

这一时期的经济理论认为：企业的盈利增长源于增加产量，只要价格高于成本，生产出来的产品就能销售出去，从而获得利润。因此，企业管理侧重于成本计算，用收入弥补支出，从而盈利。

3. 成本会计的形成

英国会计人员为满足企业管理的需要，对成本计算进行了研究。起初是在会计账簿之外，利用统计方法计算成本；后来将成本计算融入普通会计，从而形成了成本会计，这就是早期的成本管理。此时的成本管理仅限于对生产过程中的消耗进行系统的汇集和计算，用于确定产品成本和销售成本；成本控制的目的仅限于利用会计方法计算企业盈亏和评估资产价值。因此可以将这一阶段称为成本核算阶段。

1.1.2 标准成本管理阶段

1. 社会经济发展的基本特征

20世纪初，随着社会化程度的提高，生产规模日益扩大，竞争开始变得激烈，所有者和经营者都意识到，企业的生存和发展不仅取决于产量的增长，更取决于成本的高低。为了在激烈的市场竞争中战胜对手，企业必须加强内部管理、提高生产效率以降低成本和费用，最大限度地获取利润。

2. 经济理论的发展

适应该阶段社会经济发展的客观要求，通过时间研究、动作研究等现场研究方法来制定操作标准，训练工人，以最大限度减少浪费的科学管理理论得到推广。该理论由泰勒（F. W. Taylor）提出，旨在解决如何提高生产效率和工作效率的问题。该理论认为：对完成每一项工作来说，总存在一个“最佳途径”，管理的职责在于为工人创造工作业绩提供明确的指导，选择最适合的方式来完成这项工作，并用最有效的方法对工人进行培训。同时，假设工人只为经济奖励所激励。

为了提高生产和工作效率，泰勒在科学实验的基础上，提出在一定客观条件下可能实现且有效率的标准操作方法，并以此方法训练工人，从而制定出较高的操作标准。操作标准制定后，要求工人严格按此标准进行操作，不允许存在浪费。为了使工人达到较高的标准，除了让工人掌握标准的操作方法，还对工人使用的工具、机械、材料以及作业环境加以标准化。

3. 标准成本制度的形成

由于通过降低成本来增加利润成为企业新的盈利增长点，企业成本管理的目标就从单纯地计算盈亏转变为通过成本控制降低成本水平。在该阶段，企业管理以成本控制为基本手段，以提高企业生产效率和工作效率为基本目的，其主要内容包括以下几个方面：标准成本；预算控制；差异分析。

在标准成本制度产生之前，成本管理只进行事后的实际成本计算，据以计算企业盈亏，并没有控制成本水平的功能。实行标准成本制度后，除了事后计算产品的生产成本和销售成本，还要事先计算成本标准，据以控制日常的生产消耗并定期分析成本。这样，成本管理就从单纯的成本计算阶段发展到兼具成本计算与成本控制的阶段。

与此同时，以对外报告为基本目的的品种法、分批法、分步法等计算方法开始形成。

1.1.3　责任成本管理阶段

1. 社会经济发展的基本特征

第二次世界大战以后，由于科学技术日新月异，社会生产力迅速发展，跨国公司大量涌现。与此同时，市场竞争愈演愈烈，企业获利能力普遍下降。企业生产经营出现以下变化：

（1）广泛推行职能管理，利用行为科学研究的最新成果来改善人际关系，调动员工的主观能动性，激励员工提高产品质量、降低产品成本、扩大企业盈利。

（2）产品生产从重视单一品种的大批量生产转向按顾客要求进行多品种的小批量生产，以提高市场竞争力。

（3）由于市场竞争日趋激烈，企业不得不重视对市场的调查研究，借助最新研究成果来加强生产经营的预测和决策工作。与此同时，进一步强化生产经营的日常控制和考评工作。

（4）计算机技术的迅速发展为量化管理提供了保障。

由此可见，企业仅仅依靠提高生产和工作效率及内部标准化管理水平已显得力不从心，企业管理的重心转向提升企业价值。

2. 经济理论的迅速发展

为适应企业管理重心转移的需要，西方的管理理论得到迅速发展，极大地推动了成本管理的发展。

（1）行为科学。行为科学是运用心理学、社会学等方面的研究成果，研究人的各种行为的规律性，分析人产生各种行为的客观原因和主观动机的一门学科。行为科学认为：1）不能把员工看作只追求经济利益的“经济人”，而应看作有感情、思想、需要、爱好及主动性、积极性的“社会人”。2）企业是一个社会组织，从长远看，企业的目标应该是长期健康发展。行为科学旨在创造一种适当的激励机制，激励人们确定如下行为准则：每一个成员只有依靠组织才能有所作为，脱离组织则一事无成，从而在组织与成员之间形成一种同舟共济、患难与共的关系；只有实现了组织整体目标，才能最大限度地实现组织成员的个人目标；组织的各个方面均应以组织整体目标与成员个人目标协调一致为出发点，只有这样才能充分发挥各方面的积极性和创造性，不断增强企业的活力和凝聚力，为企业长期健康发展提供有力的保障。

（2）系统理论。系统是一个有组织、一元化的整体，它包括两个或两个以上的独立部分、元素或子元素，其界限由环境决定。系统理论认为：1）组织系统的各个部分是相互联系、相互依存、相互制约的。2）在系统内部、系统之间以及系统与外部之间，要进行物质、能量和信息交换，并通过交换形成一种稳定有序的状态。早期的系统理论认为组织（如企业）是一个封闭系统，因而对组织的研究只限于组织内部，而不考虑其所处的环境。之后的一般系统理论则将组织视为一个开放的系统，强调以下方面：1）组织对所处环境有依赖性。2）对组织加以研究不是组织的目的，而是帮助组织适应环境的手段。3）由于环境影响不同而产生的组织业绩水平的不同是组织实现其功能不可或缺的，应认真进行研究。总之，一般系统理论认为，在不同的环境下，没有一个最佳的组织结构可以通用。

（3）决策理论。决策理论认为：1）决策贯穿管理的全过程，管理就是决策。2）由于能力所限，个人在某段时间内只能处理少量的信息，因而不可避免地表现出有限理性，当面对一个问题时，他们只寻求解决该问题的第一方式，而不会不断地寻找，直至找到最优的解决方式，这就是著名的“以满意代替最优”思想。3）由于一个决策者可能同时面对几个目标，有时这些目标还会相互冲突，因此应找出这一时期最主要的目标并设法完成。随着时间的推移，其他目标的重要性也会显现出来，这时就要再排列顺序，依次完成，这就是“目标排列”思想。

3. 成本管理的发展

在此阶段，企业管理从重视效率转向重视经济效益，管理的时间范围从事后扩大到事前和事中，成本管理的目的也转向事前、事中和事后的全面成本管理。由于运筹学、系统工程、决策论等在成本管理中的运用，成本管理发展到一个新的阶段：从事后计算成本和控制成本发展到包括事前预测成本、事中控制成本、事后考核成本的全面成本管理。

随着社会经济的快速发展和经济理论的不断丰富，成本管理的理论体系更加完善，内容更加丰富，逐步形成了涵盖预测、决策、预算、控制、考核和评价的成本管理系统。

在此阶段，以标准成本制度为主要内容的成本管理控制继续得到强化并有了新的发展：责任会计将行为科学理论与管理控制理论结合起来，进一步加强了对企业经营的全面控制（不仅仅是成本控制），并将责、权、利结合起来，极大地调动了经营者的积极性和主动性。

成本管理在强化控制职能的同时开始行使预测和决策职能。管理的关键在于决策，决策的关键在于预测。随着各种预测、决策理论和方法广泛引入会计领域，逐步形成了以预测、决策为主要特征并与管理现代化要求相适应的会计信息管理体系。

该阶段成本管理的主要内容包括以下几个方面：

（1）预测。是指运用科学的方法，根据历史资料和现实情况，预计和推测经济活动未来趋势和变化程度的过程，包括销售预测、成本预测、利润预测和资金需要量预测等内容。

（2）决策。是指按照既定的目标，通过预测、分析、比较和判断，从两个或两个以上的备选方案中选择最优方案的过程，包括经营决策（如产品品种决策、产品组合决策、生产组织决策、定价决策）和投资决策等内容。

（3）预算。是指用货币度量和非货币度量反映企业一定时期收入、成本、利润、对资产的要求及对资金的需要，以及经营目标和结果的计划，包括业务预算、专门决策预算和财务预算等内容。

（4）控制。是指按预算要求控制经济活动，使之符合预算的过程，包括标准成本法和责任会计等内容。

（5）考核和评价。是指通过实际与预算的比较，确定差异，分析差异形成的原因，并据以对责任者的业绩进行评价和对生产经营进行调整的过程。这一过程往往在标准成本法和责任会计中表现出来。

可见，在该阶段，传统成本管理的内容体系已经初步建立。

1.1.4 战略成本管理阶段

1. 社会经济发展的基本特征

20世纪70年代以来，社会经济发展表现出以下基本特征：

（1）竞争要求企业进行“顾客化生产”。全球化使企业面临更加激烈的市场竞争，企业面临的市场从过去的已知顾客群转向包括潜在顾客群在内的多样化的顾客群体。为适应这种变化，企业必须从以追求规模效益为目标的大批量生产方式转向能根据顾客不同需求迅速做出反应的“顾客化生产”，即以顾客为中心，以顾客的满意程度为判断依据，在动态掌握顾客需要的基础上，在较短的时间内完成从产品设计、制造到投放市场的全过程。

（2）科学技术的发展为“顾客化生产”提供了可能。数控机床、电脑辅助设计、电脑辅助制造、电脑管理系统等的广泛应用，使得产品的订购、设计、制造、销售等各环节形成一个整体，设计人员可以据此实现新产品的功能、质量、成本等的最佳结合，从而达到新产品技术先进性和经济可行性的统一。这不仅为企业进行灵活多样的“顾客化生产”提供了技术上的可能，而且提高了劳动生产率和产品的市场竞争力。

2. 经济理论的发展

由于市场竞争日益激烈，人们认识到准确预测外部环境几乎是不可能的，企业必须以外部环境的变化为基础制定计划，更加留心市场的动态变化，更密切地关注竞争对手。与此相适应，战略管理理论有了长足的发展。

战略管理是管理者确立企业长期目标，在综合分析所有内外部相关因素的基础上，制定达到目标的战略，并执行和控制整个战略的过程。战略管理一般分为三个阶段：战略制定、战略实施、战略评价与控制（如图1-1所示）。

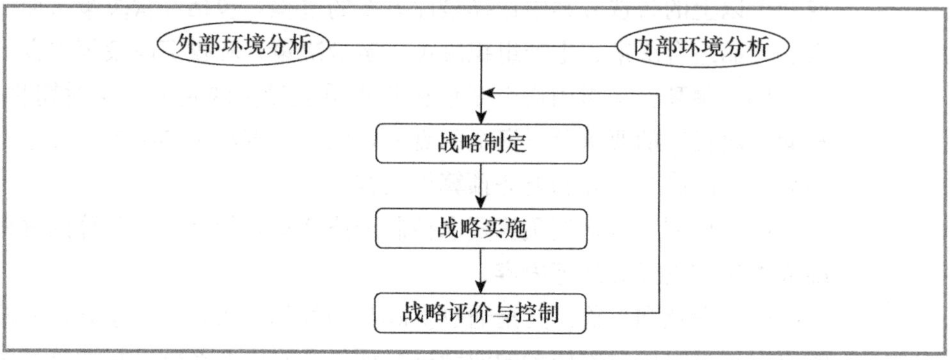

图 1-1　战略管理流程

从图 1-1 中可以看到：战略制定的关键是在不断地审视企业内外部环境变化的前提下，寻找一个能够运用优势、抓住机会、弱化劣势以及避免或缓和威胁的战略。战略实施的关键在于将企业战略具体化，使之在时间安排和资源分配上有所保障。战略评价与控制的关键在于及时、准确地将有关信息反馈到企业战略管理的各个环节，以便企业各级管理者采取必要的纠正行动。

重视环境对企业经营的影响是企业战略管理的基本点。

3. 战略成本管理的产生

20 世纪 70 年代之后，面对激烈的行业竞争，企业开始重视制定竞争战略，随时根据顾客需求与竞争者情况的变化做出相应调整。

比如，1989 年，尚克（Shank）对迈克尔·波特在竞争优势分析中提出的低成本战略和差异化战略所做的调查显示：实施低成本战略的企业，战略成本管理侧重于使用传统成本管理方式，用标准成本评价部门业绩，将产品成本作为定价和编制弹性预算的基础，力求完成预算目标，并重视分析竞争对手的成本。随着准时制（JIT）生产系统的建立，作业成本法广泛应用于实施低成本战略的企业，成为战略成本管理的一项重要内容。实施差异化战略的企业，战略成本管理注重市场营销部门的成本效益分析，认为市场营销是企业成功的关键因素，预算控制和标准成本则居于次要位置。

从以上分析中不难看出，在竞争激烈的经济环境中，企业为追求盈利必须有竞争优势：要么成本低于竞争对手，要么在产品、服务等方面形成不同于竞争对手的特色。企业的经营管理不再局限于内部的管理，而是更加注重企业与竞争环境的联系，强调从战略高度进行管理。相应地，成本管理的目标定位于使企业能更好地适应竞争激烈的外部环境，发挥企业竞争优势，实现企业的竞争战略。这样成本管理就进入战略成本管理阶段。这一时期，作业成本法、成本企划法、产品全生命周期成本法等战略成本管理方法相继产生。

战略成本管理在时间和空间两个维度上进行了扩展：不仅管理历史成本，而且管理尚未发生的成本；不仅管理企业内部生产过程的成本，而且通过分析行业价值链和竞争对手的价值链，重新构建企业价值链，使管理对象突破企业个体范围。战略成本管理提供了更多的非财务信息，诸如质量、产品上市速度等。战略成本管理还强调人的作用，通过激励全体员工参与成本管理来提高管理效率。战略成本管理除了利用传统的经济手段，还运用技术、组织等手段。

1.2 成本管理的基本框架

1.2.1 成本管理的对象

从一般意义上讲，成本管理的对象是与企业经营过程相关的所有资金耗费，不仅仅是财务会计中的历史成本，企业内部价值链范围内的资金耗费，而且是企业实现竞争战略和持续成本改善所涉及的一切资金耗费。它既包括财务会计中的历史成本，也包括内部经营管理所需的现在和未来的成本；既包括企业内部价值链范围内的资金耗费，也包括行业价值链整合所涉及的客户和供应商的资金耗费。现代成本管理系统虽然采用了多种成本管理方法，包括组织和技术方法，但成本管理的对象最终依然是资金流出。

具体到每个企业的成本管理系统，成本管理的对象有所不同。传统的简单加工型小企业的成本管理仅限于进行简单的成本计算，其成本管理对象也就限定为企业内部所发生的资金耗费。大型企业为了赢得竞争，必须关注竞争对手和潜在的所有利益相关者，因此其成本管理对象突破了企业的界限，凡是和企业经营过程相关的资金消耗都属于成本管理的范围。

1.2.2 成本管理的目标

成本管理的基本目标是提供信息、参与管理，可分为总体目标和具体目标。

1. 总体目标

成本管理的总体目标是为企业的整体经营目标服务，具体来说，包括为企业内外部的利益相关者提供所需的各种成本信息以做决策，以及通过各种经济、技术和组织手段控制成本水平。在不同的经济环境中，企业成本管理的总体目标的表现形式有所不同。在竞争性经济环境中，成本管理的总体目标主要依据竞争战略而定。波特最终将竞争战略分为低成本战略和差异化战略，在低成本战略指导下，成本管理的总体目标是追求成本水平的绝对降低；而在差异化战略指导下，成本管理的总体目标则是在保证实现产品、服务等方面差异化的前提下，对产品全生命周期成本进行管理，实现成本的持续降低。

2. 具体目标

成本管理系统由成本会计子系统和成本控制子系统组成，所以其具体目标是由成本会计子系统和成本控制子系统分别实现的，表现为成本计算的目标和成本控制的目标，两者不可截然分开。

(1) 成本计算的目标。成本计算的最终目标是为所有信息使用者（包括外部信息使用者和内部信息使用者）提供成本信息。具体来说，成本计算的目标可归纳为以下三个方面：

1) 确定盈亏及资产价值，即按照成本会计制度的规定，计算财务成本，满足编制资产负债表和利润表的需要。

2) 促进优化管理行为，即通过向管理人员提供成本信息来提高其成本意识，通过成本差异分析，评价管理人员的业绩以促进管理人员采取改进措施。

3) 服务经营决策，即通过盈亏平衡分析等方法，提供管理成本信息，满足现代经营决策对成本信息的需求。

外部信息使用者需要的主要是关于资产价值和盈亏情况的信息，因此成本计算的第一项目标即可满足其需求。内部信息使用者除需要了解资产价值及盈亏情况外，主要是经营管理，而成本计算的第二项和第三项目标就是针对内部信息使用者的。

每个企业都是根据内外部信息使用者的不同要求来制定成本计算的目标，进而选择成本计算方法的。

(2) 成本控制的目标。成本控制的最终目标是降低成本水平，这一目标在不同的经济环境中有不同的表现形式。在发展过程中，成本控制目标经历了通过提高工作效率和减少浪费来降低成本、通过提高成本效益比来降低成本、通过保持竞争优势来降低成本等几个阶段。这几种形式的成本控制目标在我国当前经济环境中同时存在。

成本控制目标因竞争战略不同而异。实施低成本战略的企业的成本控制目标是：在保证一定产品质量和服务的前提下，最大限度地降低企业内部成本，具体表现为对生产成本和经营费用的控制。实施差异化战略的企业的成本控制目标则是：在保证企业实施差异化战略的前提下，降低产品全生命周期成本，持续节省成本，具体表现为对产品所处生命周期不同阶段发生的成本的控制，如对研发成本、供应商部分成本和消费成本的控制。

1.2.3 成本管理的循环

成本管理包括成本规划、成本控制、成本计算和业绩考核四项内容，它们依次递进、循环往复，构成成本管理的循环（如图1-2所示）。

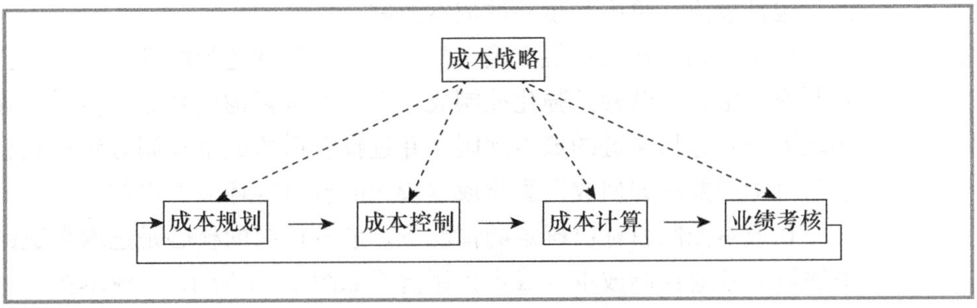

图 1－2　成本管理的循环

1. 成本规划

成本规划是基于成本管理战略，对成本管理做出的规划，是成本管理工作在总体上的把握，旨在为具体的成本管理提供战略思路和总体要求。成本规划是根据企业的竞争战略和所处的经济环境制定的，内容主要包括：确定成本管理的重点，规划控制成本的战略途径，提出成本计算的精度要求，以及确定业绩评价的目的和标准。成本规划流程如图 1－3 所示。

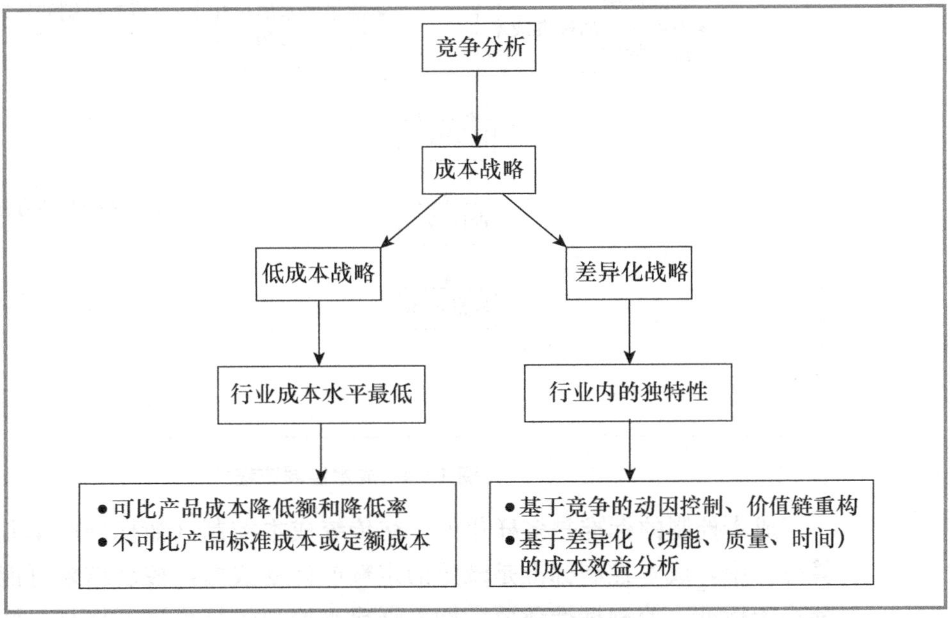

图 1－3　成本规划流程

从一定意义上讲，成本规划也是事先的成本计算，它为成本控制提供了基本依据和数据，为判断成本控制是否有效提供了标准。

2. 成本控制

成本控制是利用成本规划提供的基本依据和数据，采取经济、技术和组织等手段实现成本降低或成本改善的一系列活动。成本控制是成本管理系统的核心部分。在现代经济环境中，成本控制是全方位的控制，也是全员参与的控制，包括事前、事中和事后的成本控制。

成本控制应在成本规划确定的战略成本控制途径的基础上进行。战略成本控制途径主要有两种：强化控制成本动因和重新构建企业价值链。强化控制成本动因需要寻找关键的成本动因，并选择合适的成本控制方法；重新构建企业价值链则需要对如何改造影响成本较大的价值链环节做出规划。

在成本控制目标已确定的情况下，成本控制的核心是选取合适的成本控制方法以有效地控制成本（成本控制流程如图1-4所示）。成本控制方法是否恰当决定了成本控制的效果。传统的成本控制方法基本上都是利用经济手段，通过实际成本和成本标准的差异分析实现的；现代的成本控制方法则突破了经济手段的限制，使用包括技术和组织手段在内的所有可能的控制手段。在多样化的经济环境中，传统和现代的成本控制方法的运用是交织在一起的。比如，传统的标准成本控制可以与先进的作业成本控制结合运用，成本企划法中的目标成本控制可以与责任会计相结合，等等。

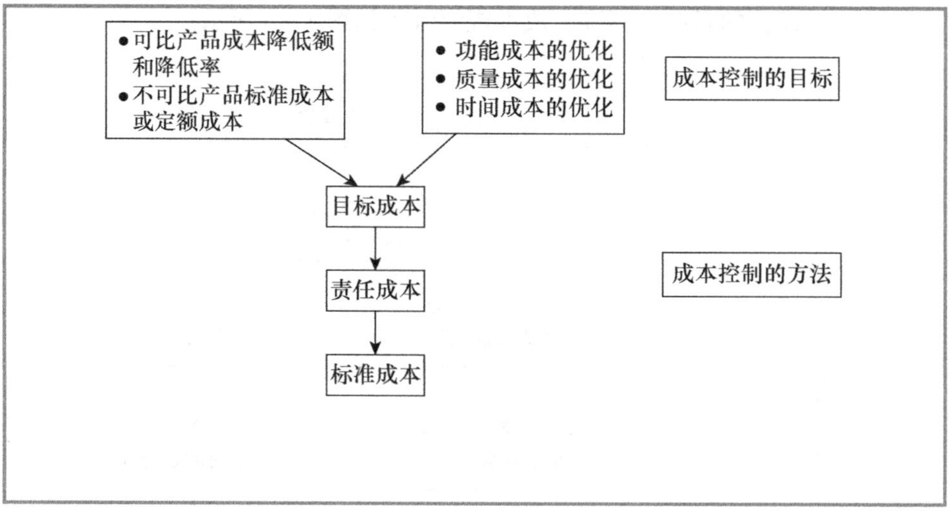

图1-4　成本控制流程

成本控制的标准是多样化的，在传统成本控制（如标准成本制、全面预算等）中，成本控制标准是既定的定额或计划数据，控制结果可能大于也可能小于标准，控制标准还要定期根据成本控制的结果进行修订。而在现代成本控制（如成本企划法）中，成本控制标准是根据市场情况确定的目标成本，为每种新产品制定的目标成本都是固定的，同时成本控制结果不能大于目标成本。

3. 成本计算

企业的所有支出（无论是已经发生，还是将要或可能发生）最终都要表现为现实的支出才能影响价值变化。于是成本计算作为成本管理系统的信息基础，分为财务成本计算和管理成本计算两大部分。财务成本是出于对外报告目的计算的，计算原则是固定的，计算的成本是历史成本（已经发生的支出）。管理成本是根据企业经营管理的需要计算的，没有固定的计算原则，计算的成本可以是历史成本，也可以是现在和未来的成本（将要或可能发生的支出）。传统成本计算中，由于财务成本信息不能满足管理的需要，企业要么单独计算管理成本，要么降低管理的要求，利用财务成本信息进行管理，而不计算管理成本。直到作业成本法产生和计算机广泛使用，才使一种成本计算法同时满足财务报告和成本管理的需求成为可能（如图 1－5 所示）。

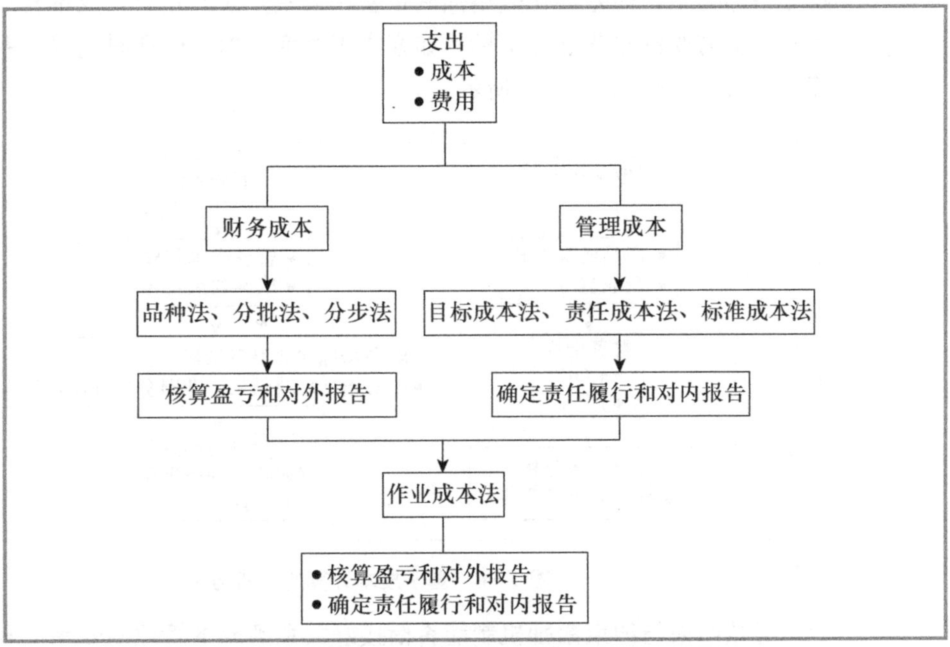

图 1－5　基于成本管理的计算

成本计算的核心是计算方法的选择。财务成本的基本计算方法包括品种法、分批法和分步法，分别适用于不同的经济环境。企业主要根据自身生产方式的特点和管理中要求的计算精度来确定财务成本计算方法。在管理成本计算方法下，主要依据企业管理的要求和计算方法的成本，来确定是直接利用财务成本，还是选取诸如变动成本法来单独计算管理成本，或是对现有财务成本计算法进行改进（如采用作业成本法）。

在竞争性经济环境中，企业通过对成本信息的精度和所需的成本信息提出要求，来影响成本计算方法的选择。与差异化战略相比，低成本战略要求精度高、及时性强的成本信息，所以要选取能比较准确地分配间接费用的成本计算方法，如作业成本法。

4. *业绩考核*

业绩考核是对成本控制效果的评估，目的在于改进原有的成本控制活动以及激励、约束员工和团体的相关行为。业绩考核的关键在于考核指标的选择以及考核结果与约束激励机制的衔接。

考核指标可以是财务指标，也可以是非财务指标。财务指标可以通过财务报告中的数据计算得到，信息的获取成本低，易于操作，但存在评价范围过窄、容易被操纵的问题。非财务指标则可以弥补财务指标的缺陷，更适合现代经济环境，但非财务指标的收集和计量存在困难。在多样化的竞争性经济环境中，业绩考核指标应根据竞争战略来选择。不同的竞争战略关注不同的经营方面，业绩评价的重点就会不同，选取的考核指标也就各有侧重。低成本战略以财务指标为主，而差异化战略强调企业在某些方面的差异，成本管理中的业绩考核也就需要许多非财务指标，如客户满意度、内部循环时间等。基于成本计算的分析与考核如图1-6所示。

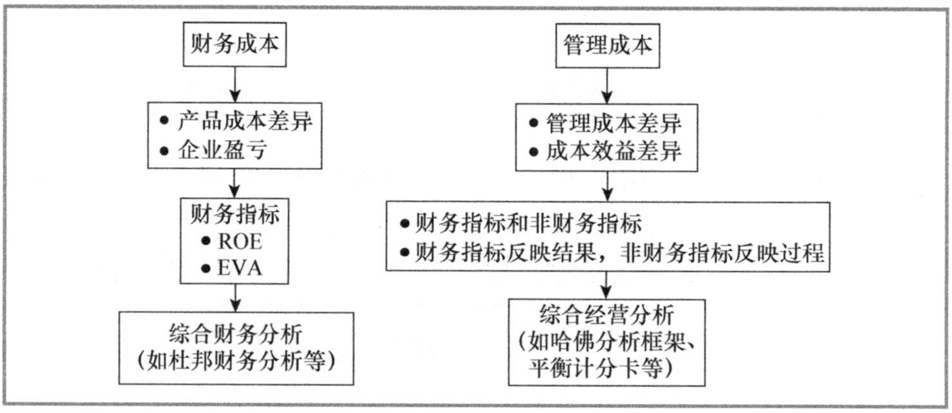

图1-6　基于成本计算的分析与考核

考核结果与约束激励机制能否衔接好关系到成本管理的效果。利用经济手段进行约束激励，就要解决好考核结果的量化及与奖惩挂钩的问题。另外，企业还应注重文化建设，以实现对员工的约束激励，日本企业在这方面的做法值得借鉴。

总之，完整且有效的成本管理的重点在于成本规划。成本规划在战略上对成本控制、成本计算和业绩考核进行指导，成本规划的调整是经济环境和竞争战略变动的结果。而成本控制、成本计算和业绩考核三者之间的联系就是成本信息的流动和应用，具体表现为：事先的成本计算（即成本规划）为成本控制提供满足竞争需要的成本信息；成本控制利用成本规划信息，结合其他经济、组织、技术方法对企业成本水平加以控制；事后的成本计算为考核成本控制的效果提供满足各个层面（如投资人、管理者）需要的成本信息；业绩考核根据成本计算得出的结果并结合非财务指标对成本控制活动的结果进行评价，并将评价结果及时反馈到成本计算和成本控制环节，以便改进。

1.3 影响成本管理的重要因素

成本管理受企业内外环境变化的影响，既要不断根据内外环境的变化做出调整，又要依据企业战略进行有效的管理。因此，对成本管理产生影响的因素主要有三类：企业外部环境、企业内部环境和企业竞争战略。其中，企业竞争战略是对成本管理影响最直接、最深远的因素；企业外部环境主要是通过影响企业竞争战略和内部环境来间接影响成本管理；企业内部环境是成本管理实施的物质基础，并对成本管理提出具体的要求。

1.3.1 外部环境

外部环境主要包括经济、技术和文化等因素。

1. 经济因素

市场竞争情况是主要的经济因素。当产品处于卖方市场时，市场竞争不激烈，企业多侧重于内部经营过程的成本管理，利用规模经济和学习曲线实现降低成本的目标。而当产品处于买方市场时，企业之间的竞争激化，为赢得竞争优势，企业将经营视角扩大到企业边界之外，关注客户的需求。企业在成本管理方面，运用更加多样化的手段，追求持续的成本改善，使成本管理更具战略色彩。同时，诸如行业发展成熟度、行业上下游市场的竞争情况、替代品情况以及宏观经济状况等其他经济因素也会通过影响企业竞争战略来影响成本管理。

2. 技术因素

技术因素对成本管理的影响主要表现在生产方式的变动上。历史上，生产方式的每次进步都会引起产品成本结构的变动，进而影响成本计算和成本控制方法的使用。伴随从手工生产到机器化生产再到自动化生产的演变，成本管理经历了从简单的成本计算到标准成本制再到作业成本法的过程。技术还是战略成本动因之一，企业可能由于技术进步而获取长久的成本优势或产品差异化优势。另外，现代成本管理广泛运用了技术方法，技术成为成本控制的重要手段之一，如目标成本管理中运用了功能成本分析。

3. 文化因素

文化因素尤其是管理理论对成本管理也产生了重大影响。科学管理、运筹学和行为科学等科学理论的发展推动了成本管理观念的进步和成本管理方法的改进。文化因素还会影响企业文化和约束激励机制的建设。

1.3.2 内部环境

内部环境会对成本管理系统的设计提出要求。影响成本管理的内部环境包括企业的组织结构、生产方式和企业文化等。

1. 组织结构

组织结构是员工为实现企业目标，在管理工作中进行分工协作，在职务范围、责任、权力方面所形成的机构体系，也是企业有效利用资产和能力的形式。企业组织结构的特征因素有：管理层次、管理幅度、专业化程度和集权程度等。不同的企业以及同一企业在不同的发展阶段中，都会根据外部条件来设计相应的组织结构。组织结构共有四种形式：职能制、事业部制、矩阵制和流程制。每种组织结构形式都有其优点和缺点。

成本管理总是在一定的组织结构的基础上实施，组织结构是企业成本管理实现的物质前提。不同的组织结构形式在管理层次和专业化程度等方面表现出不同的特征，而这些特征会影响企业内部信息的传递、业务的导向和部门间的分工协作，也会影响成本管理实施的效果。适宜的组织结构能够有效地推进成本管理的实施。另外，成本管理系统的设计并不是被动地建立在组织结构的基础上，在需要时会对组织结构提出要求，如目标成本管理的实行要求跨职能部门的产品设计小组来支持。

2. 生产方式

企业生产方式的选择依赖于行业技术特征及经营规模等多个因素，同时，生产方式也影响企业成本管理系统的设计，主要体现在成本计算方法的选择等方面。大批量的装配式生产适用品种法和分步法，单件或小批量的装配式生产则适用分批法。自动化程度较高的生产方式发生的间接费用较多，因此要求使用能够比较准确地分配间接费用的成本计算方法（如作业成本法）；对于自动化程度较低的传统生产方式，生产成本中人工成本占比较大，不太重视间接费用的分配，因此传统的制造成本法就能满足信息需求。

3. 企业文化

企业文化是成本管理实施的精神条件，每种管理方式都与特定的企业文化相适应。团结协作的企业文化与成本企划法等方法相适应，传统的标准成本制则与各司其职的企业文化相适应。

除以上三个主要因素外，企业内部还有很多因素会对成本管理系统的设计产生影响，如经营规模等。

1.3.3 竞争战略

竞争战略是企业为获取长期的市场竞争优势制定的经营目标以及为实现这一目标而采取的相应措施。竞争战略依据企业内外部环境的分析来制定。在不同的时期，企业会为不同的产品制定不同的竞争战略。

根据波特的竞争力理论，企业利用价值链对产品所处行业、企业的竞争对手和企业内部经营活动进行分析后，可制定三种竞争战略：低成本战略、差异化战略和集中战略。低成本战略是企业为赢得价格竞争而追求行业内成本领先地位的竞争战略；差异化战略是企业通过追求产品或服务的独特个性而赢得市场竞争的竞争战略；集中战略则是前两种战略在一个或几个细分市场的应用，由于该战略的实质在于形成细分市场的差异，因而应用时也可归入差异化战略。

不同的竞争战略有着不同的成本管理战略和重点，因此会对成本管理系统的设计提出不同的要求，并表现在成本管理方法的诸多运用方面（见表1-1）。

表1-1 不同竞争战略对成本管理系统设计的不同要求

项目		低成本战略	差异化战略
战略规划	重要性	小	大
	资本支出评价标准	更多强调财务数据，如成本等	更多强调非财务数据，如市场占有率等
预算体系	预算的作用	控制工具	短期的计划工具
	预算的修改	比较难	比较容易
	业绩评价中标准成本的作用	比较重要	不重要
	弹性预算对控制成本的重要性	较大	较小
	对完成预算的重要性	较大	较小
	控制内容	结果	过程
	向上级非正式报告的内容及频率	政策性事项的报告较少，营运性事项的报告较多	政策性事项的报告较多，营运性事项的报告较少
激励制度	奖金在薪酬中的比例	较低	较高
	奖金发放标准	强调财务指标	强调非财务指标
	奖金确定方式	比较客观	比较主观

1.3.4 各影响因素间的关系

各影响因素与成本管理系统之间的关系如图1-7所示。

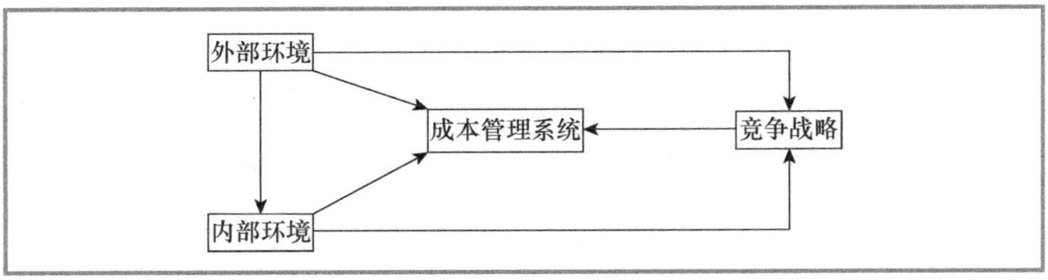

图1-7 各影响因素与成本管理系统之间的关系

企业依据其生存的内外部环境来制定竞争战略，通过行业价值链分析、竞争对手价值链分析和内部价值链分析，确定适宜的竞争战略，并随时根据内外部环境的变化进行调整。

竞争战略的实施可能要求企业对内部环境的某些方面做出相应的调整，如成本企划法中面向市场的产品设计由跨职能部门的设计小组完成，从而要求企业组织结构进行相应的调整。另外，竞争战略的成功实施会强化现有的内部环境状态。

内外部环境和竞争战略共同作用于成本管理系统的设计，内外部环境因素是成本管理系统设计的基础和条件，竞争战略则是成本管理系统设计的指导思想。

思考题

1. 经济理论对成本管理的产生和发展有哪些重要影响？你从中得到了什么启示？

2. 科学管理理论对成本管理有哪些重要影响？这些影响在成本管理会计的不同发展阶段是如何表现的？

3. 泰勒的时间研究、动作研究等科学试验对当时和后来的成本管理发展有哪些影响？

4. 人与过程在成本管理的发展过程中是如何结合的？这一趋势表现在成本管理的哪些内容和方法上？请举例说明。

5. 成本计算的真正意义是什么？表现在哪些方面？

6. 成本管理会计系统有必要既提供财务信息又提供非财务信息吗？请解释说明。

7. 成本战略的重要性表现在哪些方面？它是如何影响成本管理活动的？

第2章 成本的概念及基本分类

2.1 成本的概念

经济学、管理学、会计学对成本的定义和使用存在较大差异，成本概念的内涵和外延相互交叉，甚至财务会计和管理会计对成本概念的理解也不尽相同，因此梳理成本的定义十分重要。

2.1.1 经济学中的成本

1. 马克思政治经济学中的成本本质

马克思的成本理论揭示了成本本质：成本是商品生产中耗费的活劳动和物化劳动的货币表现。于是，资本主义制度下的成本由转移的生产资料价值和劳动力的价格组成。劳动者在生产中创造的剩余价值即资本家的资本增值，它转化为利润，不包括在成本之内。

马克思对成本本质的经典论述强调：成本是耗费和补偿的统一体，因此应以资本耗费的价值部分作为成本计量研究的理论依据，同时应以成本价值的补偿尺度作为成本计量研究的实际出发点。

2. 西方新古典经济学中的成本

在西方新古典经济学中，成本包括“正常利润”。

> 生产某种产品或劳务所费成本是什么？假如经济分析的目的在于考察稀缺生产资源的有效率分配使用，那么，生产X产品所费成本，就是为了生产该产品而放弃（或牺牲）了另一种最佳替代物Y产品的生产。简言之，生产X产品所费成本即是它的机会成本。①

① 保罗·A. 萨缪尔森. 经济学：第12版（上册）. 高鸿业，译. 北京：中国发展出版社，1992.

可见，经济学分析中把企业生产某种产品的生产成本与生产该产品的机会成本作为同义词来理解，并把它分为以下两类：

（1）显性成本。是指企业会计账本上作为成本项目计入的费用，包括员工工薪、原料、燃料、动力和运输等方面的费用，以及借入资本支付的利息。

（2）隐性成本。是指企业为自己提供资源所必须支付的费用，包括：1）企业会计账本上作为成本项目计入的固定资产折旧费；2）企业所有者的资本利息和业主的劳动报酬。

其中，隐性成本中的第二项又称为"正常利润"。经济学把"正常利润"计入产品的生产成本，是因为必须考虑企业所有者的资本代价。如果资本所有者的资本得不到回报，他将会把资本转移到其他行业。

此外，西方经济学的发展还产生了"交易费用（成本）""代理成本""信息成本"等概念。

2.1.2 管理学中的成本

管理学认为成本是企业在生产某种产品过程中所消耗资源的货币总和，是一种企业生产、技术、经营活动的综合指标。产品产量的多少，品种的变动，质量的优劣，工时、台时的利用，资源、能源的消耗，资金周转的快慢等，都会直接或间接地在成本中有所反映。

企业管理之所以从手段角度强调成本，是因为它可以对企业各方面工作起到组织和促进作用。

可见，与经济学相比，管理学似乎并不强调成本的经济实质，却十分重视从成本过程和成因角度来阐述成本。

产生这种差异的原因在于：管理学是研究对组织所拥有的资源进行有效的计划、组织、领导和控制，以便达到既定组织目标的一门社会科学，它更关注成本形成的动因和可能带来的后果。经济学研究的是稀缺资源条件下的经济运行规律，更重视揭示成本背后的经济本质。

2.1.3 会计学中的成本

会计学认为成本是为达到某一特定目标所失去或放弃的一切可以用货币计量的耗费，可以分为财务成本和管理成本。

1. 财务成本

财务成本是财务会计范畴内的费用概念。费用和成本是密切相关的，美国会计学会名词委员会（1957）在成本归属理论中提及已耗成本概念，并将已耗的历史成本定义为费用，将未耗的历史成本定义为资产。

在上述定义中，费用是企业为了获得营业收入而发生的耗费。凡是不产生营业收入的资产耗费或减少，例如，由于自然灾害造成的资产毁损，从性质来看并不是费用（狭义成本），而是损失。正确地区分费用与损失，有利于会计报告使用者获得更有用的会计信息。

2. 管理成本

管理成本是管理会计范畴内的费用概念，是企业内部为了提高经营管理水平由企业自行确定和计算的。

美国会计学会（AAA）在《成本概念与标准》报告（1955）中曾定义："成本是为了实现一定目的而付出（或可能要付出）的，用货币测定的价值牺牲。"该定义不再强调与具体的成本计量对象相联系，而是以目标为导向，并有两个突出特点：一是强调"用货币测定的价值牺牲"，表明了会计货币计量的本质特征；二是强调"为了实现一定的目的而付出（或可能付出）的"。为了体现财务会计的收入与成本配比原则，AAA 提出了可能付出的成本概念，试图将财务会计和成本与管理会计对成本概念的理解统一起来。

成本与管理会计将成本视为为达到某一个特定管理目标所失去或放弃的一切可以用货币计量的耗费，这就扩展了成本的内涵和外延。诸如产品成本、项目成本、责任成本、质量成本、资本成本、机会成本、沉没成本、变动成本和固定成本等概念层出不穷，人们已经很难给成本一个明确的定义。成本是成本与管理会计理论和方法中发展最快的概念之一。

成本与管理会计的成本概念目的性很强：成本计量的目的就是要满足不同信息使用者的决策需求，基于"不同目的，不同成本"构建一个多维成本的概念体系。

2.1.4 成本的实质

什么是成本？如何理解成本？

按照传统观念，成本是企业所耗资源的货币表现，成本研究基本局限在损益计算、价值确定等价值补偿与分配问题的研究中，这会导致对成本的片面理解和运用，如为满足以企业为主体对外报告的需要，降低成本、节约费用就是增加利润等。

按照管理的观念，成本是企业为获得未来经济利益所耗资源（既包括物质资源，如资产和负债，又包括非物质资源，如作业、流程和时间）的货币表现，这使得成本效益分析等价值决策管理问题的研究不仅可以满足"不同目的，不同成本"的过程控制和多目标管理的要求，而且使得成本管理体系更加完整和有效（见图 2-1）。

资源的使用能形成收入或收益，但也会形成成本或费用（见图 2-2），因而对成本或费用的理解就不能只局限在耗费本身，而应更加重视耗费能否带来价值增值。

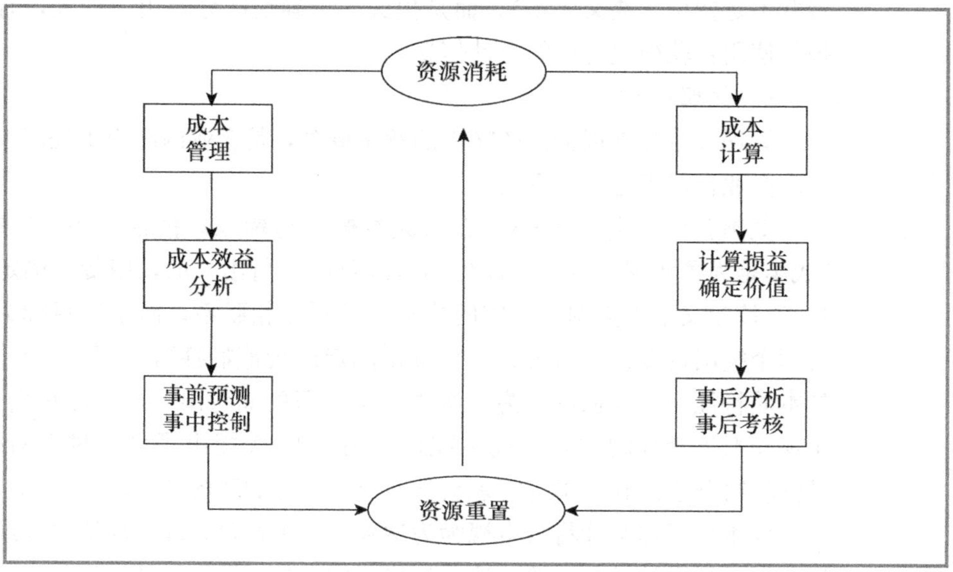

图 2-1　现代成本管理体系

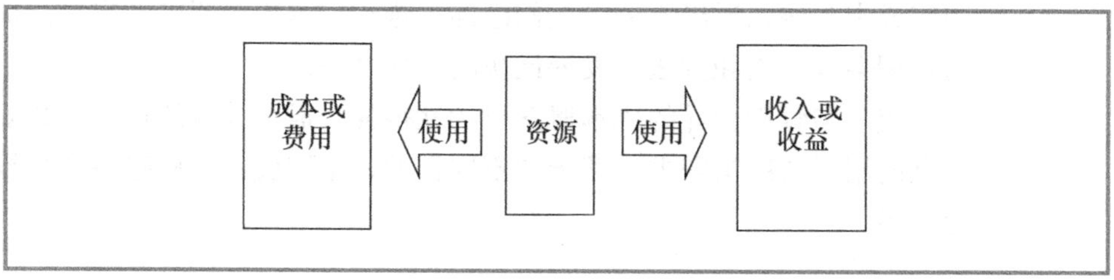

图 2-2　资源、成本与收益

因此，现代成本管理强调，部门的设置、活动的发生和人员的增减都应符合成本效益原则，也就是说，任何功能的所得必须大于所费，实现价值增值（见图 2-3）。

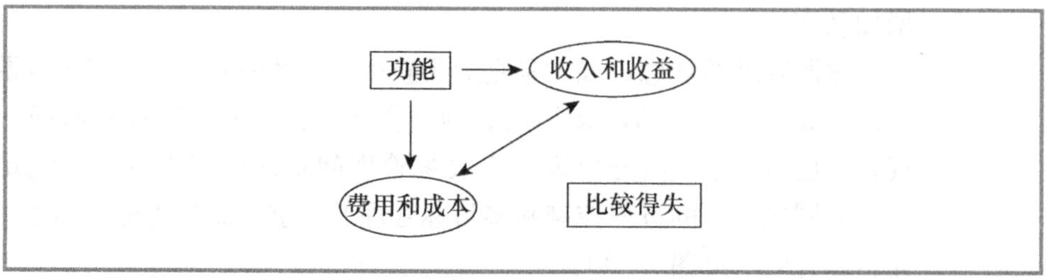

图 2-3　现代成本管理的要求

从这个角度讲，简单地强调成本降低、费用节约不符合现代成本管理的全面要求。

为了适应成本计算和成本控制的需要，寻求进一步提升成本价值贡献的途径，必须对成本进行多层次、多角度的分类。成本分类是对成本管理对象的细化，服从成本管理的不同要求。

2.2　成本的分类

2.2.1　基于战略目的的成本分类

1. 战略成本

战略成本是指企业为实施竞争战略而发生的成本，其特点是：投资大、影响久远，并且往往与企业的发展方向、能否获得竞争优势，甚至生死存亡密切相关。

战略成本管理是从企业整体竞争战略出发进行的成本管理，也就是为提升企业竞争优势而进行的成本管理。其主要内容是根据企业的竞争战略制定成本管理战略，利用的分析工具主要是价值链分析和战略成本动因分析。通过价值链分析，企业能了解竞争中的价值关系，从整体价值链中找出最大增值的节点，进行扩展或收缩；通过战略成本动因分析，从成本形成的角度寻找对企业影响最大的战略成本动因，进而确定战略成本管理的突破点。典型的战略成本有：

（1）功能成本。功能是指产品或服务担负的职能或所起的作用，是满足客户需求最重要的体现之一；成本则是为获得产品或服务一定的功能必须支出的费用。如果将产品或服务的功能与为获得该功能必须支出的费用结合起来思考，就形成功能成本这一概念。基于功能成本形成的功能成本管理，就是将产品或服务的功能与成本对比，寻找降低产品成本或服务成本的途径的一种管理活动。其目的在于以最低的成本实现产品或服务适当的、必要的功能，提高企业的经济效益。

（2）质量成本。质量是指产品或服务担负一定职能或作用时所应达到的水平，反映产品或服务满足消费者的程度，是满足客户需求最重要的体现之一；成本则是为保证产品或服务达到质量标准必须支出的费用。如果将产品或服务的质量与为获得相应质量必须支出的费用结合起来思考，就形成质量成本这一概念。基于质量成本形成的质量成本管理，从质量成本的内涵及外延广泛、深入地研究质量与成本的关系，以寻找降低产品成本或服务成本的有效途径。其目的在于以最适当的成本保证产品或服务适当的、必要的功能，提高企业的经济效益。

（3）全生命周期成本。它是质量成本的发展，强调质量成本管理和产品生命周期相结合，将企业成本与顾客成本结合起来进行综合规划，从而将企业效益与顾客效益结合起来，提高社会效益。

（4）目标成本。是指企业在生产经营活动开始之前，根据产品的性能、质量、价格和目标利润确定的在一定时期内必须达到的预期成本水平。目标成本分为两种：战略意义上的目标成本和战术意义上的目标成本。前者强调在不损害企业竞争地位的前提下寻找成本降低的途径，是与市场竞争要求相适应的成本控制。而后者强调在不损害产品功能和质量的前提下寻找成本降低的途径，是与企业盈利要求相适应的成本控制。

2. 战术成本

战术成本是指企业在实施竞争战略过程中发生的成本，其特点是：投资小，影响当期，只影响利润但不涉及生死存亡。

战术成本管理是局部的、阶段性的成本管理，也是对成本管理战略的实施。战术成本管理也要进行成本动因分析，即作业成本动因分析。作业成本动因是由于具体操作引起成本发生的因素。通过作业成本动因分析，可以了解成本发生的原因，并通过消除不增值作业和强化对成本动因的控制来降低成本。

传统成本管理基本属于战术成本管理（也有例外，如功能成本管理、质量成本管理等主要属于战略成本管理的范畴），但战术成本管理并不等同于传统成本管理（如作业成本管理属于战术成本管理的范畴）。这是因为战术成本管理是在成本管理战略指导下进行的，其中贯穿着战略思想，它注重对成本发生原因的分析，从本源着手控制成本。

除本章以后各节论及的成本外，典型的战术成本还有：

（1）作业成本。作业是指企业生产过程中的各工序和环节，但从管理角度看，作业是基于一定的目的、以人为主体、消耗一定资源的特定范围内的工作。由于产品消耗作业，作业消耗资源并导致成本的发生，因此产生作业成本。作业成本的实质就是在资源耗费和产品耗费之间借助作业来分离、归纳、组合，形成各种成本计算对象（如产品成本），以寻找降低产品成本或服务成本的有效途径。

（2）责任成本。是指按责任部门（或责任中心）确定的可控成本。其目的在于区分不同责任部门（或责任中心）的责任归属，科学考核该责任部门（或责任中心）的责任履行情况，真正将责、权、利结合起来，调动人的积极性、主动性。

（3）标准成本。是指在正常生产经营条件下应该实现的，可以作为控制成本开支、评价实际成本、衡量工作效率的依据和尺度的一种目标成本。可以通过制定标准成本，将实际成本与标准成本进行比较以确定成本差异，并针对成本差异产生的原因加强成本控制。

战略成本与战术成本在实践中很难准确划分。一方面，由于企业进行成本管理所面临的环境不同，因而成本的内涵有所不同。另一方面，在现代竞争性经济环境中，战略成本管理与战术成本管理总是相伴而生、相辅相成。战略成本管理是战术成本管理的宏观指导，而战术成本管理是战略成本管理在微观层次的执行。

2.2.2 基于财务报告目的的成本分类

由于所有权与经营权分离，所有者要监督经营者的行为并考核其业绩，从而产生了基于财务报告目的的成本分类。

1. 按经济用途分类

成本按经济用途分为制造成本和非制造成本，这是财务会计中最主要和最基本的分类。其分类结果主要用来确定存货成本和期间损益，满足对外财务报告的需要。

（1）制造成本。制造成本是指生产单位（如车间）在生产产品过程中所发生的各项费用，包括直接材料、直接人工和制造费用。制造成本通过多次分配或进入利润表（表现为已销售产成品的成本），或进入资产负债表（表现为未销售的产成品、在制品、材料等的存货成本）。

1）直接材料。指在制造过程中直接用以构成产品主要实体的各种材料成本。这里所说的材料是指构成产品的各种物资，包括外购半成品，而不仅仅指各种天然的、初级的原材料。例如，汽车制造厂所用的汽车轮胎购自橡胶厂，对橡胶厂而言，轮胎当然是产成品；而对汽车厂来说，轮胎只不过是汽车这一产品的原材料之一。

2）直接人工。指在制造过程中直接对制造对象施加影响以改变其性质或形态所耗费的人工成本。核算上表现为生产工人的工资。

直接人工与直接材料的共同特征是，都可以将其成本准确直接地归属于某一种产品，最能体现成本“对象性”这一传统的本质属性。

3）制造费用。指为制造产品或提供劳务而发生的各项间接费用。从核算的角度讲，制造费用包括除直接材料、直接人工以外的，为制造产品或提供劳务而发生的全部支出，这部分支出一般情况下必须分配计入不同产品。制造费用的内容比较繁杂，人们通常将其细分为以下三方面：

①间接人工。指为生产提供劳务但不直接进行产品制造的人工成本，如设备养护、维修人员的工资。

②间接材料。指在产品制造过程中耗用，但不容易归入某一特定产品的材料成本，或者是不必单独选择分配标准以确定其归属某一特定产品份额的材料成本，如各种工具、物料的消耗成本。

③其他制造费用。指不属于直接人工和直接材料的其他各种间接费用，如固定资产的折旧费、维修费、保险费；车间用动力费、照明费等。

例如，某企业投入100万元，用以购买商品（50万元）、购买房屋（30万元，使用年限10年）。经营的第一个月，销售所购商品（50万元）实现收入90万元，支付员工工资20万元，实现利润17万元。有关计算如图2-4所示。

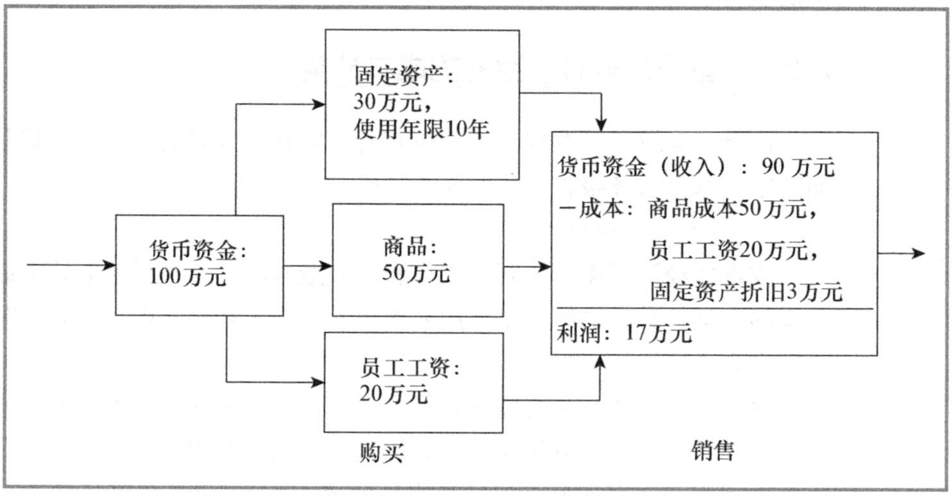

图2-4　价值的转移和增值过程

显然，图2-4中购买商品的50万元属于直接材料，支付员工工资的20万元属于直接人工，而固定资产折旧3万元（固定资产预计残值为零，采用直线法计算折旧）则属于制造费用。如果商品销售收入大于直接成本（本例直接材料加直接人工共计70万元），将产生生产毛利（90－70＝20万元）；如果生产毛利大于制造费用，将产生生产利润（20－3＝17万元）。

应当指出的是，生产方式的改变和改进，对上述直接材料、直接人工和制造费用的划分或三者的构成有直接的影响。例如，生产自动化水平的提高会导致制造费用在生产成本总量中所占的比重增大；再如，生产专业化分工的加深会导致制造费用在形象上更加“直接化”。

当制造费用按一定的标准在各受益对象即产品中分配完毕时，制造成本也就演化成为所谓的“产品成本”，即以产品品种来识别的成本。

（2）非制造成本。非制造成本是指管理部门在组织和管理过程中所发生的各项费用，包括销售费用、管理费用和财务费用。非制造成本一次计入利润表。

销售费用指为销售产品而发生的各项成本，如专职销售人员的工资、津贴和差旅费，专门销售机构固定资产的折旧费、保险费，广告费、运输费等；管理费用指制造成本和销售成本以外的所有办公和管理费用，如董事经费，行政管理人员的工资、差旅费、办公费，行政管理部门固定资产的折旧费及相应的保险费和财产税等；财务费用则是企业理财过程中发生的各种成本，如借款的利息支出。

销售费用、管理费用和财务费用的共同点是可以使企业整体受益，但难以描述这项支出与特定产品之间的关系。销售费用中某些支出如运输费、差旅费可能与某种产品有直接关系，但由于这种关系涉及客户和供应商两方，本次支出对未来收益的影响需要评估，因此这种关系难以描述，这些支出也就难以直接归属于某一特定产品或服务。因此，销售费用、管理费用和财务费用在财务会计上被处理为期间成本，直接计入当期损益。

2. 按与特定成本计算对象的关系分类

成本按与特定成本计算对象的关系分为直接成本和间接成本，此处的特定成本计算对象可以是产品、步骤、批别，也可以是项目、责任单位或作业。其分类结果主要用来确定特定成本计算对象的成本，满足对外财务报告及内部经营管理的需要。

直接成本是在成本发生时即可确认直接计入某一成本计算对象成本的项目，是一种可以直接追溯的成本（如制造成本中的直接材料、直接人工，责任成本中的可控成本）；间接成本是在成本发生时不能确认直接计入某一成本计算对象成本而需要按照某种标准在各成本计算对象之间分配的成本（如制造成本中的制造费用），分配标准和分配方法的选择对于正确计算成本计算对象的成本十分重要。

例如，老王和老李一起去买服装，花了 100 元出租车费，老王买了一件 500 元的衬衫，老李买了一件 600 元的西服。此时，老王和老李买服装的支出属于直接成本，而出租车费属于间接成本。如果老王和老李平均负担出租车费，则老王购买的衬衫成本是 550 元，老李购买的西服成本是 650 元。

3. 按与收入相配合的时间分类

成本按与收入相配合的时间分为产品成本和期间费用，其分类结果主要用来满足对外财务报告的需要。

产品成本是与产品生产直接相关（如前述制造成本中的直接材料、直接人工和制造费用）而与会计期间无关的成本，该项成本随产品完工而表现为产成品成本（未完工部分表现为在产品成本），随产品销售而表现为销售成本（未销售部分表现为期末库存产品成本）；期间费用则是与一定会计期间相关（如前述非制造成本中的销售费用、管理费用和财务费用）而与产品生产无直接关系的成本，因而在财务上直接一次计入当期损益。

4. 按反映成本计算对象的结果分类

成本按反映成本计算对象的结果分为总成本和单位成本，其分类结果主要用来满足对外财务报告和管理的需要。

总成本是企业在生产某种产品过程中所发生的各项费用总和。通过总成本的计算和分析，可以了解计算期间内为生产某种产品所发生的总支出；将总成本与总收入比较，可以确定企业的盈亏；将成本与收入、利润、净利润等指标比较，可以对企业进行全面、系统的分析和评价。

单位成本是指企业生产单位产品发生的平均耗费，通常通过总成本除以总产量计算而得。单位成本反映了同类产品的平均费用水平，可与同行业先进企业或国外先进企业进行比较，找出差距，对制定竞争战略有重要帮助；单位成本反映了企业生产水平、技术装备和管理水平的高低，对于分析企业成本管理水平具有重要作用；单位成本也是制定产品价格的重要依据之一。

以上分类最终形成资产负债表中的存货及利润表中成本和费用的数值，从而满足对外财务报告、业绩评价的需要。

2.2.3 基于管理目的的成本分类

1. 按成本性态分类

成本性态也称成本习性，是指成本总额对业务总量（产量或销售量）的依存关系。成本按性态可以分为固定成本、变动成本和混合成本三类。

（1）固定成本。

1）固定成本的含义。固定成本是指在一定期间和一定业务量范围内，其总额不受业务量变动的影响而保持固定不变的成本。行政管理人员的工资、办公费、财产保险费、财产税、按直线法计提的固定资产折旧费、职工教育培训费等，均属于固定成本。固定成本总额不受业务总量变动的影响，但单位业务量所负担的固定成本却直接受业务总量变动的影响。

[例2-1]

某企业生产一种产品，其专用生产设备的月折旧额为10 000元。该设备最大加工能力为4 000件/月，当该设备分别生产1 000件、2 000件、3 000件和4 000件时，单位产品所负担的固定成本如表2-1所示。

表2-1 固定成本与产量的关系

产量（件）	总成本（元）	单位产品负担的固定成本（元）
1 000	10 000	10
2 000	10 000	5
3 000	10 000	3.33
4 000	10 000	2.50

从表2-1中可以看出，单位产品所负担的固定成本与产量成反比变动关系，即产量的增加会导致单位产品负担的固定成本下降，反之亦然。若以F表示固定成本总额，m表示业务量，a表示单位固定成本，则上述关系（即固定成本的性态）可以通过$a=F/m$这样一个简单的数学模型来表达。

将例2-1的有关数据绘入坐标图，固定成本的性态变化模型如图2-5所示。

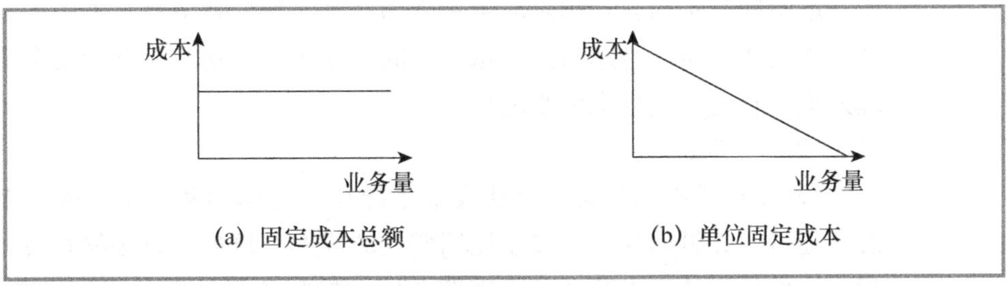

图 2－5　固定成本的性态变化模型

2）固定成本的分类。符合固定成本概念的支出在“固定性”上有强弱之分，所以固定成本又细分为酌量性固定成本和约束性固定成本。

酌量性固定成本是指管理当局的决策可以改变其支出数额的固定成本，如广告费、职工教育培训费、技术开发费等。这些成本的基本特征是，其数额的大小直接取决于管理当局根据企业的经营状况做出的决策。当然，这并不意味着酌量性固定成本可有可无。如前面提到的那些酌量性固定成本，其支出的多少直接关系到企业未来竞争力的大小，企业管理当局应权衡未来竞争力的大小和为取得这种竞争力所付出的现时成本，以对酌量性固定成本做出合理决策。

企业管理当局通常在每一会计年度开始前，制定酌量性固定成本年度开支预算，决定每一项开支的多少以及新增或取消某项开支。因此，管理当局判断力的高低显得非常重要。

约束性固定成本与酌量性固定成本相反，是指管理当局的决策无法改变其支出数额的固定成本，例如，厂房及机器设备按直线法计提的折旧费、房屋及设备租金、财产保险费、照明费、行政管理人员的薪金等。约束性固定成本是企业维持正常生产经营能力所必须负担的最低固定成本，其支出数额的大小只取决于企业生产经营的规模与质量，因而具有很大的约束性，企业管理当局的当前决策不能改变其数额。正是由于约束性固定成本与企业的经营能力相关，一旦形成，短期内难以改变，即使经营暂时中断，该项固定成本仍将维持不变，因而也称为“能量成本”。

约束性固定成本的性质决定了该项成本的预算期通常比较长，如果说酌量性固定成本预算着眼于在总量上进行控制的话，那么约束性固定成本预算只能着眼于更为经济合理地利用企业的生产经营能力。

3）固定成本的特殊性。需要强调的是，从较长时期看，所有成本都具有变动性，即使约束性很强的约束性固定成本也会随着时间的拉长越来越具有变动性。随着时间的推移，一个正常成长的企业的经营能力无论是从规模上还是从质量上均会发生变化：厂房势必扩大、设备势必更新、行政管理人员数量也势必增加，这些均会导致折旧费用、财产保险费、不动产税以及行政管理人员薪金的增加；经营能力的逆向变化也会导致上述费用发生变化。

就空间范围而言，固定成本表现为在某一特定业务量水平内成本具有固定性。因为业务量一旦超出这一水平，同样要扩大厂房、更新设备和增加行政管理人员，相应的费用也势必增加。

（2）变动成本。

1）变动成本的含义。变动成本是指在一定期间和一定业务量范围内，其总额随着业务量的变动而成正比例变动的成本。例如，直接材料费、产品包装费、按件计酬的工人薪金、推销佣金以及按加工量计算的固定资产折旧费等，均属于变动成本。与固定成本形成鲜明对照的是，变动成本的总量与业务量成正比例变动关系，而单位业务量的变动成本则是一个定量。

［例2-2］

假定例2-1中单位产品的直接材料成本为20元，当产量分别为1 000件、2 000件、3 000件和4 000件时，材料的总成本和单位产品的材料成本如表2-2所示。

表2-2　变动成本与产量的关系

产量（件）	材料的总成本（元）	单位产品的材料成本（元）
1 000	20 000	20
2 000	40 000	20
3 000	60 000	20
4 000	80 000	20

若以 v 表示变动成本总额，m 表示业务量，b 表示单位变动成本，则变动成本的性态可以通过 $v=bm$ 这样一个数学模型来表达。

将例2-2的有关数据绘入坐标图中，则变动成本的性态变化模型如图2-6所示。

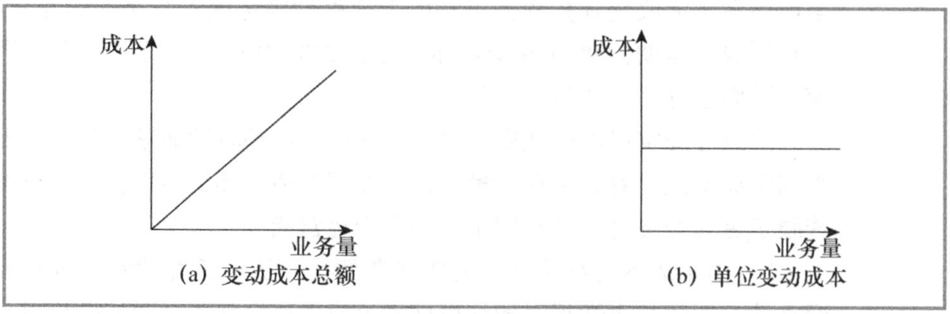

图2-6　变动成本的性态变化模型

2）变动成本的分类。借用固定成本分类的思想，变动成本也可以分为酌量性变动成本和约束性变动成本。

酌量性变动成本是指企业管理当局的当前决策可以改变其支出数额的变动

成本，如按产量计酬的工人薪金、按销售收入的一定比例计算的销售佣金等。这些支出的比例或标准取决于企业管理当局决策时的各种市场环境。例如，在确定计件工资时必须考虑当时的劳动力市场情况，在确定销售佣金时必须考虑所销产品的市场情况等。

约束性变动成本是指企业管理当局的当前决策无法改变其支出数额的变动成本。这类成本通常表现为企业所生产产品的直接物耗成本，以直接材料成本最为典型。企业所生产的产品定型（包括诸如外形、大小、色彩、重量、性能等方面）后，上述成本的大小对企业管理当局而言就有了很大程度的约束性，这类成本的改变往往意味着企业的产品改型。

3）变动成本的特殊性。变动成本的变动性只能在一定业务量范围内实现，超出这一业务量范围，两者之间就不再是这样一种正比例变动关系。例如，当企业的产品产量较小时，单位产品的材料成本和人工成本可能比较高；但当产量逐渐上升到一定水平时，由于材料的利用可能更加充分、工人的作业安排可能更加合理等原因，单位产品的材料成本和人工成本会逐渐下降；而当产量突破上述水平继续上升时，可能使某些变动成本项目超量上升（如加倍支付工人的加班工资），从而导致单位产品中的变动成本由降转升。

（3）混合成本。

1）混合成本的含义。混合成本顾名思义是指那些“混合”了固定成本和变动成本的成本。在现实经济生活中，许多成本项目并不单纯表现为固定成本性态或者变动成本性态，其发生额的高低虽然直接受业务量大小的影响，但不存在严格的比例关系。其实，企业的总成本就是一项混合成本，一项最大的混合成本。

2）混合成本的分类。混合成本根据其发生的具体情况，通常可以分为以下三类。

①半变动成本。此类成本的特征是当业务量为零时，成本为一个非零基数，当业务发生时，成本以该基数为起点，随业务量成比例变化，呈现出变动成本性态。企业的公用事业费，如电费、水费、电话费等均属半变动成本。企业支付的上述费用通常都有一个基数部分，超出部分则随业务量的增加而增大。

以电费为例，假设企业每月电费支出的基数为 1 000 元，超基数费用为 0.2 元/千瓦，每生产 1 件产品需耗电 5 千瓦。那么，当企业本月共生产 2 000 件产品时，其支付的电费总额为 3 000 元。如以 y 代表企业支付的电费总额，a 代表每月电费基数，b 代表单位产品所需电费，x 代表产品产量，则本例各数据之间的关系可以通过 $y=a+bx$ 这样一个数学模型来表示。若在坐标图中以本例来演示半变动成本的特征，则如图 2-7 所示。

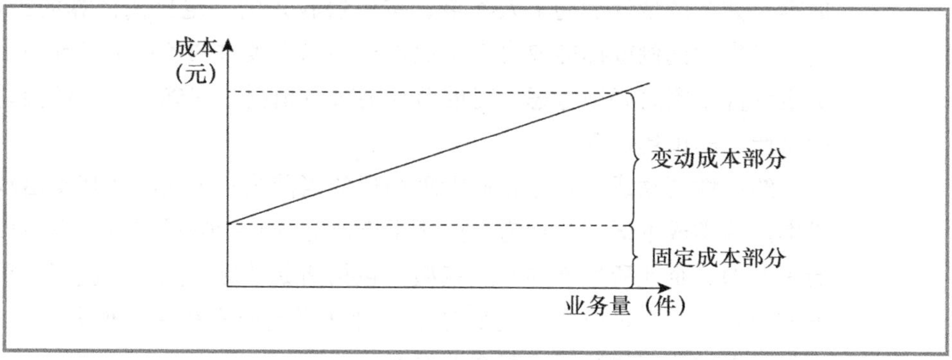

图 2-7　半变动成本的特征

半变动成本是混合成本中一种较为普遍的类型，具有广泛的代表性。所以有人直接将混合成本直接称为半变动成本。此外，前面曾说企业的总成本就是一项混合成本，那是因为总成本与半变动成本表现为相同的性态，也可以用 $y=a+bx$ 这样的数学模型来表示。

②半固定成本。此类成本的特征是在一定业务量范围内，其发生额是不变的，体现出固定成本性态；但当业务量的增长达到一定限额时，其发生额会突然跃升到一个新的水平；然后在业务量增长的一定限度内（即一个新的相关范围内），其发生额又保持不变，直到另一个新的跃升为止。

假设某企业的产品生产完成后，需经专门的质检员检查方能入成品库，每个质检员最多检验 500 件产品，也就是说，产量每增加 500 件就必须增加一名质检员，而且是在产量一旦突破 500 件的倍数时必须增加，那么，该企业质检员的工资成本就属于半固定成本。随着产品产量的增加，该项成本呈现阶梯式跃升。假设质检员的工资标准为 2 000 元，则质检员的工资支出如图 2-8 所示。

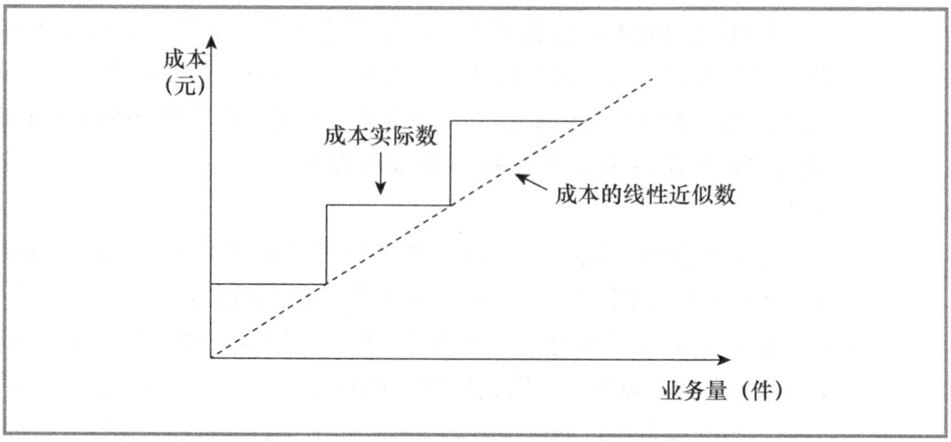

图 2-8　质检员的工资支出呈现阶梯式特征

与半变动成本不同的另一方面是，半固定成本较难用数学模型来表达。当产量的变动范围较小（如上例中产量在 500～1 000 件之间浮动）时，半固定成本可以视为固定成本，用 $y=a$ 这样的数学模型来表示，这一数学模型还适用于任何一个以 500 为差数、以 500 的倍数为界端的区域范围，即图 2－8 中“成本实际数”所表示的。当产量的变动范围较大（如上例中产量在 500～2 500 件之间浮动甚至超过 2 500 件）时，半固定成本应该视为变动成本，因为此种情况下能保证质检员工资成本固定不变的相关产量范围只占整个产量范围的很小部分。此时，我们需要用平滑的方式将半固定成本描述为一种近似的变动成本性态，即图 2－8 中虚线所示的“成本的线性近似数”。其数学模型与变动成本总额的数学模型一样，均为 $y=bx$，其变动率（即图中虚线的斜率）为 4 元/件（即企业为单位产品所支付的质检员工资）。

③延伸变动成本。此类成本的特征是在业务量的某一临界点以下会表现为固定成本，超过这一临界点则表现为变动成本。比较典型的例子是：当企业实行计时工资制时，其支付给职工的正常工作时间内的工资总额是固定不变的；但当职工的工作时间超过了正常水平，企业需按规定支付加班工资，且加班工资的大小与加班时间的长短存在正比例关系。

假设某企业职工正常工作时间为 3 000 小时，正常工资总额为 30 000 元（即小时工资率为 10 元），职工加班时按规定需支付双薪。该企业工资总额的成本性态如图 2－9 所示。

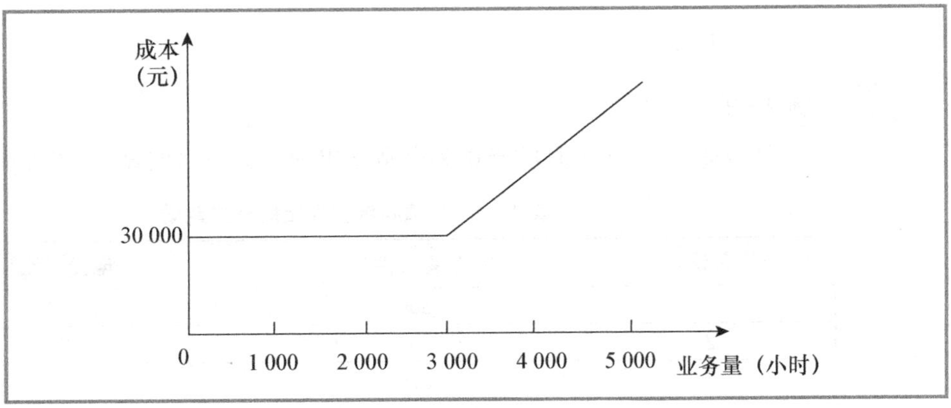

图 2－9　某企业工资总额的成本性态

将图 2－9 与图 2－8 进行比较，不难看出，延伸变动成本就是将纵轴“延伸”至业务量“临界点”（上例中的 3 000 小时）时的半变动成本。综上，延伸变动成本就是指随着业务量的延伸，原本固定不变的成本成为变动成本。

混合成本需要进一步分解为固定成本和变动成本，才能成为成本管理的应用基础。分解方法有如下四种。

①高低点法。高低点法的基本做法是，以某一期间内最高业务量（即高

点）的混合成本与最低业务量（即低点）的混合成本的差数，除以最高与最低业务量的差数，得出的商数即业务量的成本变量（即单位业务量的变动成本额），进而可以确定混合成本中的变动成本和固定成本。

运用高低点法分解混合成本的过程如下：

设：高点的成本性态为：

$$y_1=a+bx_1 \tag{2.1}$$

低点的成本性态为：

$$y_2=a+bx_2 \tag{2.2}$$

用式（2.1）－式（2.2），有

$$y_1-y_2=b(x_1-x_2) \tag{2.3}$$

式（2.3）表明总成本的差量是业务量的差量与单位变动成本的乘积，即全部为变动成本。

移项后有

$$b=\frac{y_1-y_2}{x_1-x_2} \tag{2.4}$$

将式（2.4）代入式（2.1），有

$$a=y_1-bx_1$$

将式（2.4）代入式（2.2），有

$$a=y_2-bx_2$$

[例2-3]

某企业上年12个月的产量和电费支出的有关数据如表2-3所示。

表2-3 产量和电费支出的有关数据

月份	产量（件）	电费（元）
1	800	2 000
2	600	1 700
3	900	2 250
4	1 000	2 550
5	800	2 150
6	1 100	2 750
7	1 000	2 460
8	1 000	2 520
9	900	2 320
10	700	1 950
11	1 100	2 650
12	1 200	2 900

从表中可以看出，上年产量最高在 12 月，为 1 200 件，相应电费为 2 900 元；产量最低在 2 月，为 600 件，相应电费为 1 700 元，按前面的运算过程进行计算：

$$b=\frac{2\,900-1\,700}{1\,200-600}=2(\text{元/件})$$

$$a=2\,900-2\times1\,200=500(\text{元})$$

或

$$=1\,700-2\times600=500(\text{元})$$

以上计算表明，该企业电费这项混合成本属于固定成本部分的为 500 元；单位变动成本为每件 2 元。以数学模型来描述这项混合成本：

$$y=500+2x$$

②散布图法。散布图法的基本原理与高低点法一样，也认为混合成本可以近似地描述为 $y=a+bx$，区别在于 a 和 b 是通过坐标图而非通过方程式计算得到的。散布图法的基本做法就是在坐标图中以横轴代表业务量 x，以纵轴代表混合成本 y，将各种业务量水平下的混合成本逐一标识在坐标图上，然后通过目测，在各成本点之间画出一条反映成本变动平均趋势的直线（理论上这条直线与各成本点之间的离差平方和最小）。这条直线与纵轴的交点就是固定成本，斜率则是单位变动成本。

仍以例 2－3 的有关数据为依据，采用散布图法对该企业的电费进行分解：

第一步，在平面直角坐标系中标出电费成本的散布点。具体来说，就是以横轴代表产量、以纵轴代表电费成本，标出该企业 12 个月不同产量下的电费成本点。

第二步，通过目测，在坐标图中画出一条能反映电费成本变动平均趋势的直线。这样，电费这项混合成本的性态就可以通过坐标图来表达（见图 2－10）。

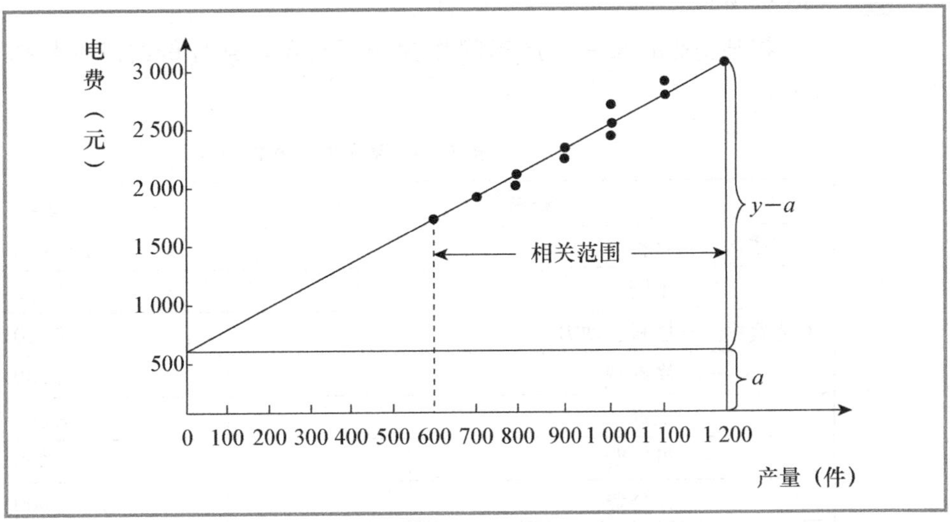

图 2－10　散布图

第三步，确定固定成本 a，即所画直线与纵轴的交点，本图为600元。

第四步，计算单位变动成本，即所画直线的斜率。根据所画直线，选择相关范围内任一产量，即可得出相应的电费成本。若选产量为800件，电费成本在坐标图上为2 180元，则单位变动成本为：

$$b=\frac{y-a}{x}=\frac{2\,180-600}{800}=1.975(\text{元/件})$$

根据散布图法得到 a 和 b 的值后，电费这项混合成本可用以下数学模型表示：

$$y=600+1.975x$$

③账户分析法。账户分析法是根据各个成本、费用账户（包括明细账户）的内容，直接判断其与业务量之间的变动关系，从而确定其成本性态的一种成本分解方法。

账户分析法的基本做法是根据各成本、费用账户的具体内容，判断其特征是更接近固定成本，还是更接近变动成本，进而直接将其确定为固定成本或变动成本。例如，如果“管理费用”账户内各项目发生额的大小在正常产量范围内与产量变动没有关系，或没有明显关系，那么就将管理费用全部视为固定成本；“制造费用”账户中的车间管理部门办公费、按折旧年限计算的设备折旧费等，虽与产量的关系较管理费用密切一些，但基本特征仍属“固定”，所以也应视为固定成本；而“制造费用”账户内的燃料动力费、维修费等，虽然不像直接材料费那样与产量成正比例变动，但其发生额的大小与产量变动的关系很明显，因而可以将其视为变动成本。

[例2-4]

将某企业的某一生产车间作为分析对象，某月份的成本数据如表2-4所示。

表2-4　某车间成本数据　　单位：元

账户	总成本
生产成本——材料	240 000
——工资	30 000
制造费用——燃料、动力	12 000
——修理费	4 000
——工资	8 000
——折旧费	20 000
——办公费	6 000
合计	320 000

如果该车间只生产单一产品，那么本月发生的 320 000 元费用将全部构成该产品的成本。如生产多种产品，假定上述属于共同费用性质的数据是在合理分配的基础上得到的，有关成本的分解过程如表 2－5 所示。

表 2－5　成本分解　　单位：元

账户	总成本	固定成本	变动成本
生产成本——材料	240 000		240 000
——工资	30 000		30 000
制造费用——燃料、动力	12 000		12 000
——修理费	4 000		4 000
——工资	8 000		8 000
——折旧费	20 000	20 000	
——办公费	6 000	6 000	
合计	320 000	26 000	294 000

表 2－5 的分解理由是：直接材料和直接人工（即“生产成本”账户项目）通常为变动成本；燃料动力费、修理费、间接人工费虽然不与产量成正比例变动，但有明显的变动关系，所以也确定为变动成本；折旧费和办公费与产量变动没有明显关系，因而确定为固定成本。不难看出，上述分解过程是在一定的假设条件下进行的：假设生产工人实行计件工资制，那么直接人工就是变动成本；假设生产设备的折旧额不是按加工量或加工时间计算的，那么折旧费就属于固定成本。如果假设条件不是这样，分解的结果当然就不一样。不过，对于特定的分解对象而言，相应的假设条件由于经常使用而约定俗成为既定前提，所以对于一些常见的成本费用如直接材料、直接人工等，我们可以依据前述的既定前提，直接将其确定为固定成本或变动成本。

根据表 2－5，该车间的总成本被分解为固定成本和变动成本两部分，其中：

$$a=26\,000(\text{元})$$

如果该车间当月产量为 1 000 件，那么

$$b=\frac{294\,000}{1\,000}=294(\text{元/件})$$

以数学模型来描述该车间的总成本，即

$$y=26\,000+294x$$

账户分析法是混合成本分解的诸多方法中最为简便的一种，通常用于特定期间总成本的分解。但由于其分析结果的可靠性在很大程度上取决于有关分析人员的判断能力，因而不可避免地带有一定的片面性和局限性。

④工程分析法。工程分析法是运用工业工程的研究方法来研究影响各有关

成本项目数额大小的每个因素，并在此基础上直接估算出固定成本和单位变动成本的一种成本分解方法。

采用工程分析法分解成本的基本步骤是：a. 确定研究的成本项目；b. 对导致成本形成的生产过程进行观察和分析；c. 确定生产过程的最佳操作方法；d. 以最佳操作方法作为标准方法，测定标准方法下成本项目的每一构成内容，并分别确定为固定成本和变动成本。

[例2-5]

某粉末冶金车间对精密金属零件采取一次模压成型、电磁炉烧结的方式加工。如果以电费作为成本研究对象，经观察，电费成本开支与电磁炉的预热和烧结两个过程的操作有关。按照最佳的操作方法，电磁炉从开始预热至达到可烧结的温度需耗电 1 500 千瓦时，烧结每千克零件耗电 500 千瓦时。每一工作日加工一班，每班电磁炉预热一次，全月共 22 个工作日。电费价格为 0.7 元/千瓦时。

设每月电费总成本为 y，每月固定电费成本为 a，单位电费成本为 b，x 为烧结零件重量，则有

$$a=22\times 1\,500\times 0.7=23\,100(\text{元})$$

$$b=500\times 0.7=350(\text{元})$$

以数学模型来描述该车间电费总成本，即

$$y=23\,100+350x$$

工程分析法适用于任何可以从客观立场进行观察、分析和测定的投入产出过程，如对直接材料、直接人工等制造成本的测定；也可以用于仓储、运输等非制造成本的测定。

对于混合成本，应该根据不同的分解对象所需的精确程度和所能承担的成本支出来选择适当的分解方法。分解结果出来后，还应当尽可能采用其他方法进行印证，以获得比较准确的成本数据。

2. 按成本可控性分类

成本按可控与否分为可控成本和不可控成本。

可控成本是指能由责任单位或责任者控制的成本。一般来讲，可控成本应同时符合以下三个条件：(1) 责任中心或责任者能够通过一定方式事先了解将要发生的成本；(2) 责任中心或责任者能够对成本进行有效计量；(3) 责任中心或责任者能够通过自己的行为对成本加以调节和控制。凡是不能同时符合上述三个条件的成本通常为不可控成本。

成本的可控与否是相对而言的，这与责任中心所处管理层次的高低、管理权限的大小以及控制范围的大小有直接关系。对企业整体来说，几乎所有成本

都可以视为可控成本，一般不存在不可控成本；而对于企业内部的各个部门、车间、工段、班组来说，既有各自专属的可控成本，又有各自的不可控成本。一项对于较高层次的责任单位来说属于可控的成本，对于其下属的较低层次的责任单位来说可能就是不可控成本；反过来，较低层次责任单位的可控成本，一定是其所属的较高层次责任单位的可控成本。如生产车间发生的折旧费用对于生产车间而言属于可控成本，但对于其下属的班组来说则属于不可控成本。

例如，车间发生的废品损失应该由谁负责？很多人认为，当然应该由发生废品损失的车间负责。其实这样说是不科学的，因为废品损失产生的原因是不一样的。如果因材料造成废品损失，应由材料采购部门负责；因设备没有正常保养造成废品损失，应由设备管理部门负责；因加工者粗心或不负责任造成废品损失，应由加工者负责。因为这些废品损失产生的原因是特定的部门或个人可以控制的。

这种分类对评价责任单位的工作非常重要。

基于管理目的进行的分类并不只有上述两种（但上述两种是其中最重要的两种），还包括机会成本、差量成本、边际成本、付现成本与沉没成本、专属成本与联合成本、可选择成本与约束性成本、相关成本与无关成本等。这些成本概念及其应用将在第 7 章阐述。

思考题

1. 什么是成本？应该如何正确把握成本的本质？

2. 经济学对成本概念的阐述对会计学成本概念的建立和运用有哪些影响？

3. 战略成本与战术成本相比有哪些特点？

4. 什么是固定成本？从固定成本的特性看，应该如何有效地控制固定成本？

5. 什么是变动成本？从变动成本的特性看，应该如何有效地控制变动成本？

6. 高低点法是基于什么原理对混合成本进行分解的？

7. 可控成本应同时符合哪些条件？如何理解“成本的可控与否是相对而言的”？

练习题

1. 某企业将过去一年 12 个月中最高业务量与最低业务量所对应的制造费

用总额摘录如下（见表1）：

表1　业务量与制造费用总额

摘要	高点（10月）	低点（3月）
业务量（机器小时）	75 000	50 000
制造费用总额（元）	176 250	142 500

表中制造费用总额包括变动成本、固定成本和混合成本三类。该企业会计部门曾对低点月份业务量为50 000机器小时的制造费用总额做了分析，其各类成本的组成情况如下：

变动成本总额　50 000元
固定成本总额　60 000元
混合成本总额　32 500元
制造费用总额　142 500元

要求：

（1）采用高低点法将该企业的混合成本分解为变动成本与固定成本。

（2）写出混合成本公式。

2. A企业只生产单一产品，2017年各月的电费支出与产量的有关数据如表2所示。

表2　电费支出明细表

月份	产量（件）	电费（元）
1	1 200	5 000
2	900	4 250
3	1 350	5 625
4	1 500	5 625
5	1 200	5 375
6	1 650	6 875
7	1 500	6 150
8	1 500	6 300
9	1 350	5 800
10	1 050	4 875
11	1 800	7 200
12	1 800	7 250

要求：

（1）采用高低点法对电费这一混合成本进行分解。

（2）根据分解结果预测2018年1月的电费支出，假定2018年1月计划产量为1 700件。

3. 以下四个案例是四家工厂在过去一年中的生产和销售情况，假定每家工厂的产品都在一种以上，具体数据如表 3 所示。

表 3　生产和销售一览表

案例	销售收入（元）	变动成本总额（元）	边际贡献率（%）	固定成本总额（元）	净利（元）
1	180 000		40		12 000
2	300 000	165 000		100 000	
3			30	80 000	−5 000
4	400 000	260 000			30 000

要求：根据边际贡献率的实质及其与成本的联系，计算表中空白栏的数据。

4. 上海某化工厂是一家大型企业。在该厂从生产型转向生产经营型的过程中，从厂长、车间领导到生产工人都非常关心生产业绩。过去，往往要到月底才能知道月度的生产情况，这显然不能及时提供生产信息，特别是成本和利润两大指标。如果心中无数，生产者便不能及时地在生产过程各阶段进行控制和调整。该厂根据实际情况，决定采用本量利分析来预测产品的成本和利润。

首先以主要生产环氧丙锭和丙乙醇产品的五车间为试点。按成本与产量变动的依存关系，把工资费用、附加费、折旧费和大修理费等列作固定成本（约占总成本的 10%），把原材料、辅助材料、燃料等生产费用的其他要素作为变动成本（约占总成本的 65%），同时把水电费、蒸汽费、制造费用、管理费用（除折旧以外）列作半变动成本，因为这些费用与产量无直接比例关系，但也不是固定不变的（约占总成本的 25%）。

按照 1—5 月的资料，总成本、变动成本、固定成本、半变动成本和产量如表 4 所示。

表 4　1—5 月相关成本及产量资料

月份	总成本（万元）	变动成本（万元）	固定成本（万元）	半变动成本（万元）	产量（吨）
1	58.633	36.363	5.94	16.33	430.48
2	57.764	36.454	5.97	15.34	428.49
3	55.744	36.454	5.98	13.43	411.20
4	63.319	40.189	6.21	16.92	474.33
5	61.656	40.016	6.54	15.19	462.17
合计	297.116	189.476	30.64	77.21	2 206.67

1—5 月半变动成本组成情况如表 5 所示。

表5　1—5月半变动成本组成情况

月份	修理（元）	下脚料（元）	动力（元）	水费（元）	管理费用（元）	制造费用（元）	合计（万元）
1	33 179.51	—15 926.75	85 560.82	19 837.16	35 680	4 995.28	16.33
2	26 286.10	—15 502.55	86 292.62	25 879.73	24 937	5 471.95	15.34
3	8 169.31	—2 682.75	80 600.71	16 221.10	26 599	5 394.63	13.43
4	12 540.31	—5 803.45	81 802.80	26 936.17	47 815	5 943.39	16.92
5	33 782.25	—26 372.50	83 869.45	24 962.00	30 234	5 423.88	15.19

会计人员用高低点法对半变动成本进行分解，结果是：单位变动成本为0.055 3万元，固定成本为—9.31万元。

固定成本是负数，这显然是不对的。再用回归分析法求解，单位变动成本为0.032 1万元，固定成本为1.28万元。

经验算发现，1—5月固定成本与预计数1.28万元相差很远（1月：1.675万元；2月：1.585万元；3月：0.230万元；4月：1.694万元；5月：0.354万元）。

思考：会计人员感到很困惑，不知道问题出在哪里。应该采用什么方法来划分变动成本和固定成本?

资料来源：周亚力. 管理会计——理论·方法·案例. 上海：立信会计出版社，2006.

第3章 价值链分析与战略成本管理

3.1 价值链分析

3.1.1 迈克尔·波特关于价值链的论述

迈克尔·波特于1985年提出：每一个企业都是用来进行设计、生产、营销、交货以及对产品起辅助作用的各种价值活动的集合，所有这些活动就构成了价值链。一个企业的价值链和它从事单个活动的方式反映了其历史、战略、推行战略的途径以及这些活动本身的根本经济效益。扩大价值链的增值，是每个企业致力追求的目标。

迈克尔·波特将一个企业的经营活动分解为若干战略上相关的价值活动，每一种价值活动都会对企业的相对成本地位产生影响，并成为企业采取差异化战略的基础。供应商通过向企业出售一定的产品对企业的价值链产生影响，而企业通过向顾客销售产品来影响买方的价值链。

据此，迈克尔·波特把价值链划分为三个部分：纵向价值链、横向价值链和内部价值链。

3.1.2 价值链的构成及其分析顺序

1. 价值链的构成

(1) 纵向价值链。迈克尔·波特指出：联系不仅存在于一个企业价值链的内部，而且存在于企业价值链与供应商和顾客的价值链之间。企业价值链与供应商价值链之间的联系可以通过采购活动来实现，与顾客价值链之间的联系可以通过销售活动来实现。这种关系可以向上延伸至最初原材料的最初生产者(或供应者)，也可以向下延伸到达最终产品的最终用户，由此可以将之称为纵向价值链。

纵向价值链将最终产品看作一系列作业的集合体，企业是作业链中的一环或几环。于是，企业可以在从最初原材料的取得到最终产品使用后废弃这一整体价值层次上分析产品成本和收益，从合理分享利润的角度进行战略规划。

由于并非所有的价值链节都能提供均等、持续的盈利机会，因此一个企业的盈利能力要受到它所处产业（或价值链节）的固有盈利能力的影响，同时企业又可以通过自身的战略活动对该产业（或价值链节）的盈利能力施加一定的反作用力。纵向价值链分析的作用在于决定企业在哪一产业中参与竞争，具体包括以下方面：

1）产业进入和产业退出。企业通过对某产业在整个纵向价值链上的利润共享情况的分析，以及对产业未来发展趋势的合理预期，做出进入或者退出该产业的战略决策。

2）纵向整合。是指在某一产业范围内对企业现有的生产过程进行前向整合和后向整合，即在某一产业范围内分别向上游和下游延伸，以建立企业的竞争优势。

纵向价值链分析的主要内容将在本章阐述。

(2）横向价值链。在产品生产活动中，某一产品的生产可以通过多种途径和组合方式完成，因而处于相同生产环节的企业之间形成了一种新的内在联系。这种内在联系决定了产业内部各企业之间的相对竞争地位，由此可以将之称为横向价值链。

横向价值链分析就是对一个产业内部各企业之间的相互作用进行分析。在大多数产业中，不论其产业平均盈利水平如何，总会有一些企业比其他企业获利更多。企业通过横向价值链分析可以确定自身与竞争对手之间的差异，从而找到能够帮助企业取得相对竞争优势的战略。

根据竞争战略理论，企业竞争战略分为低成本战略、差异化战略和目标集中战略。由于目标集中战略主要针对某特定的顾客群、某产品系列的某一细分市场，最终通过低成本或差异化来实现，因此，企业竞争优势主要有两个来源：低成本和差异化。横向价值链分析主要研究如何实现差异化的问题，至于如何实现低成本则主要在企业内部价值链中研究。

于是，横向价值链分析具体研究以下问题：

1）产品的功能和质量。功能是满足顾客需求的内容，解决如何满足顾客不断增长的物质和文化需要的问题；而质量是满足顾客需求的水平，解决如何满足顾客有支付能力的物质和文化需要的问题。由此产生的功能成本管理和质量成本管理成为横向价值链分析的重要内容。

2）产品的价格和数量。产品的价格是产品价值的货币表现，同时受到供求关系的影响。对同一产业内部各企业的相互作用进行分析，可以在理论上确定产品的均衡价格和各企业的均衡产量。因为某一企业的定价和产量的变化会对竞争企业产生影响，从而引发竞争企业的战略调整，使原有的均衡价格和均衡产量遭到破坏。也就是说，产业内部会在企业的相互作用下达到一种新的平衡，这种平衡是一种动态的平衡，企业有必要对此进行分析。

3）技术开发的方向。通过对竞争对手价值链的分析来确定企业的竞争优势，可以为企业技术开发指明方向。企业的技术开发应与企业的总体经营方向一致，以利于竞争优势的取得和保持。

4）采购和销售。通过对竞争对手价值链的分析，确定采用与竞争对手相同、类似或不同的采购和销售渠道及方式，可以帮助企业取得和保持竞争优势。

5）服务。涉及与提供服务有关的各种价值活动，可以增加或保持产品价值，是企业差异化竞争优势的一个重要来源。

（3）内部价值链。许多企业都意识到：应该把企业内部各业务活动构造成能够实现价值增值的业务流程，即企业内部价值链。于是，企业被看成是为服务顾客需要而设计的一系列“作业”的集合体，这些作业形成一个有机关联的“作业链”。按照产品消耗作业、作业消耗资源、产出形成价值的逻辑，这些价值量依次转移到下一个作业，直到最终把产品提供给企业的顾客。最终产品是该产品生产过程中全部作业的集合，同时也是全部作业价值的体现，所以作业链的形成也表现为企业价值链的形成。

由此可见，企业内部价值链是提供给顾客的产品价值的形成过程，与作业链的形成过程一致。对该价值链的认识使企业管理深入到作业这一层次，在所有作业环节上对资源的耗费进行控制，提高价值增值水平。

内部价值活动主要分为三大类：

1）企业的基本职能活动。企业的基本职能活动是指企业履行基本管理职能的各种活动，包括企业的总体管理、计划管理、财务与会计、法律管理等诸多方面的活动。企业的基本职能活动通过整个企业内部价值链而不是单个价值活动对企业的生产经营起辅助作用。

2）企业的人力资源管理活动。人力资源管理包括各类人员的招聘、雇佣、培训、开发、报酬和激励等方面。具体地说，包括以下几方面的活动：

①人的行为问题的研究。现代行为科学理论认为，人不仅是“经济人”或“理性人”，还是“社会人”，人的行为是由其动机决定的。在此基础上，可以研究诸如管理者的逆向选择、激励机制等一系列问题，通过对人的不同层次需求的分析提高企业人力资源管理水平。

②人力资源的成本、价值的确定和有关投资分析。人力资源管理的难点和关键在于人力资源成本和价值的量化问题，现有的研究提出了许多对人力资源

进行计价的方法，例如工薪报酬折现法、历史成本法、商誉评价法和附加价值折现法等。

人力资源管理活动不仅支持着企业各个具体的价值活动，而且支撑着整个企业内部价值链。

3）企业的生产经营活动。企业的生产经营活动从投入原材料开始，到最终生产出满足顾客需要的产品为止，这一过程可以分解为供应、生产、储运这三种重要的价值活动，而每一种价值活动又可以根据具体的行业和企业特点进一步分解为若干子价值活动。

2. 价值链分析的顺序

由前述内容可知，根据纵向价值链分析的结果可以确定企业应该生产什么，而横向价值链分析指出企业生产该种产品的竞争优势，同时确定一些和外部竞争者相关的因素，得到企业进行生产的有关限制条件，即确定企业应如何进行生产。这两种分析都基于企业内部价值链分析的结果，没有对企业内部各种成本的挖潜，纵向价值链分析和横向价值链分析就失去了意义；没有对企业内部价值链分析的认识，纵向价值链分析和横向价值链分析就缺乏分析的基础，无法做到有的放矢。图3－1表明了三类价值链分析相互依存、相互联系的关系。

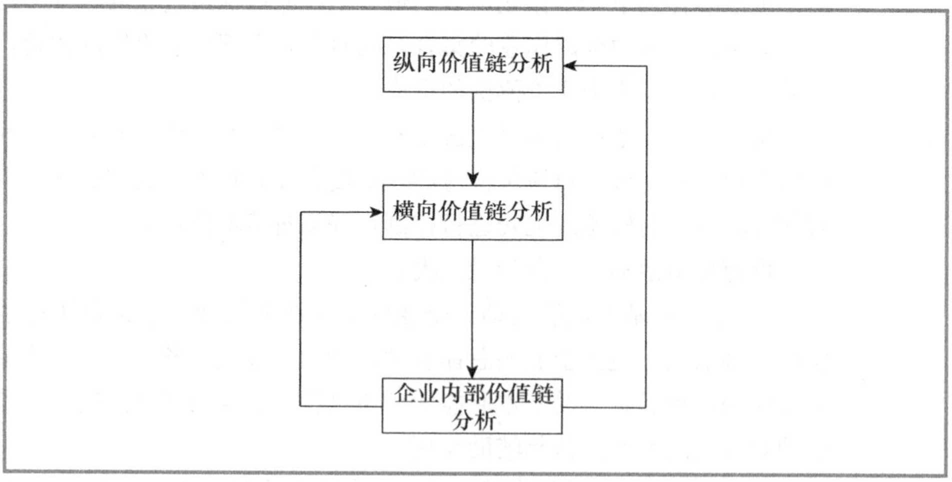

图3－1　价值链分析的顺序

3.1.3　价值链分析的优势

传统管理的各种决策方法都十分强调“增值”概念，这一点当然完全正确。但在实际分析“增值”时却往往以原材料购入为分析的起点，而将产品销售给买方作为分析的终点。这样做是基于只有这一过程能为企业所控制的假设。但显然这种分析方法使得企业在对供应商以及顾客的选择上缺乏积极性和主动性，从而可能失去一定的竞争优势。价值链分析可以弥补这一不足：因为它立足于整个社会价值生产过程，对供应商和顾客给予充分的重视，从中挖掘企业的竞争优势。

1. 注重供应商的选择

价值链分析注重考察供方的实力，同时结合其他方面的考虑来帮助企业制定最优的采购战略。在这种采购战略的指导下，企业可以通过利用与供应商的联系增强企业的竞争优势。波特在 1985 年就给出这样一个例子：一家糖果厂和巧克力供应商达成一个协议，根据协议供应商改变了过去将巧克力做成 10 磅重的块状巧克力送货的办法，而是直接以液态形式进行运输。这种改变不但使供应商节约了定型和包装费用，同时也使糖果厂减少了拆除包装和熔化的费用。糖果厂通过利用它与供应商之间的联系使双方都获益。

而在传统的管理中，人们把成本降低局限于企业内部：糖果厂试图通过传统的方法去降低成本，如用女工替换男工以加快拆除包装的速度从而降低人工成本；而巧克力供应商则通过将巧克力做成 10 磅重的块状巧克力以节约纸张消耗和提高送货效率。但这种努力有一个成本限度，即成本无法降为零。但价值链分析把决策者的目光引到了企业外部，突破“在企业范围内决策”的局限，从而使供应商节约了定型和包装的费用，同时也使糖果厂减少了拆除包装和熔化的费用，这样就可以使两个企业在最终产品价格不变时获得更多的利润或在最终产品价格下降时获得与竞争对手相比更大的竞争优势。

2. 注重顾客的选择

同上述分析一样，对顾客进行选择也绝不是一件毫无意义的工作。一个企业如果善于研究本企业的产品如何适应顾客价值链的要求，很显然会在竞争中击败其他生产厂家。特别是当企业的产品在顾客的生产成本中占较大比重时，这一优势地位就会更加明显。价值链分析加强了对产品离开企业后的有关活动的分析，通过利用与顾客之间的联系为企业寻求竞争优势。

3. 注重企业的长期发展潜力和利益共享问题

价值链分析所得到的结果常常与传统分析方法得到的结论不同，这是由于价值链分析不仅要考虑某一项目的营利性，还要考察企业在整个价值链上的利润共享比例是否可以接受。于是，仅仅进行财务分析不足以使企业做出决策，往往还要对许多非财务信息进行分析。

3.2　战略成本动因分析

企业在进行各项价值活动时会产生各种成本，不同成本与价值活动之间存在不同的关系，成本动因分析是价值分析中进行有效成本管理的关键。

成本动因是指引起产品成本发生的原因，是构成成本结构的决定性因素。战略成本动因立足于战略、站在企业的整体高度，具有更广阔的视野，为现代成本管理提供了一种更为有效的工具。下面将分别介绍两种成本动因。

3.2.1 结构性成本动因

结构性成本动因是指决定企业基础经济结构的成本动因，其形成常需要较长时间，而且一经确定往往很难变动，因此对企业成本的影响是持久的和深远的。结构性成本动因既决定了企业的产品成本，也对企业的产品质量、人力资源、财务、生产经营等方面产生极其重要的影响，最终决定了企业的竞争态势。结构性成本动因主要包括以下几个因素。

1. 规模经济

规模经济使大型企业能以较低的成本水平实现战略目标并有效竞争。规模经济是指在一定时期内，当企业所生产的产品或劳务的绝对量增加时，其单位成本趋于下降。几乎每一主要价值链活动都存在规模经济的情况。规模经济使企业可以以不同的方式或更高的效率进行更大范围的活动；规模经济的更大销量提高了分摊无形成本如广告费用和研发费用的能力；规模经济导致企业活动规模扩大，使支持该项活动所需的基础设施或间接费用的增加低于其扩大的比例。

规模经济在不同的价值活动和不同的产业中的影响各不相同。试图以规模经济为重要的成本动因以取得相对成本优势，就要对市场进行充分分析，如果可扩充的市场规模足以支持规模经济扩张，则规模经济是有效的；反之，则会带来产品的滞销和利润的下降。此外，规模经济的成功与否还取决于竞争者的行为。

2. 整合程度

整合程度指的是垂直一体化程度。整合是指企业为了让自己的业务领域更广泛和更直接，向价值链的上下两端所进行的延伸。企业的纵向整合程度会对成本产生影响。整合程度的提高可能会带来效率的提高或成本的降低：1）它可避免市场交易带来的额外成本，如采购费用和销售费用；2）它能使企业获得更多的附加值，相当于把供应商或销售商的利润转移到企业内部；3）整合可使企业降低对供应商的依赖程度，是稳定供求的一种重要手段；4）整合可以带来联合作业的经济性；5）整合可能会带来各种无形资源的积累。

加强整合可以降低成本，带来竞争优势。企业必须视实际情况决定各价值活动整合的程度。

3. 学习

企业可以经过学习来提高作业效率，从而使成本下降。通过学习降低成本的途径有：1）来自用户信息的反馈使企业改进产品品质，如根据市场的反应改善产品设计；2）通过逐步改善厂房布置和作业进度降低成本；3）通过工人活动量的累积使劳动熟练程度提高。学习越来越受到管理者的重视。在全球经济环境变化迅速，企业间竞争日益激烈的情况下，能够灵活、有弹性、不断学习的企业将会创造持久的竞争优势。

4. 地理位置

企业的地理位置可以以若干种方式影响成本。如：1）位于不同国家和城市的企业的工资成本和纳税支出不同；2）企业所处环境的交通便利程度及基础设施的状况，都会影响企业的生产经营成本；3）地理位置对营运成本有重要影响。地理位置几乎对所有价值活动的成本均有影响。企业利用地理位置这一成本动因改善其成本地位的策略可以是重新设定各种活动的地点。地理位置的转移可创造降低成本的机会，但改变地理位置常常涉及权衡取舍。

5. 复杂性

多产品企业会花更多的成本在日程安排、生产流程管理以及上游产品开发和下游产品分销上。这些企业通常采用作业成本法来更好地识别成本以及不同产品、供应商和顾客的营利性。

3.2.2 执行性成本动因

执行性成本动因是指决定企业作业程序的成本动因，是企业在短期内进行管理以降低成本的一些因素。包括以下两个因素：

1. 生产能力运用模式

生产能力运用模式主要通过固定成本影响企业成本水平。由于固定成本在相关范围内不随产量增加而改变，当企业生产能力利用率提高，产量上升时，单位产品所分担的固定成本相对较少，从而引起企业单位成本的降低。生产能力利用率水平的变化会带来成本的扩张或消减。对于固定成本所占比重较大的企业而言，生产能力运用模式将产生重大影响，产量的上升会带来单位成本的明显下降。

企业可通过改变价值活动的方式来降低经营风险。一般而言，固定成本比重越高，经营风险也越大。通过改变价值活动的方式，可改变固定成本所占比重。

2. 联系

联系是指各种价值活动的相互关联。这种关联可分为两类：一类是企业内部联系，另一类是企业与供应商、顾客之间的垂直联系。由于一项价值活动的成本常常受到与之相联系的其他活动的影响，改善联系就能降低相互联系的活动的总成本。企业要对各部门及外界活动进行协调和最优化，它们是企业取得成本优势地位的重要途径。

（1）企业内部联系。针对内部各种相互联系的价值活动，企业可以采取协调和最优化两种策略来提高效率或降低成本。所谓协调，是指通过改善相互联系的活动之间的关系，使活动间配合好，信息充分沟通，从而使整体作业效率最高。最优化则是通过工作流程的重整，使工作效率提高，进而降低成本。

（2）垂直联系。垂直联系反映的是企业与供应商和销售渠道之间的相互依存关系。与上游供应商的联系主要是供应商的产品设计特性、服务、产品配送程序等。这些联系会影响企业成本结构。改善与上游供应商的联系会使双方都获得降低成本的机会。同样，企业与下游销售渠道之间的联系也会影响企业的成本结构，为企业和下游销售渠道同时提供降低成本的机会。垂直联系同样可以通过协调和最优化两种方式来降低总成本。

战略成本动因分析的目的就是要通过对结构性成本动因及执行性成本动因的分析，找出对企业的成本产生持续而深远影响的因素，然后根据企业所确定的竞争战略，确定以何种方式来控制、影响甚至改变这些成本动因，达到在提高企业竞争力的同时降低成本的目的。

3.3 纵向价值链节的分解与分析

纵向整合需要对纵向价值链进行分解和分析，因此，纵向价值链分析要采取以下工作步骤。

3.3.1 确定和分解价值链节，拟订备选方案

在确定利润共享的过程中，企业必须确定不同价值链节（对战略制定有重要影响的价值增值环节）的收入、成本和利润（即边际收入、边际成本和边际利润），计算投资回报率，以确定在此基础上制定的产业进入和退出、纵向整合等战略决策是否可行，是否达到了预期的目标。从这个意义上讲，价值分析中的成本决策实际上是战略层面的宏观成本决策问题，对企业未来经营成本的高低起决定作用。

在实际工作中，有的企业可能只是价值链的一个环节，而有的企业则可能占据价值链的几个环节，但无论一个企业在价值链上占据多少价值环节，都不会超越整个价值链。例如纺织企业在最终将布匹提供给制衣厂之前，要经过纺纱、织布、印染等环节。如果企业只进行纺纱工作，此时将成为单纯的纺纱厂；如果企业从事纺纱和织布两项工作，则成为纺织厂；而如果企业从事纺纱、织布、印染三项工作，则成为纺织总厂。于是，企业到底应占有几个价值环节就成为纵向价值链分析的关键，而这显然取决于利润分享的情况。

解决这一问题有个前提条件：如何确定价值链上各个与战略相关的价值链节？

当关注焦点向外延伸时，就需要按一定的原则将从最初原材料到最终产成品的一系列价值生产过程分解为多个相对独立并与战略相关的价值活动。但问题是：什么样的工作环节可以作为价值链进行分解？如上面讲到的纺纱、织布、印染这三大环节是否可以作为不同的价值链节而独立存在？如果可以将纺纱进一步分解为去籽、梳棉、并条、粗纺、精纺等五个工序的话，它们能否作为不同的价值链节而独立存在？

为保证战略相关性，在进行价值活动的分解时，显然要求这些价值活动在技术上和经济效果上可以分离，并表现出外部市场的可交易性。即在进行价值链节分解时，只有当价值活动所创造的价值可以通过外部市场予以实现，该项价值活动才有被分解出来的必要。例如上述纺纱、织布、印染三个工序，由于存在外部市场可供交易，通常可以作为价值链节分解；而梳棉、并条、粗纺三个工序虽然在技术上可以分离，但不存在外部市场可供交易，因而将其作为独立环节分离出来没有可操作性和实际意义。

根据以上原则，纺纱、织布、印染三大工序显然都可以作为价值链节分解，甚至去籽和精纺在一定情况下也可以作为价值链节分解，只要这种分解符合战略相关的要求，并有利于企业制定诸如产业进入或退出、纵向整合的决策。

3.3.2　分摊资产和成本

企业在识别和分解价值链节之后，必须把有关资产和成本分摊到各种价值活动中去。

1. 分摊企业已有活动的资产和成本

如果一个企业参与了价值链的几个环节的生产，就有必要把企业的各种资产、成本进行分摊。因为只有这样才能判断参与的价值环节利润分享的合理性，从而做出产业退出或纵向整合的决策。分摊时应注意：各项资产应分摊到使用、控制它们或对其使用影响最大的价值活动中去，各项成本应分摊到它们发生的各个环节中去。具体分摊工作应包括以下几个方面。

(1) 资产的分摊。进行价值链分析必须确定各种价值活动所占用的固定资产，从而计算各种价值活动的折旧成本和资产回报率。获得一项价值活动所使用的有形固定资产的现行成本或重置成本是一项必要而复杂的工作。这些成本可以通过向设备管理者、装置供应商，以及相关评估人员请教得到。具体进行分摊的时候还有两项工作应该予以考虑：一是对固定资产按照价值活动进行重新分类；二是重新确定固定资产的折旧年限，这往往存在一定的主观臆测性，因而折旧成本的分摊会存在一定的偏差。

（2）成本的分摊。成本的分摊原则上比较简单，但是会计信息的不适用性可能使其在实际操作中产生一定的问题，即有必要对会计记录重新整理，以使成本的归集和分配与价值活动相匹配。

（3）共享价值活动的资产和成本的分摊。对各个环节之间共享价值活动的资产和成本，企业应该按照一定的标准分摊到各个环节，分摊标准可能会随着分析的深入发生改变。

2. 确定企业拟扩展环节的资产和成本

如果一个企业只参与了价值链上的一个或几个环节的生产，但却在考虑能否占据更多价值增值环节的生产，就有必要确定其他环节的各种资产和成本。

由于企业通常不具备有关的信息系统来支持这一目标的实现，故企业只能采取各种调查方法，例如查阅各企业的财务报告了解关键的财务信息，阅读相关行业出版物等了解其他信息。由于这样得到的信息没有固定的和适当的格式，因而对这些信息的判断和整理就显得非常重要。

在资产和成本的分摊中应注意两个问题：一是将资产和成本分摊到各价值活动中去的时间跨度应该能够体现一个企业的业绩，也就是说，应该考虑到企业的季节性经营等问题。二是随着分析的深入，企业可能会发现某一环节在整个价值链中地位比较重要或者对企业的影响较大，此时可以在精确度上下功夫。

只有正确地确定拟扩展环节的各种资产和成本，企业才能判断即将参与的价值环节利润分享的合理性，从而做出产业进入或纵向整合的正确决策。

3.3.3 估计和确定转移价格

对于企业外部的产品，由于存在外部市场，产品的转移价格很容易判定。而对于企业内部转移的中间产品，应在该中间产品外部市场交易价格的基础上考虑运输费用、营销费用等，从而得到产品转移价值。

3.3.4 确定有关资产回报率

通过上述资产分摊方法可以估计出各环节中每生产一个单位的产品所需投入的现行成本或重置成本，在上述步骤的基础上计算出单位产品的利润，从而计算有关资产回报率。

3.3.5 在考虑非财务信息的基础上做出决策

在以上分析的基础上，结合其他非财务信息对各备选方案进行综合评价，做出最后的决策。

3.4 案例分析

3.4.1 价值链分析与决策

下面的例子[①]研究的是诺斯包装公司的决策分析问题。

1. 业务背景

诺斯公司在 1989 年共生产 206 000 吨两种规格的镀膜纸板：其一是出售给 300 多个普通加工商的一般质量的纸板，诺斯公司该产品的市场份额为 40%，该纸板的市场需求量以每年 3%的速度下滑；其二是销售给品牌加工商的高质量的纸板，这样的品牌加工商只有 6 个，在这一细分市场中由于诺斯公司产品质量不高，其所占有的市场份额呈下降趋势。在镀膜纸板业中，诺斯公司是四个主要的竞争力量之一，为了讨论简便，假设由于规模经济和资本要求等原因其他企业目前无法进入该产业进行生产。

2. 替代品的情况

塑料制品作为镀膜纸板的一个主要的替代威胁品，正逐步挤入包装品市场。目前它还不能完全替代镀膜纸板的原因有：

（1）塑料制品以乙烯为原料，而乙烯的未来价格很难估计，完全转向塑料制品的用户将承担石油产业的一切风险，这是他们不愿意面对的；

（2）塑料制品的应用范围越来越广，需求的上升必将导致其价格的上升；

（3）塑料作为石油产业的副产品，其来源不能得到可靠的保障；

（4）许多地区基于环境保护的考虑已经开始限制或禁止塑料品的使用。

3. 纵向价值链分析

（1）确定纵向价值链。诺斯公司将分析重点限制在一定的纵向价值链范围内（如图 3－2 所示）。

（2）确定可供选择的方案。诺斯公司重点讨论企业出售给品牌加工商的产品是继续生产、停止生产、转产还是纵向整合。假设公司资本雄厚，决策不受资本限制。

（3）确定转移价格、成本和资产的分摊情况。诺斯公司对纸张加工、镀膜、纸箱初步加工、纸箱进一步加工（下游加工商）、商店等五个价值链节进行分析，确定了相关的转移价格、资产、成本的分摊情况（见表 3－1）。目前公司只占有纸张加工、镀膜、纸箱初步加工三个价值链节。

---

① Shank J K，Govindarajan Vijay. Journal of Management Accounting Research，Fall，1992.

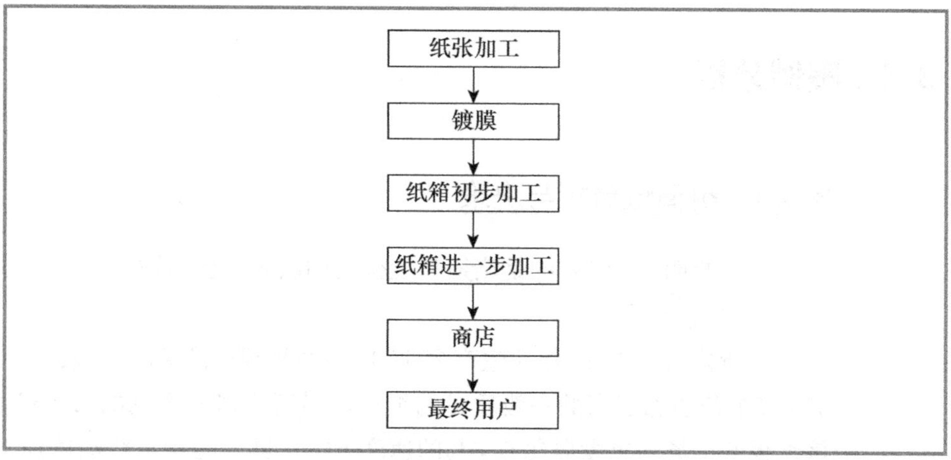

图 3-2　决策考虑的纵向价值链

表 3-1　价值链各加工阶段的资料　　单位：美元

加工阶段	普通产品加工部分	品牌产品加工部分
（1）纸张加工 转移价格 1 —纸浆成本 —加工成本 —运输费用 可获边际利润	 486 −319 −105 −3 =59/吨	 486 −319 −105 −3 =59/吨
（2）镀膜 转移价格 2 —纸张成本（转移价格 1） —加工成本 —运输费用 可获边际利润	 640 −486 −91 −35 =28/吨	 640 −486 −91 −35 =28/吨
（3）纸箱初步加工 转移价格 3 —镀膜纸板成本（转移价格 2） —加工成本 —运输费用 可获边际利润	 1 152* −640 −234 −10 =268/吨	 1 008* −640 −234 −10 =268/吨
（4）纸箱进一步加工（加工商） 转移价格 4 —初步加工纸箱成本 —加工成本 加工商边际利润	 14 400×1.04 −14 400×0.08 −14 400×0.87 =1 296/吨	 14 400×1.42 −14 400×0.07 −14 400×1.11 =3 456/吨
（5）商店 转移价格 5（商店售价） —进一步加工后纸箱成本（转移价格 4） 商店边际利润	 14 400×1.16 −14 400×1.04 =1 728/吨	 14 400×1.89 −14 400×1.42 =6 768/吨

*每吨纸板可以加工 14 400 个纸箱，普通产品和品牌产品的每个纸箱的价格分别为 0.08 美元和 0.07 美元，出售给品牌加工商的纸箱价格较低的原因在于：（1）诺斯公司不能生产出符合要求的高质量纸箱；（2）由于品牌加工商数量少，每一顾客购买数量较多，买方形成了一定的砍价实力，这种实力的形成使得买方能够从诺斯公司取得较大的价格折扣。

4. 确定资产回报率

（1）投资情况。诺斯公司各加工阶段每吨纸板所需投资见表 3-2。

表 3-2　各加工阶段单位生产能力所需投资　　单位：美元

项目	金额
纸张加工车间	2 800
镀膜车间	190
纸箱初步加工车间	830
普通加工商	5 400
品牌加工商	2 890
商店	1 800

（2）资产回报率的计算（见表 3-3）。

表 3-3　资产回报率计算表　　单位：美元

（资产以重置成本计价，假设生产能力被充分利用）

	普通产品加工部分			品牌产品加工部分		
	利润	资产	资产回报率	利润	资产	资产回报率
纸张加工车间	59	2 800	2%	59	2 800	2%
镀膜车间	28	190	15%	28	190	15%
纸箱初步加工车间	268	830	32%	124	830	15%
加工商	1 296	5 400	24%	3 456	2 890	120%
商店	1 728	1 800	96%	6 768	1 800	376%
合计	3 379	11 020	31%	10 435	8 510	123%

（3）利润分享情况（见表 3-4）。

表 3-4　每吨纸板的利润　　单位：美元

	普通产品加工部分	品牌产品加工部分
纸张加工车间	59	59
镀膜车间	28	28
纸箱初步加工车间	268	124
诺斯公司小计	355	211
加工商	1 296	3 456
商店	1 728	6 768
合计	3 379	10 435
诺斯公司利润分享比例	10.5%	2.0%

表 3-4 显示，诺斯公司普通产品在整个价值链的利润分享比例为 10.5%，而品牌产品只能分享整个价值链利润的 2%，这显然是不合理的。可见，出售

给品牌加工商的产品继续采用原方式生产不可行。

（4）从价值链角度考察有关利润和投资回报情况（见表3-5）。

表3-5　各价值链节利润和投资回报情况

	普通产品加工部分			品牌产品加工部分		
	利润（美元）	利润分享比例	资产回报率	利润（美元）	利润分享比例	资产回报率
纸张加工车间	59	1.75%	2%	59	0.56%	2%
镀膜车间	28	0.83%	15%	28	0.27%	15%
纸箱初步加工车间	268	7.93%	32%	124	1.19%	15%
加工商	1 296	38.35%	24%	3 456	33.12%	120%
商店	1 728	51.14%	96%	6 768	64.86%	376%
合计	3 379	100%	31%	10 435	100%	123%

5. *考虑非财务信息进行最终决策*

于是，诺斯公司有三种方案可以选择：停止生产、转产或纵向整合。显然在有利可图的情况下，简单的停止生产方案是不可取的。所以仅对转产和纵向整合两个方案进行分析。

（1）转产。企业转向生产普通产品是一个较直接的选择。从财务计算的静态结果看，转产使得资产回报率由15%提升至32%，利润分享比例由2%提升至10.5%；但从竞争的动态结果看，转产一方面导致普通产品供应量增加，另一方面市场需求却在下降，更激烈的竞争将迫使产品价格降低，资产回报率下降。如果竞争迫使资产回报率损失50%，此时的资产回报率仅为16%，转产的好处并不明显。

此外，诺斯公司应考虑退出壁垒的问题。退出壁垒是指由于经济、战略以及感情等多种因素的存在，一个企业在某产品收益为负的情况下仍然维持该产品的生产。诺斯公司在做出转产决策前应该权衡克服退出壁垒所付出的代价与转产所能取得的收益。主要有以下几个考虑因素：

1）专用性资产。如果资产涉及具体业务或地点从而专用性高，则其清算价值就会相应降低。本例中，加工品牌产品对质量的要求高，因而需要使用专用设备，这就成为诺斯公司决策时必须考虑的一个退出壁垒。

2）退出的固定成本。这些固定成本中很大一部分是与劳工的安置有关的成本。如果诺斯公司退出品牌产品的竞争后通过转产能充分利用该部分生产能力，则这种成本相对较少。

3）内部战略联系。内部战略联系是指某价值活动环节与公司的其他环节在市场形象、市场营销能力、利用金融市场等诸多方面存在的内部联系。如果公司认为保持这种联系十分重要，就可能牺牲局部的利益而保全公司整体的利益。对诺斯公司而言，主要考虑的是停止生产品牌加工商产品对普通加工商产品所造成的冲击，这种情况下产量的增加将导致普通纸箱的各种指标发生变化，这是横向价值链中要讨论的问题之一。由于普通产品的需求量每年以 3％的比例下降，这种转产显然会给企业带来不利的影响。

4）感情障碍。感情障碍主要是针对管理层而言的，管理层可能出于种种原因无法从感情上割舍这项业务，从而不能从经济角度公正地做出退出产业的决策。

5）政府和社会约束。政府可能出于对失业或区域经济的关注而做出支持或劝阻企业退出的行为。本例中政府可能会出于对环境污染的考虑而鼓励诺斯公司发展，并对塑料制品业的发展予以限制。

（2）纵向整合。企业可以通过纵向整合越过品牌加工商这一环节向最终用户靠近，从而提高在整个纵向价值链上的利润分享比例。从前文分析中我们看到品牌加工商的边际利润为 3 456 美元，利润分享比例约为 33％。同时处于这一地位的品牌加工商数目较少，所以企业向下游纵向整合在经济上是可行的。

但此时该公司要考虑进入壁垒的问题。进入壁垒是指产业内部现有竞争者拥有的而拟进入者缺乏的某些竞争优势，这种竞争优势可以起到阻挡市场入侵者进入的作用。进入壁垒主要包括以下几种：

1）规模经济。规模经济表现为一定时期内产品的单位成本随着产量的增加而降低。规模经济之所以能成为进入壁垒在于它要求新进入者一开始就达到产业内原有企业的规模，否则就会形成成本劣势。诺斯公司有丰富的原材料来源（自身的产品）和雄厚的资本，所以很容易达到一定的生产规模。

2）产品差别化。这种进入壁垒是指原有企业由于广告、服务等一系列手段已经形成独特的产品特色或一定的商誉，从而获得顾客忠诚度，这对新进入者而言是必须面对的重大障碍。

3）资本需求。一个企业在进入一个产业时面临大量的高风险或不可回收的前期费用，从而形成阻碍投资者进入的又一个壁垒。这种壁垒在计算机、矿业等产业表现得尤为明显。根据前文资本雄厚的假设得知：这一壁垒对诺斯公司并不能构成威胁。

4）分销渠道。新的进入者必须从原有企业手中抢占理想的分销渠道或者重新寻找分销渠道，这都要求新的进入者付出一定的代价，这就形成一种壁垒。诺斯公司在原产业的生产有利于其克服这一壁垒。

5）转换成本。这是顾客更换其供应源时所要支付的一次性成本。例如职工培训费用等。

6）政府政策。政府能够通过有关规定对某一产业的进入和退出情况进行控制。例如政府通过对空气和水污染标准的规定对新进入的企业进行限制。在本例中，政府出于对环境污染的考虑会鼓励企业的纵向整合行为。

从财务计算的静态结果看，纵向整合使得资产回报率由 15％提升至约

120%，利润分享比例由2%提升至约35%；从竞争的动态结果看，纵向整合虽然会导致品牌产品供应量的增加，但下游竞争不如普通产品激烈，价格保持性较好。即使竞争迫使资产回报率损失50%，此时的资产回报率仍能达到60%，风险抵御能力强，纵向整合的好处明显。

通过上述分析可以得出结论：诺斯公司面临的退出壁垒要大于进入壁垒，纵向整合的财务结果明显优于转产，所以该公司应进行纵向整合。

3.4.2 基于战略成本动因的分析与决策

在一次讨论课上，孙教授提出：在实际工作中，成本压力对企业的影响十分重大而且久远。如果制定投资规划时不进行科学的测算，未来的风险也许会给企业造成致命的损害。投资形成的节约是最大的节约，造成的浪费也是最大的浪费。于是，课堂上就以下资料进行了讨论。

某乙烯项目几经周折，用了近十年（按正常工期计算，该项目只需三年）终于建成并交付使用。但该项目自建成投产起即开始亏损，每年亏损额达118 000万元。无奈之下，投资人计划将该项目盘出，并向意向投资人提供了相关资料，重要分析资料如图3-3所示。

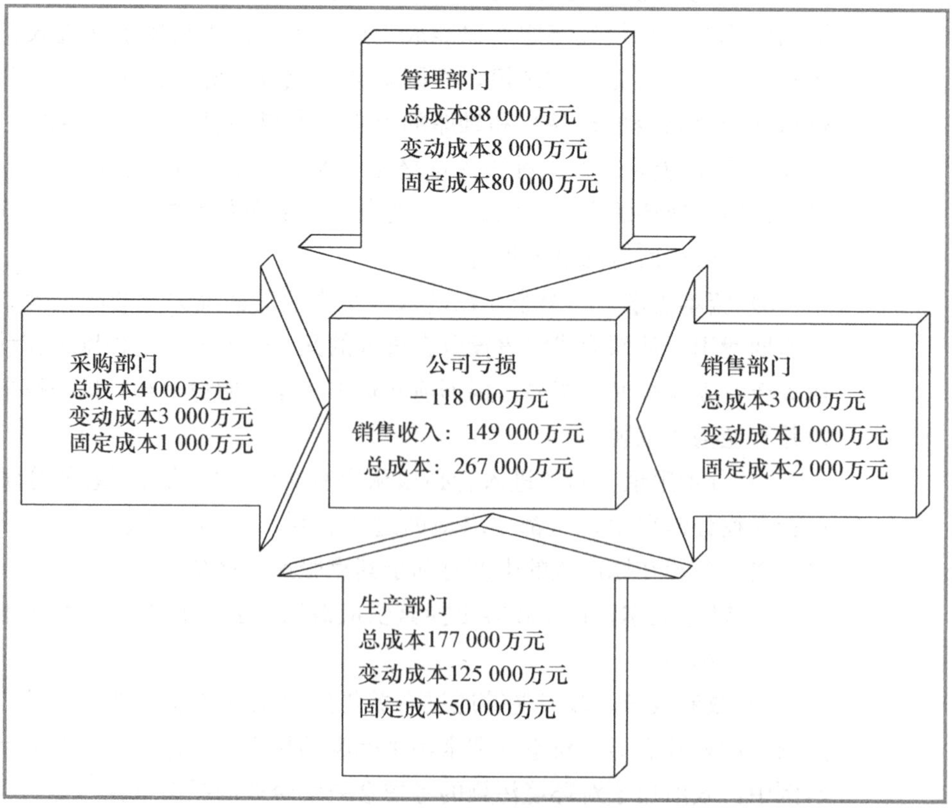

图3-3 乙烯项目的主要财务数据

乙烯项目背景资料：

该项目为完整而独立的乙烯生产企业。乙烯工业是以化工轻油为原料，生产三大合成材料及有机化工产品的基础原材料工业。该乙烯生产企业处于整个石油化工产业链的中间，其产业链如图 3－4 所示，生产过程如图 3－5 所示。

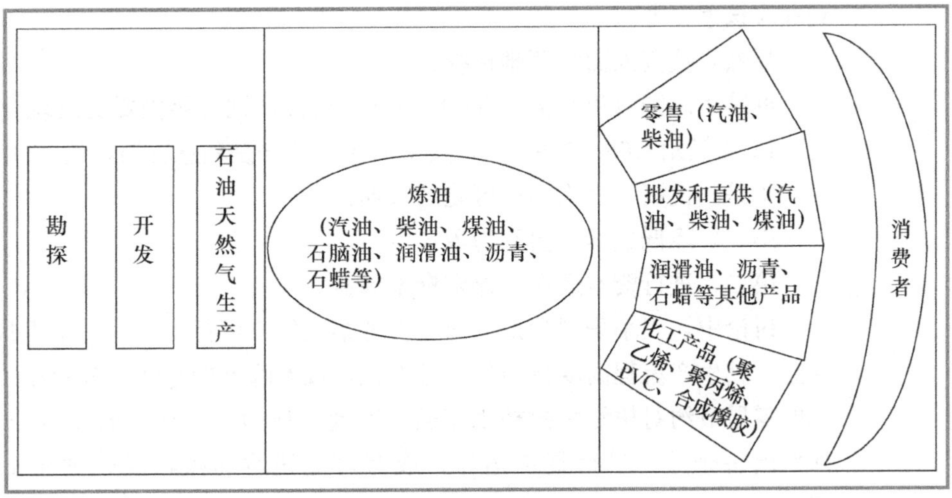

图 3－4　产业链示意图

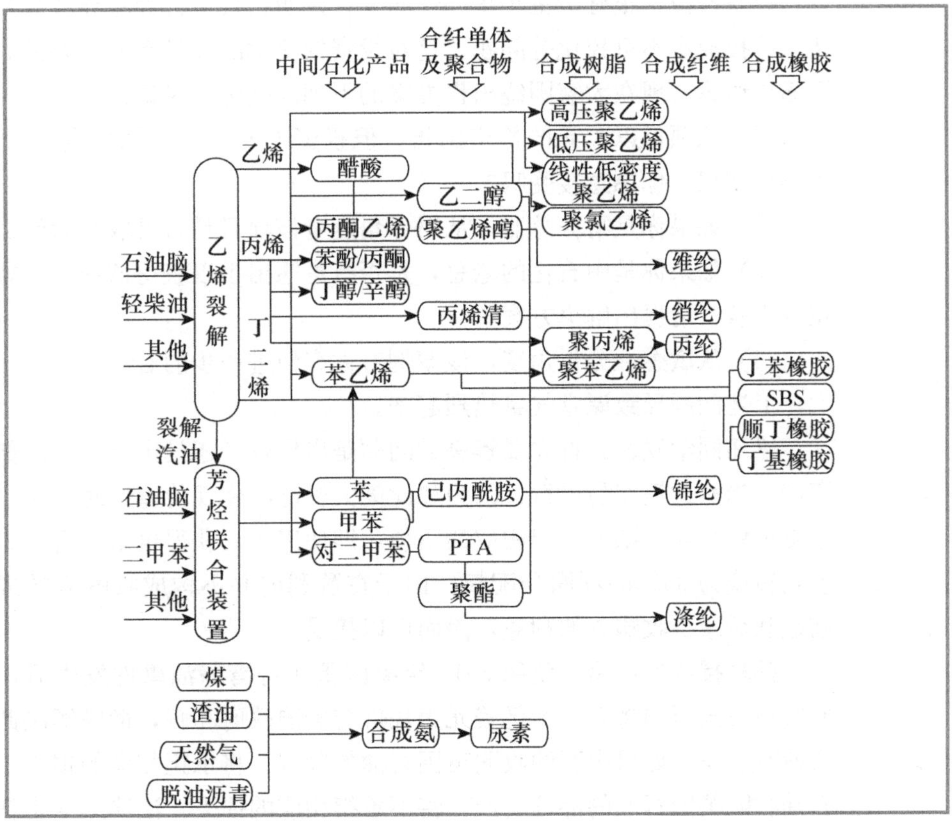

图 3－5　生产过程示意图

由于技术设计的原因，当设计规模为15万吨时产能受到限制，无法增加产量实现扩张；由于市场产大于销，销售价格从每吨12 000元降到了5 000元左右，几年前生产状况尚好的厂家也陷入艰难的挣扎中；在13.3亿元固定成本中，付现成本占68%，其中约束性成本又占了90%。在持续亏损的条件下，到底应该怎么办？

显然，投资人面临两难选择：

继续生产则每年亏损118 000万元；而停产则每年仍要支出现金81 396万元（13.3亿元×68%×90%，其中最大的部分是利息支出，约73 000万元）。

于是，投资人面临两种可能的选择：

第一，降低成本，扭亏为盈；

第二，进行资本运作，谋求资本效益。

讨论中，王小华同学说：第一种方案显然不可行。作为一个现代化的工业企业，其生产流程高度自动化、标准化，成本降低的空间十分狭小。小打小闹式的零星节约对扭亏为盈杯水车薪。因此，作为一个独立的项目是不可行的。如果出售企业，进行资本运作，或有可能扭亏为盈，但关键在于有无下家接手。

孙教授说：很好。王小华同学的发言说明：投资行为将导致长期成本短期化、可控成本不可控化等问题。这对投资的科学决策是十分重要的，这个问题后面再讨论。现在大家围绕出售方案的下列问题进行讨论：

(1) 该项目以1元的价格出售，但投资人要求将前期投资转换为30%的利润分配权，你愿意接受吗？

(2) 如果你是财务总监，从财务角度看该项目是否可取？为什么？

(3) 如果你是中石化的老总，是否有意愿出手以获得该项目？如何做才能扭亏为盈？请提出解决方案。

(4) 从敏感性分析角度，该案例对你有何进一步的启示？

上述问题导致课堂气氛热烈起来。

梁伟同学发言：首先要解决的问题是出售资产还是出售企业。如果是出售资产，当然这笔交易可行，因为如此庞大资产的变现价值绝对大于1元。但如果是出售企业，则要承担相应的负债，即使以1元获得也未必合适。至于前期投资转换为30%的利润分配权，由于在盈利前并不构成收购方的成本，只是在盈利后减少收购方的利益，因而可以接受。

孙教授说：不错。就像2010年美国墨西哥湾漏油事件发生后，美国司法部宣布英国石油将以208亿美元为代价与美国政府和解，彻底解决此次漏油事故所有求偿。如果中石油收购英国石油的股权，将承担相应的损失；但如果中石油收购英国石油的部分资产，将不承担相应的损失。法律上的责任界定对承担义务是十分重要的。

唐堂同学发言：如果是出售企业，衡量该项目的可行性从生产经营角度看可以有多个原因，如延伸价值链、扩大经营规模、多元化经营等。但从财务角度看只有两个原因，一是获得增量利润，二是获得增量现金。显然，收购该项目不是为了获得增量利润，因为该项目目前亏损，那一定是为了获得增量现金。计算一下就可以知道，收购该项目将获得增量现金 72 060 万元。其中，非付现成本（包括固定资产折旧、无形资产摊销）42 560 万元，亏损减少税金支出在税率 25%的情况下为 118 000×25%=29 500 万元。因而从财务角度看该项目是可行的。

孙教授说：唐堂同学能够从财务角度讨论问题，这很好。许多企业在收购、兼并中失败，总是寄希望于 1+1>2，这本身没错。但收购、兼并的底线是项目能够产生正的现金流，1 本身就要有价值，而不能只寄希望于+1，即对项目后续改造以获得>2 的效果，这样风险太大。

张梁子同学发言：如果我是中石化的老总，我有意出手获得该项目，因为可以进行价值重组，但要进行深入分析。第一，中石化能够进行重组的基础在于该项目存在生产边际贡献 25 000 万元（149 000－125 000），因此扭亏为盈的关键在于控制生产部门的固定成本以及管理部门、采购部门、销售部门的费用；第二，基于中石化全产业链的优势进行重组，不仅可以简化机构（如撤销采购部门和销售部门，业务活动由中石化原来的采购部门和销售部门承担），而且可以就近采购、就近销售，获得 1+1>2 的效果；第三，把该项目改造成中石化全产业链中的一个生产单元（如车间），可以大大压缩管理成本（当然，借款利息是无法减少的）。

侯涛同学发言：我赞同张梁子同学的想法。采取上述三项措施后，该项目的前期投资作为沉没成本可以不予考虑，只需考虑接手后的付现成本，其中最主要的付现成本有：借款利息约 73 000 万元，变动生产成本 125 000 万元，两项总计 198 000 万元。从现有资料看，生产边际贡献 25 000 万元<73 000 万元，即使采取上述三项措施依然无法扭亏为盈。看样子，不扩张产能是不行的。

孙教授说：两位同学的发言非常好，条理清晰、结论正确。张梁子同学的建议可以归结为：流程再造，变企业为车间。方向对了，思路有了，方法就可以根据实际情况去考虑了。侯涛同学的结论是在现有的情况下，即使按张梁子同学的想法去做，也无法扭亏为盈，建议是扩张产能。请大家思考：为什么我们总是在事后补救，而不能事先规划和防范呢？

高乐同学发言：孙老师，建立有效的投资决策机制，可以规避和减少风险。项目利润受价格、数量、单位变动成本、固定成本总额的影响，但这四个因素对利润的影响是不一样的。其中，数量是关键控制变量，价格是观察变量。在数量（即产量为 15 万吨）已经确定的情况下，单位变动成本和固定成本总额也就相应确定了（在大规模生产的情况下，随产量增加，单位变动成本降低而固定成本总额增加），于是只有价格随市场供求关系的改变而变化。而当价格上升时，项目的经济性提高，风险下降，可以不考虑其影响；但当价格降低时，项目的风险在增加，就必须考虑其对项目经济性的影响。因此，可以利用安全性测试和敏感性分析进行风险分析和风险规避。

孙教授说：大家可以广开思路，把以前学的知识融合起来会大有益处。

讨论仍在进行中，你还没有发言呢！

思考题

1. 什么是价值链？价值链由哪几个部分构成？它们之间是什么关系？

2. 什么是纵向价值链？纵向价值链研究的主要问题是什么？

3. 什么是横向价值链？横向价值链研究的主要问题是什么？

4. 什么是内部价值链？内部价值链与纵向价值链及横向价值链是什么关系？

5. 什么是结构性成本动因？它的基本特点是什么？它是通过哪些途径影响成本的？

6. 什么是执行性成本动因？它是通过哪些途径影响成本的？请举例说明。

第4章 功能、质量、时间与成本管理

4.1 功能成本管理

在保证产品质量的前提下，改进产品设计结构，可以大幅降低产品成本。国内外有关资料显示，通过改进产品设计结构所降低的成本数额，占事前成本决策取得的成本降低额的70%～80%。可见，大力推广功能成本决策不仅可以保证产品必要的功能及质量，而且可以确定目标成本，从而降低产品成本。

产品功能成本决策是将产品的功能（产品担负的职能或所起的作用）与成本（为获得产品一定的功能必须支出的费用）对比，寻找降低产品成本的途径的管理活动。其目的在于以最低的成本实现产品适当的、必要的功能，提高企业的经济效益。

产品功能与成本之间的比值关系称为价值，可用下式表示：

$$价值(V)=\frac{功能(F)}{成本(C)}$$

由上式可以看出，功能与价值成正比，功能越高，价值越大，反之则越小；成本与价值成反比，成本越高，价值越小，反之则越大。因此，提高产品价值的途径可概括如下：

（1）在产品成本不变的情况下，功能提高，将会提高产品的价值。

（2）在产品功能不变的情况下，成本降低，将会提高产品的价值。

（3）在产品功能提高的情况下，成本降低，将会提高产品的价值。

（4）在产品成本提高的情况下，功能提高的幅度大于成本提高的幅度，将会提高产品的价值。

（5）在产品功能降低的情况下，成本降低的幅度大于功能降低的幅度，将会提高产品的价值。

企业可以根据实际情况，从上述途径着手，运用功能成本决策方法确定目标成本。

功能成本决策大致分为以下几个步骤。

4.1.1 选择分析对象

由于企业的产品（或零部件）很多，实际工作中不可能都进行功能成本分析，应有所选择。选择的一般原则是：

（1）从产量大的产品中选，可以有效地积累每一产品的成本降低额。

（2）从结构复杂、零部件多的产品中选，可以简化结构、减少零部件的种类或数量。

（3）从体积大或重量大的产品中选，可以缩小体积、减轻重量。

（4）从投产期长的老产品中选，可以改进产品设计，尽量采用新技术、新工艺、新方法加工。

（5）从畅销产品中选，不仅可以降低成本，而且能使该产品处于更有利的竞争地位。

（6）从设计问题比较多的产品中选，可以充分挖掘改进设计的潜力。

（7）从工艺复杂、工序繁多的产品中选，可以简化工艺、减少工序。

（8）从成本高的产品中选，可以较大幅度地降低成本。

（9）从零部件消耗量大的产品中选，可以大幅降低成本、优化结构。

（10）从废品率高、退货多、用户意见大的产品中选，可以提高功能成本分析的效率。

4.1.2 围绕分析对象收集各种资料

分析对象确定后，应深入进行市场调查，收集各种资料作为分析研究的依据。所需资料大致包括以下几个方面：

（1）产品的需求状况。例如，用户对产品性能及成本的要求、产品销售结构及数量的预期值、价格水平等。

（2）产品的竞争状况。例如，竞争对手的数量、分布、能力，以及竞争对手在产品设计上的特点及推销渠道等。

（3）产品设计、工艺加工状况。结合市场需求及竞争对手的优势，本厂在产品设计、工艺加工技术方面存在的不足等。

（4）经济分析资料。例如，产品成本构成、成本水平、消耗定额、生产指标等。

（5）国内外同类型产品的其他有关资料。

对于收集到的各种资料，应进行详细分析，去粗取精，去伪存真，增加分析资料的可靠性。

4.1.3　功能评价

功能评价的基本步骤包括：以功能评价系数为基准，将功能评价系数与按目前成本计算的成本系数相比，确定价值系数；将目标成本按价值系数进行分配，并确定目标成本分配额与目前成本的差异；选择价值系数低、降低成本潜力大的作为重点分析对象。

功能评价的方法很多，现介绍两种常用的方法——评分法和强制确定法。

1. **评分法**

该方法按产品或零部件功能的重要程度打分，通过确定不同方案的价值系数来选择最优方案。

[例 4-1]

改进某型手表有三个方案可供选择，现从走时、夜光、防水、防震、外观等五个方面采用 5 分制评分，评分结果如表 4-1 所示。

表 4-1　功能比较表

项目	走时	夜光	防水	防震	外观	总分	选择
方案 1	3	4	5	4	5	21	
方案 2	5	5	3	5	4	22	
方案 3	5	4	4	3	4	20	×

上述几个方案中，方案 3 的总分最低，初选淘汰。对于方案 1 和方案 2 应结合成本资料进行第二轮比较，有关成本资料如表 4-2 所示。

表 4-2　方案估计成本比较表　　单位：元

项目	预计销售量（只）	直接材料、人工等	制造费用	制造成本
方案 1	5 000	280	80 000	296
方案 2	5 000	270	50 000	280

然后，进行价值分析。如果方案 1 的成本系数为 100，则方案 2 的成本系数为：

$$\frac{280}{296}\times100=94.59$$

方案 1 和方案 2 的价值系数分别为：

$$V_1=\frac{21}{100}=0.21$$

$$V_2=\frac{22}{94.59}=0.23$$

通过对比可知，方案 2 不仅成本较低，而且功能成本比值（价值系数）

高，因而应该选择方案2。

2. 强制确定法

这种方法也称为一对一比较法或0－1评分法，就是把组成产品的零件排列起来，一对一地对比，凡功能相对重要的零件得1分，功能相对不重要的零件得0分。然后，将全部零件得分总数除以各零件得分总数，即可求得零件的功能评价系数。假设甲产品由A，B，C，D，E，F，G七个零件组成，按强制确定法计算功能评价系数如表4－3所示。

表4－3　功能比较表

零件名称	一对一比较结果							得分合计	功能评价系数
	A	B	C	D	E	F	G		
A	×	1	1	0	1	1	1	5	5/21＝0.238
B	0	×	0	1	1	0	0	2	2/21＝0.095
C	0	1	×	0	0	1	1	3	3/21＝0.143
D	1	0	1	×	1	1	0	4	4/21＝0.191
E	0	0	1	0	×	1	1	3	3/21＝0.143
F	0	1	0	0	0	×	1	2	2/21＝0.095
G	0	1	0	1	0	0	×	2	2/21＝0.095
合计								21	1.000

表4－3中A，D两个零件的功能评价系数较大，说明其功能较为重要，而B，F，G三个零件的功能评价系数最小，说明其功能较不重要。

在功能评价系数确定后，应计算各零件的成本系数和价值系数：

$$各零件的成本系数=\frac{某零件的目前成本}{所有零件目前成本合计}$$

$$各零件的价值系数=\frac{某零件的功能评价系数}{该零件的成本系数}$$

[例4－2]

以表4－3中甲产品的七个零件为例，说明价值系数的计算（如表4－4所示）。

表4－4　零件价值系数计算表

零件名称项目	功能评价系数	目前成本（元）	成本系数	价值系数
A	0.238	300	0.250	0.952
B	0.095	500	0.417	0.228
C	0.143	48	0.040	3.575
D	0.191	46	0.038	5.026
E	0.143	100	0.083	1.723

续表

零件名称项目	功能评价系数	目前成本（元）	成本系数	价值系数
F	0.095	80	0.067	1.418
G	0.095	126	0.105	0.905
合计	1.000	1 200	1.000	—

价值系数表示功能与成本之比，如果价值系数等于1或接近1（如A，G零件），则说明零件的功能与成本基本相当，因而不是降低成本的主要目标；如果价值系数大于1（如C，D，E，F零件），则说明零件的功能过剩或成本偏低，在该零件功能得到满足的情况下，已无必要进一步降低成本或减少过剩功能；如果价值系数小于1（如B零件），则说明与功能相比成本偏高，应作为降低成本的主要目标，进一步挖掘提高功能、降低成本的潜力。

那么B零件的成本应降到什么程度，才能与功能相匹配呢？在产品目标成本已定的情况下，可将产品目标成本按功能评价系数分配给各零件，然后与各零件的目前成本比较，即可确定各零件成本降低的数额。假定甲产品的目标成本为1 000元，则各零件预计成本及成本降低额的计算如表4-5所示。

表4-5　零件预计成本表　　单位：元

零件名称项目	功能评价系数	按功能评价系数分配目标成本	目前成本	成本降低额
A	0.238	238	300	62
B	0.095	95	500	405
C	0.143	143	48	−95
D	0.191	191	46	−145
E	0.143	143	100	−43
F	0.095	95	80	−15
G	0.095	95	126	31
合计	1.000	1 000	1 200	200

从表4-5中可以看出，目标成本比目前成本低200元，其中A，B，G零件的成本与其功能相比偏高，故应作为降低成本的对象，尤其是B零件应作为重点对象；至于C，D，E，F零件（特别是D零件），只有在功能过剩的情况下才考虑减少过剩功能以降低成本，否则应维持原状。

4.1.4　试验与提案

在功能评价的基础上，可对过剩功能和不必要成本进行调整，从而提出新的可供试验的方案。然后，按新方案进行试验生产，在征求各方面意见的同时，对新方案的不足加以改进。新方案经进一步调整即可作为正式方案提交有关部门审批，批准后即可组织实施。

4.2 质量成本管理

4.2.1 质量成本的提出与发展

最早把质量成本概念运用于实践的是美国的 A. V. 费根鲍姆。20 世纪 50 年代初，费根鲍姆提出应把质量预防费用和检验费用与产品不合要求所造成的厂内损失和厂外损失一起加以考虑，并首先提出质量成本的概念。60 年代初，费根鲍姆将质量成本划分为预防成本、检验成本、厂内损失和厂外损失四大类，为质量成本在全面质量管理中的应用奠定了理论基础。80 年代，在消费者权益保护和环境保护意识日益强化的背景下，费根鲍姆进一步发展了质量成本的内涵，将质量成本的范围扩大到产品的整个生命周期。他认为，产品生命周期形成于研制、设计、技术准备、生产制造等阶段，体现在生产、销售、使用等阶段。各个阶段所发生的质量投入、质量损失，涉及产品生命周期的都应包含在质量成本之中。

质量管理专家 J. M. 朱兰博士在其“矿中黄金”理论中提出，随着科学技术的飞速发展，“废次品损失”这个“矿中黄金”的蕴藏量将越来越大，开发利用它的价值也越来越大。其核心思想是：通过“矿中黄金”的开采和充分开发，使投入质量控制的资金得到补偿并取得可观的回报。即通过把预防成本、检验成本这些“可控成本”与内外损失这些“结果性损失”结合起来研究，寻求两者之间的理想结合点，并在这一核心思想的基础上建立各种优化的质量成本结构。朱兰博士经研究发现，预防成本占 10%，故障成本占 50%，检验成本占 40%为最佳结构。此外，朱兰博士还把质量成本曲线分为“质量改进区域”“中间区域”“至善论区域”三部分，并指出不同区域的工作重点，便于管理当局有的放矢地采取质量管理措施。

中国于 1987 年 4 月正式实施的国家标准 GB 6583.1－86《质量管理和质量保证术语　第一部分》对质量成本下了明确的定义：质量成本是将产品质量保持在规定的质量水平上所需要的费用，它包括预防成本、鉴定成本、内部损失成本和外部损失成本。国家技术监督局于 1990 年提出的国家标准《质量成本管理导则》（第二稿征求修改意见稿）规定质量成本的内涵是：将产品质量保持在规定的水平上所需的费用。它包括预防成本、鉴定成本、内部损失成本、外部损失成本，在特殊情况下，还需增加外部质量保证成本。

4.2.2 质量成本管理的有关概念

1. 质量

质量是指产品或服务满足消费者的程度，包括设计质量和一致质量两个基本方面。设计质量是指产品或服务的功能符合顾客需求的程度，而一致质量是指根据设计和生产规格来生产产品或提供服务的程度。设计质量和一致质量的关系如图 4-1 所示。

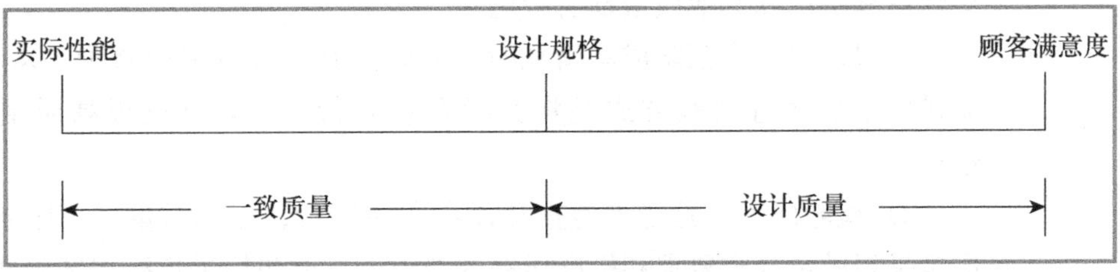

图 4-1　设计质量与一致质量的关系

可见，企业必须符合一致质量以符合设计规格，同时也必须符合设计质量以设计出满足顾客需要的产品。只有实现产品质量的经济性，才能体现企业经济效益和社会效益的统一。

2. *质量成本*

质量成本是指企业为确保达到规定的产品质量水平和实施全面质量管理而支出的费用，以及因为未达到规定的质量标准而发生的损失的总和。

实际上，对质量成本的定义存在不同的论述：

国际标准 ISO 9004《质量管理和质量体系要素指南》(1987) 认为：工作质量成本是“企业为达到和保证规定的质量水平所支付的费用，包括预防成本、检验成本和损失”。外部质量保证成本是“为向用户提供所要求的客观证据所支付的费用，包括特殊的和附加的质量保证措施、程序、数据、证实试验和评定费用”。

费根鲍姆所著的《全面质量管理》(1983) 指出：“工厂和公司的质量成本包括两个主要方面：控制成本和控制失效成本。这些就是生产者的经营质量成本。”

H. J. 哈灵顿所著的《质量不良成本》(1986) 认为：“质量成本应改称为质量不良成本”，“它是指使企业全体雇员每次都把工作做好的成本，鉴定产品是否可以接受的成本和产品不合公司和（或）用户期望所引起的成本之和”。

美国质量管理协会（ASQC）编的《质量成本原理》(1986) 指出：质量成本“是对与达到或达不到产品或服务的质量要求有关的那部分费用的具体度量。这些质量要求可以由公司、由公司与顾客所签订的合同或由社会具体规定”。

通过上述定义可以看出：尽管对质量成本的表述在形式上有所差异，在内容上有所侧重，但在本质上都是一致的，即质量成本就是“企业为保证和提高产品质量而支出的一切费用，以及因未达到既定质量水平而造成的一切损失之和”。

3. *质量成本的分类*

(1) 质量成本按其内容可分为以下五类：

1）预防成本，是指为了防止产生不合格品与质量故障而发生的各项费用，主要包括质量工作费用、产品评审费用、质量教育培训费用、质量奖励费用、质量改进措施费用和质量管理专职人员工资及福利费用、工序控制费用、质量会计核算费用和其他质量预防费用。

一般而言，当预防成本增加时，质量的其他成本相应减少。从长远来看，质量成本的最好实践方式是将其投在预防行为上，这是提高质量的最有效途径。

2）检验成本，是指为检查和评定产品质量、工作质量、工序质量、管理质量是否满足规定要求和标准所需的费用，主要包括进货检测试验费、专职人员的工资及福利费、检验试验办公费、现场产品制造和加工及测试费、检验测试设备及房屋折旧费用等。

3）内部缺陷成本，是指产品交付用户前由自身的缺陷造成的损失，及处理故障所支出的费用之和，主要包括不可修复的废品损失、可修复废品的返修损失、返工后或矫正后的产品重复检测和试验的复验费用、由产品质量事故引起的停工损失及产品降级损失等。

4）外部缺陷成本，是指在产品交付用户后，因产品质量缺陷引起的一切损失费用，主要包括由于质量缺陷而支付的诉讼费用、索赔费用、退换货损失、保修费用和降价损失等。

5）外部质量保证成本，是指为提供用户要求的客观证据所支付的费用，包括特殊的和附加的质量保证措施费用、产品质量验证费、质量评定费、质量体系认定费等。

（2）质量成本按其性质可分为以下三类：

1）预防与保证成本，是指企业为确保产品质量而发生的预防成本、检验成本和外部质量保证成本。

2）缺陷成本，是指由产品质量和生产工作质量造成企业实际支付的内部缺陷成本和外部缺陷成本。

3）机会成本，是指由产品质量和工作质量造成企业不必支付而应计算的内部缺陷成本（如因质量事故而发生的减产损失、停工损失等）和外部缺陷成本（如因质量不良而失去了销售机会和市场份额等）。

（3）质量成本按其表现价值补偿的形式可分为以下两类：

1）显性成本，是指企业在生产经营过程中实际发生的有形损失，必须得到补偿。它直接造成企业的损失，因而又称直接质量不良成本。显性成本可以从企业会计记录中获取数据，包括预防成本、检验成本、厂内缺陷成本、厂外缺陷成本和外部质量保证成本等。

2）隐性成本，是指实际发生但并未支付的无形损失，只需计算而不必得到补偿，主要是由质量不良而形成的机会成本。它间接地对企业造成损失，因而又称间接质量不良成本。

(4) 质量成本从成本控制角度可分为以下两类:

1) 控制成本。预防成本、检验成本和厂外质量保证成本是控制成本,通过其增减变动对厂内缺陷成本、厂外缺陷成本和隐性成本产生影响。

2) 结果成本。厂内缺陷成本、厂外缺陷成本和隐性成本是结果成本,是因质量达不到既定要求、控制失效而造成的厂内和厂外损失,它受可控成本的影响。

4.2.3　质量成本管理

为满足特定顾客群体对产品或服务质量的不同需求,质量成本管理需要以最低限度的质量成本投入获取竞争优势。因此,必须厘清质量和质量成本之间的关系:一是质量(包括产品质量和工作质量)要提高到满足顾客有支付能力的需要的标准;二是要为高质量产品付出相应的质量成本。

1. 质量成本管理目标的确定

(1) 传统质量成本管理的目标。在传统质量成本管理中,如果一种产品的质量超出质量特征的允许范围,则该产品是有疵点或缺陷的。于是,只有当产品未能达到设计要求时才会发生结果成本,而且在控制成本与结果成本之间存在一个最优的选择。因此,传统质量成本管理的目标是寻找可接受的质量水平(acceptable quality level, AQL),并认为控制成本与结果成本之间存在此消彼长的关系:控制成本的提高将导致结果成本的下降。只要结果成本的下降速度大于控制成本的提高速度,公司就应进一步加大对不合格产品的预防或检验力度,直到这种努力所发生的任何额外支出大于相应的缺陷成本减少额。此时,质量成本总和达到最低(即最佳质量成本),如图 4-2 所示。

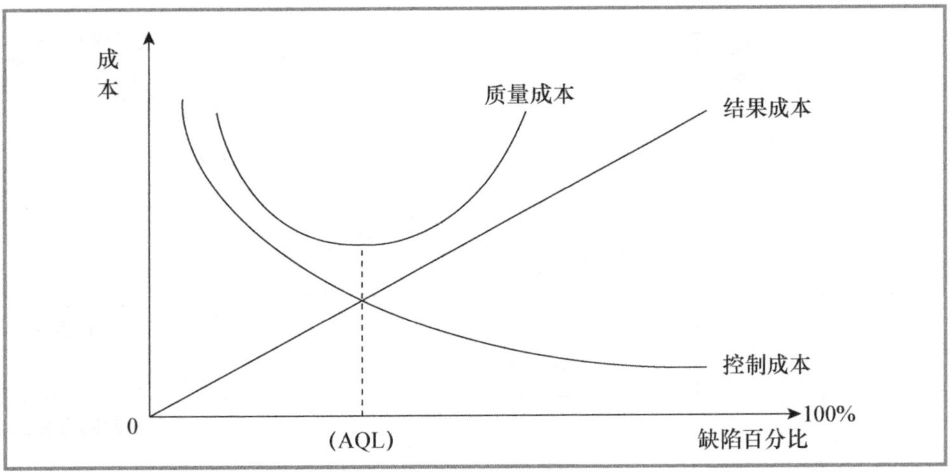

图 4-2　质量成本的最佳结构图

从图4－2中可以看出，控制成本和结果成本是互为条件、互为因果的：在一定范围内，质量成本水平与控制成本成相同方向的变化，与结果成本成反方向的变化。当控制成本与结果成本相等时，质量总成本是最低的，此时的质量水平为可接受的质量水平。可见，AQL允许生产并销售一定数量的缺陷产品。例如，设AQL为2%，则在任何数量的产品中，总有不超过2%的不良产品被销售给客户。

（2）现代质量成本管理的目标。现代质量管理认为：企业应进一步减少缺陷产品的数量，以便降低质量成本总水平。质量成本的最优水平位于所生产产品达到目标价值之处。

20世纪70年代后期，AQL受到零缺陷模式的挑战。零缺陷模式要求将不符合质量要求的产品降低到零。企业生产的不符合质量的产品越少，就可以取得比继续实施AQL模式的企业更多的竞争优势。80年代中期，全面质量管理认为，生产不符目标价值的产品会造成损失，离目标价值越远，损失越大。即使实际产品与设计要求之间的偏差在设计允许的范围内，损失仍会因产品的生产而产生。换言之，偏离理想目标是要付出代价的。此外，全面质量管理强调顾客愿意接受并支付增值作业，但拒绝接受并支付非增值作业。因此，应保留增值作业，尽可能减少甚至消除非增值作业。现代质量成本管理认为，内部和外部缺陷作业及其相关成本都属于非增值作业，应彻底消除。预防作业则可视为增值作业而予以保留。一部分检验作业是预防作业所必需的，如质量审计，应视为增值对象。

在实践中人们发现，随着企业预防和检验成本的增加和缺陷成本的减少，预防和检验成本是可以缩减的：每种缺陷都有其可预防的根本原因，且预防总是比较便宜的。图4－3揭示了质量成本关系的变化情况。

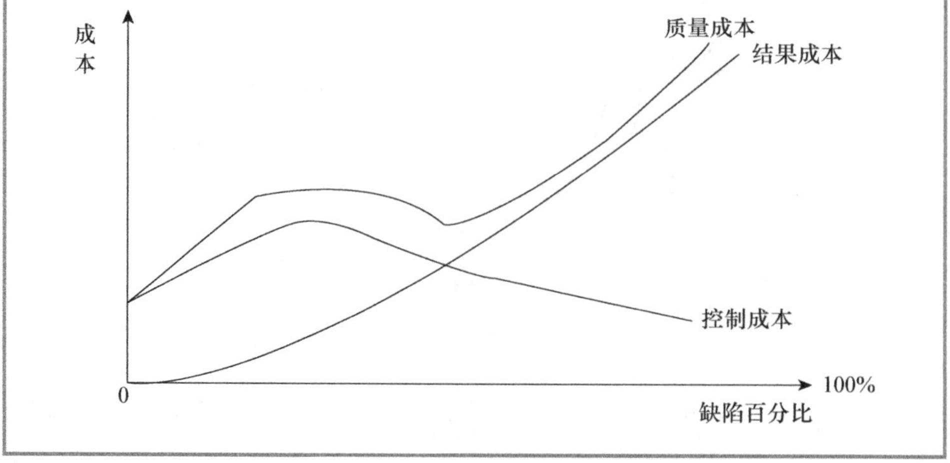

图4－3　现代质量成本控制图

从图 4-3 中可以看出，现代质量成本观与传统质量成本观的不同之处主要在于：

1）以将质量成本降低到零的方式降低缺陷成本；

2）对正确的预防性作业进行投资，以实现改善质量的目的；

3）根据实现结果进一步降低检验成本；

4）持续不断地评估和更正预防作业，促使产品质量进一步改进。

2. 最佳质量水平的确定

质量标准参数是产品的使用功能的标志。参数高（如可靠性程度高、使用寿命长、使用费用低等）表示使用功能好。一般情况下，使用功能与生产成本都随质量参数的变化而变化，但两者的变化幅度不完全相同。质量标准参数的优化就是从两者的变化中寻求最佳值，用最少的产品制造成本取得较好的使用功能（使用质量价值）。

确定产品的设计质量水平时，应当考虑用户对产品使用功能（产品质量）是否满意，能否买得起，同时也要考虑企业会不断降低产品的制造成本，增加收益，也就是要找出质量的变化与价格、功能、成本、收益（利润）之间的关系。图 4-4 为质量—价格—成本和质量—成本—收益（利润）之间的函数关系曲线。$F(x)$ 表示价格函数曲线，$C(x)$ 表示成本函数曲线，$n(x)$ 表示收益函数曲线。

从图 4-4 中可以看出，随着质量水平的提高，价格和成本亦随之提高，但在达到一定限度（Q_1点）之后，再继续提高质量水平，产品成本增加很快，而售价却不能按比例增加。即当 $Q_1\rightarrow\infty$时，$F(x)$ 几乎不变化，而当 $C(x)\rightarrow\infty$ 时，企业得不到收益。反之，如果降低质量水平，则成本也随之降低，售价也必然降低很多，但下降到一定程度（Q_0点）后，价格再下降，产品将没有人购买，而成本却不能按比例下降，因为生产出不合格品就会带来损失。即当 $Q_1\rightarrow 0$ 时，$F(x)\rightarrow 0$，而 $C(x)$ 却不能无限制地下降，即 $C(x)>0$，这时企业也得不到收益。因此，$Q_0\sim Q_1$ 是产品可能存在的范围。

假如在产品可能存在的范围内，把质量水平由 Q_a 提高到 Q_{opt}，这时产品的价格上升 ΔF_1，成本增加 ΔC_1，而 $\Delta F_1>\Delta C_1$，即 $\mathrm{d}F/\mathrm{d}Q_i>\mathrm{d}C/\mathrm{d}Q_i$，这说明产品价格的上涨不仅可以弥补成本的增加，而且还有盈余，在经济上是合算的；如果把质量水平再由 Q_{opt} 提高到 Q_b，则价格上升了 ΔF_2，成本增加了 ΔC_2，而 $\Delta F_2<\Delta C_2$，即 $\mathrm{d}F/\mathrm{d}Q_i<\mathrm{d}C/\mathrm{d}Q_i$，此时的收益最大，即 $F(x)-C(x)$ 的差值最大，所以 Q_{opt} 为最佳质量水平。

此外，由 $n(x)$ 曲线也可以看出，随着质量水平的提高，例如由 Q_a 提高到 Q_{opt}，收益（利润）也随着增加，由 N 点增加到 M 点，但是当质量水平继续增加超过 Q_{opt} 时，例如由 Q_{opt} 增加到 Q_b，则收益将降到 H 点，即质量水平超过 Q_{opt} 时，收益将减少，因此，从质量效益观点来看，Q_{opt} 是最佳质量水平。

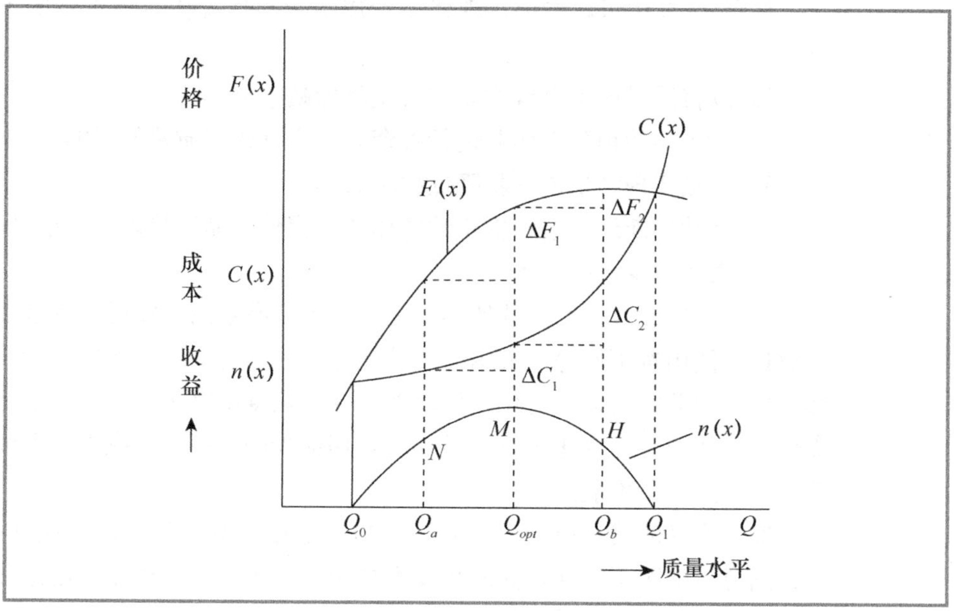

图4-4　质量、价格、成本、收益函数关系图

由图4-4可知，收益的变化$n(x)=F(x)-C(x)$，具有以下特点：

当$Q_i=Q_0$时，$n=0$，并且$dn/dQ_1>0$

当$Q_i=Q_1$时，$n=0$，并且$dn/dQ_1<0$

当$Q_i=Q_{opt}$时，$n=1$，并且$dn/dQ_1=0$

所以，根据$dn/dQ_1=0$可确定最大的收益，此时Q_{opt}为最佳质量水平。

然而，有时企业为了满足社会对高质量产品的需要，即使单位利润少一些，也要以生产优质产品作为质量目标，确定设计质量水平在$Q_{opt}\sim Q_b$之间，而且总利润并不降低。或者为了实施以面向大众为目标的薄利多销的方针，把质量水平确定在$Q_a\sim Q_{opt}$之间，虽然单位利润会少一些，但总利润并不降低。因此，企业实际确定质量目标时，不仅要进行上述技术经济分析，还必须慎重考虑消费者的需要、企业的技术条件、设备能力、工人及技术人员的技术水平、营销能力等。

3. 产品生命周期最佳质量水平的确定

在确定产品的质量水平时，不仅要着眼于生产者（即企业）的经济效益，而且要考虑用户的使用周期的成本和效益，也就是考虑用户能否买得起、用得起，并发挥产品的效用，还要考虑整个国民经济的利益，也就是要用最少的社会劳动消耗取得最好的社会经济效益，即要考虑产品生命周期的总成本。

产品生命周期是产品从研制、设计、制造、流通、使用到报废为止的整个过程。在生命周期的每个阶段都要耗费一定的费用。把这些费用加起来就是产品生命周期总费用（总成本）。这些费用可以大致分为两大部分：生产费用和使用费用。生产费用包括设计、制造、外协等费用；产品出厂以后的费用计入使用费用，主要包括运转费用、维修费用、停工损失、折旧费、转卖和更新损失等费用，如图 4－5 所示。

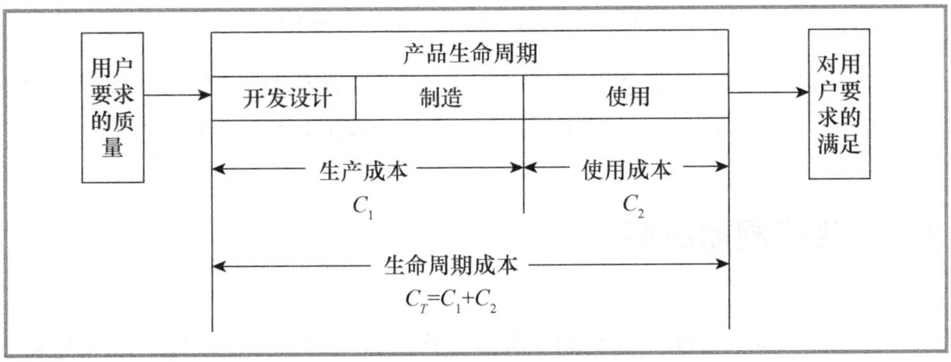

图 4－5　产品生命周期成本构成

从图 4－5 中可以看出，生产成本 C_1 和使用成本 C_2 随着产品质量水平的提高往往有不同的变化。生产成本一般随着质量水平的提高而增加，而使用成本则往往朝着相反的方向变化，即对同一产品来讲，质量高者可以节约使用成本。例如，同样功率的汽车，制造成本可能相近，但是耗油量少的会降低使用成本。图 4－6 所示的是产品质量水平与产品生命周期成本的关系曲线。

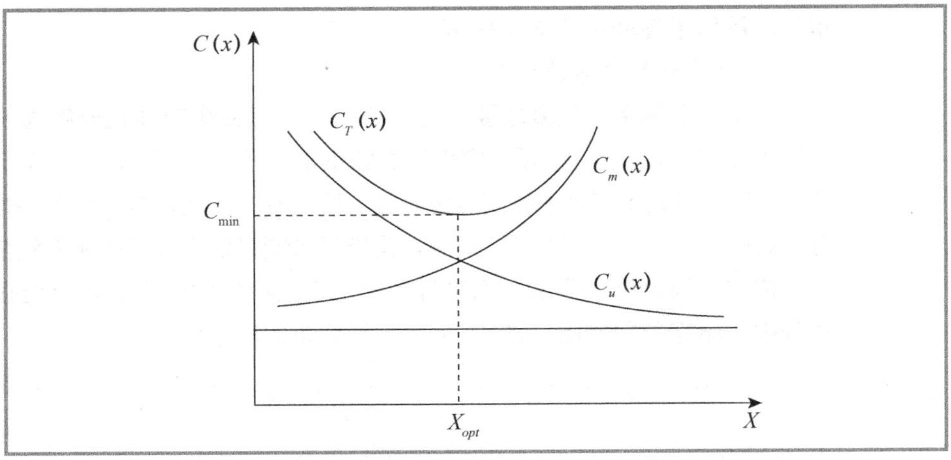

图 4－6　产品质量水平与产品生命周期成本的关系曲线

图 4－6 中，曲线 $C_m(x)$ 为生产成本，曲线 $C_u(x)$ 为使用成本，曲线 $C_T(x)$ 为产品生命周期成本。可见，产品生命周期成本随着产品质量水平的提高呈马鞍形变化，而在生命周期成本曲线上有一个最低点（$C_{\min}$），即生命周期成本的最低值，这个最低值对应的横坐标上的 X_{opt} 即生命周期成本最低时的最佳质量水平。

生命周期成本的计算是一项尚待研究的课题。不同产品所包含的内容不同，例如汽车的生命周期成本除包括汽车的原价，还包括使用期间的运行使用费用，如汽油费、税金、维修费以及其他费用。有些工程项目还应当计算原始投资的资本利息。生命周期成本一般可用下式计算：

$$C=C_0\times(1+i\times n)\times C_p\times n-(L-S)$$

式中，C——生命周期成本；C_0——购置价格；C_p——每年运转使用费用；i——年利率；n——使用年限；L——残值；S——处理费用。

4.3 生产周期决策

对于某些一次性的工程或生产项目（如新产品研制、设备维修、小批单件订货）而言，缩短工作时间、提前完成任务不仅能够降低固定成本（如制造费用）和变动成本（如直接人工），而且可以获得额外收益（如提前完工的奖励）。但是，提前完工往往需要追加一定的费用，因此，如何在增加收益和增加成本之间寻找能给企业带来最大利益的点，就成为一个必须解决的问题。

美国海军特种计划局和洛克希德航空工业公司于1958年将以时间控制为重点的计划评审法引进北极星导弹的研制中。这一方法于1962年发展成为既控制时间又控制成本的成本计划评审法（PERT/COST）。目前，成本计划评审法广泛用于各种生产周期决策中。

1. 成本计划评审法的原理

成本计划评审法的基本要点是：将一项工程或生产项目分解为前后连接的若干工作（或作业），并预计它们所需的正常时间、赶工时间、正常成本和赶工成本，以求在赶工安排中提高经济效益。所谓赶工时间，是指尽可能提前完成任务所需的全部时间；所谓赶工成本，是指尽可能提前完成任务所需的全部成本。

成本计划评审法要求运用符号画出工程或项目的网络图，以便在安排赶工过程中不断完善网络图。图4-7就是最简单的网络图。

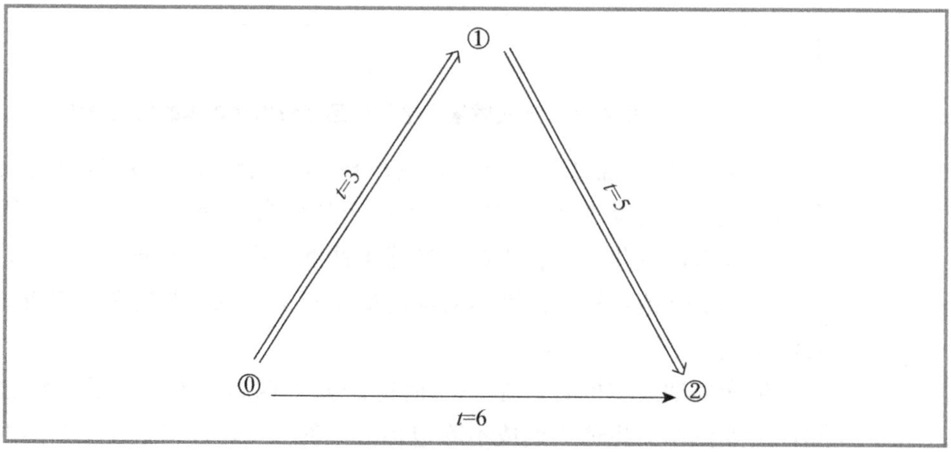

图4-7 网络图

在图4-7中，“→”或“⇒”表示某项工作；“○”表示工作起止的时间点，可将顺序号填入，表示工作的先后顺序；t表示工作所需要的时间；“⓪⇒①⇒②”表示关键路线，即所有加工线路中所需时间最长的加工线路，稍有延误就会延长整个项目的完成时间，如果赶工将会使整个项目提前完成。

绘制网络图时应注意以下几点：

(1) 应根据工程或项目的内在联系，合理安排先后顺序，如哪些工作应先做，哪些工作应后做，哪些工作可以同时进行，务必使网络图真实反映整个工艺流程。

(2) 网络图不能出现闭环路线，即箭线不能从某一点出发，又回到该点。

(3) 任何一条箭线的首尾都应有○点，不能从箭线中间引出另一条箭线。

2. 成本计划评审法的工作原则

成本计划评审法是以提前完工的时间与因赶工而增加的成本之间存在线性关系为前提的。所以，在进行赶工安排时，需要就每一项可以赶工的工作，计算其成本斜率，即提前一个单位时间（小时、天、周、月等）完成工作需要增加的成本。其计算公式如下：

$$成本斜率=\frac{赶工成本-正常成本}{正常时间-赶工时间}$$

为了获得经济效益，安排赶工时应遵循以下几条原则：

(1) 应在关键路线上寻找需要赶工的工作，因为只有在关键路线上提前完工才能让整个项目提前完工。

(2) 如果同时存在几条关键路线，则应在这几条关键路线上同时安排赶工，并且提前同样长的时间。这是因为如果不同时在几条关键路线上赶工且时间不同，整个项目就不能提前完工，或提前的时间将由最短的赶工时间决定。

(3) 安排赶工时，应先安排成本斜率低的工作，后安排成本斜率较高的工作。

(4) 安排赶工的工作的成本斜率原则上应低于提前完成整个项目一天的得益额。在特殊情况下（如赶工可以使人力、物力、财力转向其他更有利的工作），成本斜率可以等于提前完成整个项目一天的得益额。

3. 成本计划评审法的应用

[例4-3]

假定庆南公司接受了客户的一项特殊订货，合同规定在20天内交货，每提前一天可获得600元的奖励。经分析，该特殊订货的生产可以分解为6项工作，有关资料如表4-6所示。如果该公司希望通过赶工来增加利润，应如何安排赶工？在正常生产每天获利1000元的情况下，是否应进一步安排赶工以增加公司总利润？

表 4－6　基本数据表

工作	需用时间（天）		成本（元）		成本斜率（元）
	正常	赶工	正常	赶工	
①→②	4	2	1 700	2 000	150
②→③	5	4	1 600	2 100	500
①→③	8	5	1 500	2 400	300
②→④	8	7	2 400	2 800	400
③→④	5	3	2 100	2 500	200
④→⑤	7	6	1 400	1 750	350
合计	—	—	10 700	—	—

根据表 4－6 中的资料，可画出网络图（如图 4－8 所示）。

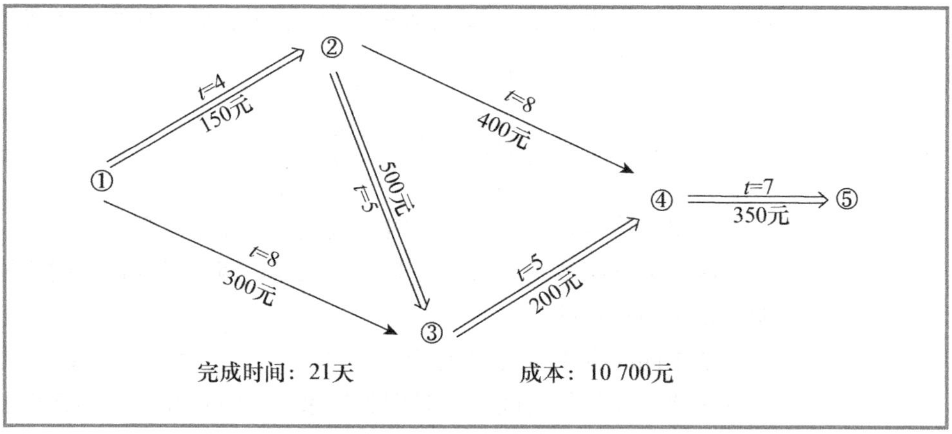

图 4－8　网络图一

第一步，从图 4－8 中可以看出，①→②→③→④→⑤是关键路线，完成时间为 21 天，其中①→②工作的成本斜率最低（为 150 元），可以提前 2 天完工，但由于次长路线①→③→④→⑤的完成时间为 20 天，因此①→②工作可先安排 1 天赶工，以便整个任务能提前 1 天完成（同时又可避免整个任务与某项工作提前时间不一致造成的成本浪费）。①→②提前完成 1 天，增加成本 150 元。①→②工作提前后，①→②→③→④→⑤和①→③→④→⑤均为关键路线，完成时间为 20 天，网络图改为图 4－9。

第二步，③→④工作可以提前 2 天，成本斜率为 200 元，该工作每提前 1 天完成，两条关键路线均可缩短 1 天，从而使整个任务提前 1 天完成。因此，可安排③→④工作提前 2 天完成，增加成本 400 元。这时，网络图改为图 4－10 。

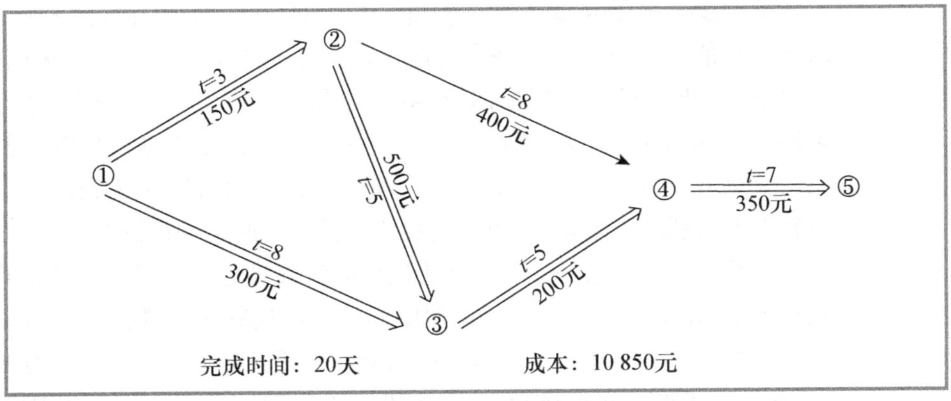

图 4-9 网络图二

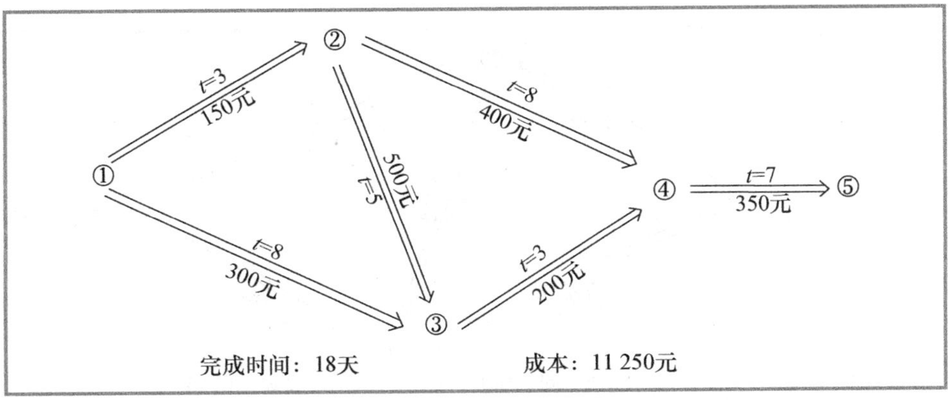

图 4-10 网络图三

第三步，④→⑤工作是①→②→④→⑤，①→②→③→④→⑤，以及①→③→④→⑤三条关键路线的共同部分，而且在各项工作的组合中成本斜率最低（为 350 元），因此，可以安排④→⑤工作提前 1 天完成，增加成本 350 元。这时，网络图改为图 4-11。

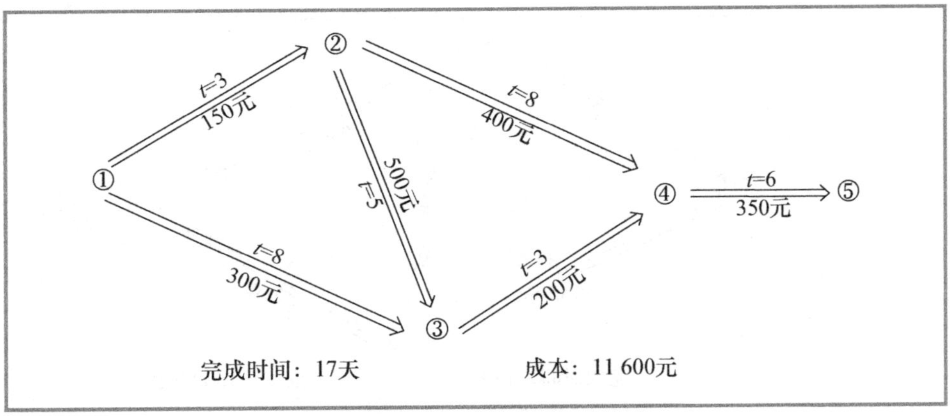

图 4-11 网络图四

第四步，关键路线未变，但③→④，④→⑤两项工作已无赶工的可能，因此，只能在①→②，①→③与①→③，②→③，②→④这两种组合中选择一种安排同时赶工。前者的成本斜率之和为450元（150＋300），后者的成本斜率之和为1 200元（300＋500＋400），由于前者的成本斜率之和低于每天的奖励600元，故应安排①→②和①→③同时提前1天完成（①→②工作只有1天的赶工富余量），成本增加450元。这时，网络图改为图4－12。

虽然①→③，②→③，②→④还可同时安排赶工，但该种组合的成本斜率之和为1 200元，已超过1天的奖励600元，仅就该特殊订货而言，赶工到此结束。通过以上四步赶工安排，可以使整个任务提前4天完成，增加奖励收入2 400元，增加成本1 350元（12 050－10 700），从而使企业获得净收益1 050元（2 400－1 350）。

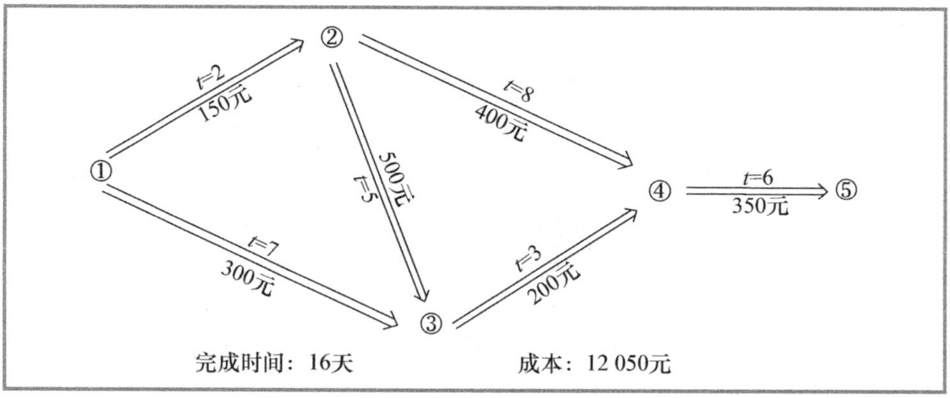

图4－12　网络图五

在正常生产每天获利1 000元且生产能力不足时，从增加公司总利润的角度看，特殊订货任务还可以进一步安排赶工，因为此时每提前一天的奖励将为1 600元（600＋1 000），增加成本为1 200元。在安排①→③，②→③，②→④同时赶工1天后（因为②→④及②→③均只能提前1天），网络图改为图4－13。

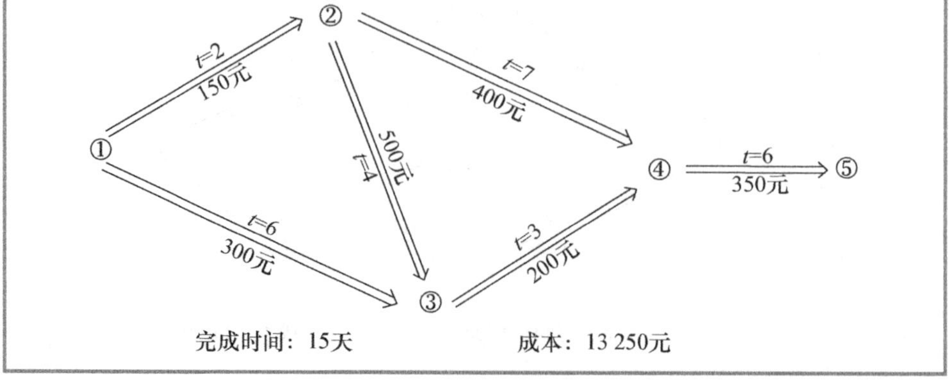

图4－13　网络图六

虽然特殊订货的净收益减少为450元（3 000－2 550），但却提前一天可安排正常产品的生产，并由此获1 000元的利润，两项净收益之和为1 450元（450＋1 000），公司总利润将增加400元（1 450－1 050），这时赶工仍是可取的。

思考题

1. 什么是价值？提高产品功能与成本比值的途径主要有哪些？

2. 由于企业的产品（或零部件）很多，实际工作中不可能都进行功能成本分析，那么选择分析对象的一般原则是什么？

3. 功能评价的常见方法有哪几种？试举例说明它们的应用。

4. 如何理解质量成本的概念？是质量重要还是成本重要？为什么？

5. 质量成本的构成内容是什么？对理解质量成本有何帮助？

6. 为达到不同的管理目的，质量成本是如何分类的？

7. 产品质量与产品成本存在怎样的依存关系，它们之间的因果关系如何？

8. 传统质量成本管理的目标与现代质量成本管理的目标有何联系和区别？

9. 运用成本计划评审法安排赶工时应遵循的原则有哪些？对不同企业生产周期的优化有何借鉴作用？

10. 什么是成本计划评审法中的关键路线和成本斜率？如何安排赶工？

练习题

甲公司接受客户的一项特殊订货，合同规定在15天内交货，每提前一天可获得600元的奖励。经分析，该特殊订货的生产可以分解为七项工作，有关资料如表1所示。

表1　基础资料表

工作	需用时间（天）		成本（元）		成本斜率（元）
	正常	赶工	正常	赶工	
1→2	5	3	1 700	2 100	200
1→4	4	2	2 450	2 750	150
2→3	6	4	2 120	3 400	640
2→4	3	2	4 120	4 600	480
3→5	4	3	2 350	2 700	350
4→5	5	3	2 200	2 800	300
5→6	3	2	1 650	2 000	350
合计	—	—	16 590	—	—

思考：

（1）如果该公司希望通过赶工安排来增加利润，应如何安排赶工？

（2）在正常生产每天获利1 000元的情况下，是否应进一步安排赶工以增加公司总利润？

第5章

成本控制：目标、责任与标准

5.1 目标成本控制

5.1.1 目标成本

目标成本是企业在生产经营活动开始之前，根据产品或工程的性能、质量、价格和目标利润确定的企业在一定时期内必须达到的预期成本水平。

根据目标成本进行成本控制，从本质上看是一种对企业的未来成本的管理。其做法是：首先根据企业的经营目标，也就是从如何满足市场需求以及客户对产品性能、质量和价格的要求入手，确定目标销售收入；其次确定企业所期望的目标利润；最后由目标销售收入减去目标利润得到目标成本，即

目标成本＝目标销售收入－目标利润

目标成本制定之后，就可以按一定的原则和方法在企业内部进行分解，编制成本计划。如果经过计算发现目标成本不能实现，就要采取相应措施，通过价值工程、改进生产技术等手段来降低成本，达到目标成本的要求。需要说明的是，拟定目标成本是一个“设定→分解→达成”的反复循环的过程。每次循环都是对成本的一次挤压。只有在最后工序设计阶段的成本降低额达成后，才能转入实际的量产。

5.1.2 目标成本控制的作用

目标成本控制作为一种新型成本管理思想和成本控制方法，是传统的成本管理方法所无法比拟的。

1. 目标成本控制实质上是成本的战略管理

战略性成本管理所追求的是在不损害企业竞争地位前提下的成本降低，是

与市场竞争要求相适应的成本控制，其指导思想是：如果在成本降低的同时削弱了企业的竞争地位，则这种成本策略不可取；反之，如果成本的增加有助于增强企业的竞争力，那么这种成本策略应该予以鼓励。目标成本控制改变了传统成本管理只注重自身实际消耗，不考虑外部市场需求的事后控制观念。它认为，只有建立在客户能够接受的价格和企业能够实现的目标利润基础上的成本开支才是必要的。目标成本控制将事前控制、事中控制和事后控制有机地融为一体，从而增加成本控制的预见性、目的性和科学性。

2. 目标成本控制是对产品生命周期的成本管理

产品的生命周期是指每件产品从其形成直至消亡的历程，包括开发、设计、制造到顾客使用、废弃这样一个循环。在这一过程中，不仅有生产方产生的开发、设计和制造成本等，而且还包括消费者购入产品后发生的使用成本、废弃成本等。企业为了取得竞争优势，一方面要改变只注重制造成本，而忽视开发、设计成本的现象，将成本降低的重心从生产阶段转移到开发设计阶段，避免后续制造过程中大量无效作业耗费的无谓成本；另一方面要考虑尽可能降低消费者的使用成本。因此，为达到经营目标，企业必须将传统的成本管理范围予以扩展，建立产品生命周期成本核算体系，从全流程的角度来实施成本跟踪与控制。

5.1.3 目标成本控制的程序

1. 目标成本的制定

目标成本的制定是目标成本控制的起点，目标成本制定的科学性和合理性直接影响到目标成本控制的有效性。

(1) 搜集成本信息。制定目标成本需要的信息包括两个方面：一是预测销售量和价格。就新产品来说，价格是一个未知数，要进行市场调查和预测，进行分析，并与同类产品相比较，确定消费者对价格的接受程度；对上市产品而言，要对现行销售价格进行分析，特别是结合产品市场生命周期和产品竞争力，预测出价格上下波动的趋势和幅度。二是取得先进企业的成本资料，可以按成本项目来搜集。先进企业的成本水平是制定目标成本的主要依据。

(2) 确定目标利润。将企业经营目标规定的目标利润进行分解，确定某产品在计划期内应完成的目标利润。目标利润水平应考虑产品市场预测的销售量和价格水平。

(3) 初定目标成本，可采取倒算的方式进行匡算，即

目标总成本＝预测销售收入－预测税金－目标利润

目标单位成本＝预测单价×(1－税率)－预算单位销售量的目标利润

(4) 确定目标成本。在初定目标成本之后，要发动群众讨论匡算的目标成

本，提出降低成本的措施，根据降低成本的主要措施对未来成本进行预测，寻找降低成本的方向和途径，经过综合平衡确定企业的目标成本。

目标成本的确定方法主要有：

1）加算法。该方法以基准成本为出发点，加上追加新功能所需的成本，减去可去除的功能及作业涉及的成本，从而得到新产品的成本。所谓“基准成本”，是指企业根据其拥有的技术水平和作业能力估算得到的成本。在应用加算法时，对于什么因素将导致成本上升、上升数额有多少等都要进行合理估算；有哪几种降低成本的方法，采用某种方法所能预计的成本降低额都必须明确。这种方法的特征是：依据设计思路的特征及其采纳的可能性，对产品分功能的目标成本进行加总。需要说明的是，设定时既要考虑技术水平（包括协作企业的技术水平）、生产设备、交货期等，也应结合企业经营战略对目标成本进行预测和估算。

2）倒算法。它是以产品销售收入减去产品销售税金及附加和目标利润来制定目标成本的方法。其公式如下：

目标成本＝产品销售收入－税金－目标利润

单位产品目标成本＝产品单价×(1－产品税率)－目标利润/销售数量

3）对比法。该方法通过比较本企业的成本水平与先进企业的成本水平来确定目标成本，主要用于老产品。对比的标准可以是国内外同种产品的先进成本水平或历史上最好水平，或按平均先进水平制定的标准成本、定额成本。

[例 5-1]

某企业甲产品单位成本如下：直接材料 36.54 元，直接人工 10.27 元，制造费用 21.2 元。同类先进企业直接材料 34.14 元，直接人工 8.16 元，制造费用 17.42 元。

甲产品目标成本＝34.14＋8.16＋17.42＝59.72(元)

4）回归分析法。该方法适用于系列产品目标成本的确定。系列产品中各规格产品的成本与某种功能特性或技术参数有一定线性关系。根据线性关系，可以预测出新产品的成本，然后根据功能设计予以修正，就可以确定其目标成本。

其基本原理是：在 $y=a+bx$ 中，只要计算确定单位变动成本 b 和固定成本 a，一定业务量 x 下的目标成本 y 就可确定出来。a 和 b 的计算公式是：

$$\begin{cases} a=\bar{y}-b\bar{x} \\ b=\dfrac{\sum x_i y_i-\bar{x}\sum y_i}{\sum x_i^2-\bar{x}\sum x_i} \end{cases}$$

［例5-2］

某系列产品的规格、成本与其功率存在线性关系，资料如表5-1所示。

表5-1　某系列产品的规格、成本与其功率间的线性关系

规格	1	2	3	4	5
成本（元）y	700	800	850	950	1 100
功率（千瓦）x	10	15	20	25	30

现欲设计一种功率为40千瓦的产品，其目标成本是多少？

运用回归方程，得

$$b=\frac{92\ 750-20\times 4\ 400}{2\ 250-20\times 100}=19$$

$$a=880-19\times 20=500$$

则　　$y=500+19x$

当 $x=40$ 时，

目标成本 $y=500+19\times 40=1\ 260$(元)

上述各种制定方法仅仅是制定目标成本的手段。要使目标成本真正达到先进合理，成为全体职工奋斗的目标，必须从技术上、经济上进行综合平衡。只有经过综合平衡确定的目标成本，才能成为最终的目标成本。

2. 目标成本的分解

目标成本确定以后，就要进行分解，层层落实到单位和个人，成为各个单位和个人奋斗的目标。

在分解目标成本时，应与单位和个人的岗位责任制和经济责任制结合起来，要有利于明确经济责任，有利于加强成本控制，同时也应给予相应的管理权力和经济利益，做到权责利结合，只有这样，目标成本才能落到实处。需要指出的是，分解给各个单位和个人的目标成本必须是该单位和个人可以控制的成本，将不可控制的成本分给他们是毫无意义的。不仅要自上而下地分解目标成本，而且要自下而上地提出保证措施。此外，要结合企业工艺技术过程和企业组织结构特点来分解目标成本。常用的分解目标成本的方法包括：

(1) 按组织结构分解目标成本。按企业组织结构分解目标成本是一种广泛适用的目标成本分解方法。这种方法是把全厂的目标成本分解给各个车间和职能科室，让其成为这些车间和职能科室的目标成本，然后，各个车间和职能科室再将其拆开分解给各个班组，成为该班组的目标成本，各个班组将其负责的目标成本分解落实到个人，形成岗位目标成本，个人对岗位目标成本提出保证措施，班组对班组目标成本提出保证措施，车间和科室对其目标成本提出保证措施，全厂对总的目标成本提出保证措施。这样就形成了自上而下的层层分解和自下而上的层层保证的纵横交错的目标成本分解控制体系。

（2）按产品结构分解目标成本。在机械制造企业中，首先要对各种不同的材料进行加工，制成各种零件，然后经过组装形成部件，最后对部件进行装配形成产成品。在这种情况下，目标成本的分解可以按产品的结构进行，即把产品的目标成本分解到零件、部件和产成品，从而形成零件的目标成本、部件的目标成本和产成品的目标成本，然后，将零部件、产成品的目标成本按责任中心再分解。

（3）按成本形成过程分解目标成本。由于产品成本的形成要经过供应过程、生产过程和销售过程，在每一过程中成本有不同的表现形式，即供应过程的采购成本、生产过程的制造成本、销售过程的销售成本，因此，产品目标成本可以按成本的形成过程进行分解。这种分解方法有利于按成本形成过程来控制成本。

（4）按成本项目和成本特性分解目标成本。这种方法是以成本项目为主参照成本特性来分解目标成本。具体分解方法是：将目标成本分解为直接材料成本、直接人工成本和制造费用。其中，直接材料成本又具体分为由生产中用量引起的成本和由供应中价格变动引起的成本；直接人工成本具体分为由工时定额变动引起的成本和由小时工资率变动引起的成本；制造费用按其与产量的关系分为变动制造费用和固定制造费用。

3. 目标成本的控制与考核

（1）目标成本的控制。确定目标成本并将其层层分解，落实到岗位和个人，仅仅是为每个具体岗位和个人提出了成本控制的标准和奋斗目标，目标成本最终能否实现取决于目标成本的实际执行情况，即目标成本的控制好坏。

目标成本控制就是根据目标成本的要求，规定各种定额和标准，采取各种控制方法和手段，按照定额和标准进行控制，并且要经常对照检查，一旦发现差异，及时加以调整。

目标成本控制的手段和方法是多种多样的。企业应根据成本控制目的选择成本控制对象，并结合成本控制对象的特点、性质采取相应的措施。比如，对于材料成本来说，要严格执行材料的验收入库和领退料制度；加强发外加工材料的管理；降低单位产品的材料用量；建立健全材料核算制度和定期盘点制度，做到账实相符。再比如，对于工资成本而言，要编制工资基金计划，严格控制工资开支范围，审核工资核算的主要原始记录，正确计算和支付工资。

在目标成本控制过程中，要严格限制超标准、超定额的支出。对于达不到目标成本的行为应认真分析原因，采取措施，促使其达到目标成本。如果目标成本本身存在不合理之处，则必须修改，使之既先进合理又切实可行，真正成为企业成本管理的奋斗目标。

（2）目标成本的考核。为了使成本控制起到指导和督促作用，必须经常检查各个单位和个人对目标成本的执行情况。检查可以定期进行，每旬、每月或每季检查一次，特别是对于那些占成本比重很大、经常发生波动并且控制比较困难的目标成本更要经常进行检查。不仅要检查目标成本的实现程度，而且要检查成本核算的真实性和准确性，特别是有无任意扩大成本开支范围和标准，人为抬高成本的现象，对于乱摊乱挤成本的行为，必须严肃处理。在检查的基础上还要进行分析，以分清主观因素和客观因素、有利因素和不利因素以及主要因素和次要因素，对比差距，揭露矛盾，充分挖掘企业内部潜力，为今后制定目标成本提供新的依据。最后，以目标成本为依据对成本控制工作进行考核和评价，表扬先进，惩罚落后，贯彻多劳多得的按劳分配原则，从而调动各方面降低成本的积极性。

5.2 责任成本控制

5.2.1 责任成本与成本中心

标准成本的实现及其作用的发挥需要借助于责任落实，因此，责任成本管理势在必行。

1. 责任成本

责任成本是一种以责任中心为成本计算对象的成本。它是考评各责任中心经营业绩和职责履行情况的重要依据。责任成本一般是可控成本，因为只有责任中心能够控制的成本，才能作为对其进行考核的依据。在实行责任成本管理的企业，应该按照日常生产经营过程中各项成本发生的原因和责任归属，确定相应的责任部门。企业发生的各项成本按责任归属落实到各成本中心，构成各成本中心的责任成本。

责任成本具有以下特点：

（1）相关性。责任成本以特定的成本中心为对象进行汇集，并进行控制、核算和考核。因此，责任成本是与特定责任中心相联系的一种成本。

（2）可预知性。对各成本中心而言，责任成本的性质、内容可以预先确定，其耗费水平也可以预先估计，从而可以预先较为合理地确定各成本中心的责任成本的构成内容及消耗标准。

（3）可控性。各成本中心有能力控制、调节责任成本的发生；换言之，各成本中心以其可控成本为其责任成本的范围。可控性是划分责任成本、确定成本责任的基本标志。

（4）可追溯性。企业发生的耗费与特定原因和目的相关，因而可按其发生的原因及可控性追溯到有关责任部门。责任成本可按其发生的原因及可控性追溯到有关责任部门的特性称为责任成本的“可追溯性”。这是责任成本的基本特征。各成本中心发生的成本，有些是该中心的可控成本，有些为不可控成本。同样，成本中心的可控成本不一定发生在该中心。为了正确确定各成本中心的成本，对于发生在该中心之外而应由该中心承担责任的成本，也应追溯到该成本中心。

2. 责任中心

责任中心是按既定职责范围和权力确定责任的内部责任单位，按照分权管理的原则可以分为成本中心、利润中心和投资中心三类。

（1）成本中心。成本中心是按成本水平评价、考核其工作成果的企业内部责任单位。成本中心一般没有销售业务，因而没有收入来源，故只需对成本负责而无须对收入、利润及投资负责。成本中心的范围最广，一般来说，凡是企业内部有成本发生，需要对该成本负责并能实施成本控制的单位都可以成为成本中心。制造类企业上至工厂，下至车间、工段、班组，甚至个人都有可能成为成本中心。

（2）利润中心。利润中心除了对成本负责，还要对收入与利润负责。利润中心往往处于企业内部较高层次，是对产品或劳务有生产经营决策权的企业内部部门（如分厂、分店、分公司等具有独立经营权的部门）。

（3）投资中心。投资中心除了对成本和利润负责，还要对投资及投资收益负责。投资中心不仅在产品的生产和销售上享有较大自主权，而且能够独立地运用其所掌握的资金。尽管成本中心、利润中心和投资中心在权责范围等方面存在差别，但它们都对发生在各自中心的成本负有责任。从责任成本管理角度看，它们都属于成本中心。

3. 成本中心的层次性

大的成本中心可以进一步划分为若干较小的成本中心，形成多层次的成本中心体系。如分厂可以作为成本中心，而分厂可以按车间、车间可以按班组划分成较小的成本中心。利润中心、投资中心也可以进一步划分为不同的成本中心。

成本中心的层次不同，其责任成本的内容会有所不同，对成本的控制能力也不一样。层次高的成本中心，其责任成本的构成内容多，控制面广，协调能力强，但对具体耗费项目的控制能力相对要弱。层次低的成本中心，其可控成本内容少，但控制项目较为具体，对具体耗费项目有较强的控制能力。

成本中心的具体划分，应考虑企业的生产特点和组织特点，以有独立履行特定职责的能力、有利于成本控制、便于进行责任成本的核算与考核为原则，要发挥不同层次具有不同控制能力的优势，建立多层次的成本中心体系，实行责任成本分级控制。一般企业的成本中心可按生产部门、业务部门和职能管理部门进行划分，如生产部门成本中心、物资供应部门成本中心、设备管理部门成本中心、技术开发部门成本中心、产品销售部门成本中心等。

5.2.2 责任成本的内容

正确确定责任成本的构成内容，是明确成本责任、加强责任控制、正确进行绩效考评的依据。

1. 责任成本内容确定的原则

在确定各成本中心的责任成本时，应遵循可控原则与责任归属原则。

各成本中心发生的可控成本可分为两种情况：一是各成本中心直接发生的责任成本；二是发生在其他成本中心，而根据责任归属原则应该由该中心承担责任的成本。这种从其他成本中心追溯而来的应由该中心承担的责任成本，称为被追溯责任成本。如供水、供电部门未保证正常水电供应导致其他部门的停工损失及由此而产生的废品损失等，尽管这些损失发生在其他部门，但其责任在供水、供电部门，应该由遭受损失的部门追溯到供水、供电部门。对于供水、供电部门而言，这就是被追溯责任成本。被追溯责任成本主要有：本中心产生的废品结转到后续生产步骤而应承担的损失，包括该废品在本中心的生产成本及后续生产部门在生产过程中追加的成本；本中心造成的其他成本中心发生的损失；未能按生产计划均衡生产致使半成品或产成品供应中断而导致后续生产部门的停工损失或产品销售的违约损失；设备使用不当而造成的各方面的损失等。

判别成本费用支出的责任归属可遵循以下原则：如果某责任中心通过自己的行动能影响一项成本的数额，该中心就需对这项成本负责；如果某责任中心有权决定是否使用某种资产或劳务，它就对这些资产或劳务的成本负责；某管理人员虽然不能直接决定某项成本，但是上级要求他参与有关事项，从而对该项支出施加了重要影响，他对该成本也要承担责任。

对于各成本中心之间相互提供材料、劳务和半成品的，为正确划分成本责任，应确定恰当的内部结算价格进行结算，以排除各成本中心之间成本超支或节约的相互影响，以便准确考核评价各成本中心的工作绩效。

2. 生产部门的责任成本

生产部门责任成本的内容与制造成本的内容比较接近，但有些项目需要调整。这些需要调整的项目包括：(1) 直接材料及半成品成本需要按内部结算价格等计价，以便分清不同部门之间的责任。(2) 制造费用中的固定资产折旧费、大修理费等项目需要根据不同情况调整。生产部门使用的固定资产折旧费主要由企业以往的投资活动及政策选择决定，大修理费取决于固定资产的性质。从成本可控性角度看，固定资产的折旧费及大修理费不应由生产部门承担责任。但固定资产在生产部门使用得合理与否，对固定资产需求总量、使用年限、大修理费等均有影响；并且固定资产与其他生产要素（如人工等）之间存在某种替代性，如果不将固定资产的折旧费与大修理费作为固定资产使用部门的责任成本，难免会出现设备配置过剩或拼用设备等弊端。因此，在实际工作中可以将固定资产折旧这一固定成本变换为生产部门的弹性预算，当生产部门按正常生产能力完成产品生产时，其负担的折旧费不发生变化，当生产部门的实际产量超过（或低于）正常生产能力时，其折旧费的相对节约（或超支）差异表现为生产部门对折旧费承担的责任，即生产部门不负责折旧费的预算差异但要对其产量差异负责。固定资产大修理费可以比照折旧费的处理方法进行处理，固定资产的日常修理费应作为生产部门的责任成本。

3. 供应部门的责任成本

供应部门的责任成本包括：材料物资的采购成本，供应部门发生的各项费用，材料物资盘盈、盘亏、毁损等，材料储存成本，因材料质量问题而造成的废品损失，因未按计划时间供应材料而造成生产部门的停产损失，因材料不合规定的型号、标准等而造成的浪费等。由企业调整生产计划等原因造成材料报废、超时储存，以及为保证特殊需要而紧急订货等原因所追加的成本或增加的损失，应从供应部门责任成本的相关项目中扣除。

上述各部门以外的其他职能部门，应对其在管理或业务活动过程中发生的各种费用负责。这些职能部门的责任成本包括其在执行职能时发生的各项成本，以及由于管理不当等原因导致其他部门发生的损失。

5.2.3　责任成本的预算及其差异计算

责任成本的预算是责任成本控制的标准，应按责任成本中心进行编制。责任成本预算指标由各责任中心责任成本的具体项目构成，在实行目标成本管理的企业，责任成本预算应该建立在按部门分解的目标成本基础之上。

责任成本预算应与企业编制的成本计划及费用预算相互协调。有条件的企业，产品成本计划及生产费用预算可与责任成本预算一并编制，对企业预期发生的成本，一方面按产品编制成本计划，另一方面按责任成本中心编制责任成本预算。

责任成本预算可以分为责任成本总预算和分部门的责任成本预算。各责任成本中心的预算可以进一步分解到各支出项目、各班组（工序）等。为了便于责任成本的控制和落实责任，责任成本的预算可以以作业为基础进行编制。

1. 责任成本预算指标

责任成本预算指标是指作为责任成本控制和考核标准的责任成本水平。由于成本总额受部门业务量（产量、工作量）的影响，在实际应用责任成本预算指标时，往往需要按实际业务量调整。因而，责任成本预算指标通常有三种不同的含义。

（1）初始责任成本预算（预算Ⅰ）。该预算是按计划业务量（或产量）和成本支出标准确定的责任成本预算。其计算公式可表示为：

$$\begin{matrix}\text{责任成本}\\\text{预算(预算Ⅰ)}\end{matrix}=\begin{matrix}\text{计划}\\\text{业务量}\end{matrix}\times\begin{matrix}\text{单位业务量责任}\\\text{成本变动项目预算}\end{matrix}+\begin{matrix}\text{责任成本固定}\\\text{项目预算}\end{matrix}\tag{5.1}$$

或

$$\begin{matrix}\text{责任成本}\\\text{预算(预算Ⅰ)}\end{matrix}=\begin{matrix}\text{计划}\\\text{业务量}\end{matrix}\times\begin{matrix}\text{单位业务量}\\\text{责任成本预算}\end{matrix}\tag{5.2}$$

初始责任成本预算确定后，式（5.1）和式（5.2）的计算结果相同。预算Ⅰ是以计划业务量为依据确定的，其作用在于为按实际业务量变动调整预算提供依据和标准。当实际业务量变动时，派生按弹性预算原理调整的预算。

（2）按弹性预算原理调整的预算（预算Ⅱ）。该预算是在把责任成本划分为变动项目和固定项目的基础上，将变动项目预算按实际产量调整所确定的预算，即按式（5.1）调整的预算。其计算公式为：

$$\begin{matrix}\text{责任成本}\\\text{预算(预算Ⅱ)}\end{matrix}=\begin{matrix}\text{实际}\\\text{业务量}\end{matrix}\times\begin{matrix}\text{单位业务量责任}\\\text{成本变动项目预算}\end{matrix}+\begin{matrix}\text{责任成本固定}\\\text{项目预算}\end{matrix}$$

预算Ⅱ建立在将成本划分为变动成本和固定成本，并且固定成本预算不受产量影响的基础之上。该预算排除了产量变动的影响，为责任成本中心提供在实际产量条件下每项成本的支出标准，将责任成本控制的重点引导到降低每项耗费上来。

（3）按单位产品责任成本调整的预算（预算Ⅲ）。该预算是按实际产量和单位产品责任成本预算调整的预算，即按式（5.2）调整的预算。其计算公式为：

$$\begin{aligned}\begin{matrix}\text{责任成本}\\\text{预算(预算Ⅲ)}\end{matrix}&=\begin{matrix}\text{实际}\\\text{业务量}\end{matrix}\times\begin{matrix}\text{单位业务量}\\\text{责任成本预算}\end{matrix}\\&=\begin{matrix}\text{实际}\\\text{业务量}\end{matrix}\times\begin{matrix}\text{单位业务量责任}\\\text{成本变动项目预算}\end{matrix}+\frac{\text{实际业务量}}{\text{计划业务量}}\times\begin{matrix}\text{责任成本固定}\\\text{项目预算}\end{matrix}\end{aligned}$$

预算Ⅲ引入了实际业务量，其依据是固定项目虽然与业务量等产量指标无关，但业务量变动会导致单位产品分摊的固定成本随产量的变动而变化，责任成本中心有责任在控制成本的同时扩大产量以降低产品成本。这种调整方式旨在指导责任成本中心充分利用生产能力，在降低消耗的同时提高产量、降低成本。

2. *责任成本差异的计算*

责任成本差异是指责任成本实际数额与责任成本预算之间的差额，反映责任成本预算的执行结果。责任成本差异按计算口径的不同分为责任成本预算差异和责任成本产量差异。

（1）责任成本预算差异Ⅰ。该差异是责任成本实际发生额与责任成本预算Ⅱ之间的差额。计算时对于变动项目应按实际产量予以调整。其计算公式为：

$$\begin{aligned}\text{责任成本预算差异Ⅰ} &= \text{实际责任成本} - \text{预算Ⅱ} \\ &= \text{实际责任成本} - \left(\text{实际业务量} \times \text{单位业务量责任成本变动项目预算} + \text{责任成本固定项目预算}\right) \\ &= \text{实际业务量} \times \left(\text{单位业务量责任成本变动项目实际数} - \text{单位业务量责任成本变动项目预算}\right) \\ &\quad + \left(\text{责任成本固定项目实际数} - \text{责任成本固定项目预算}\right)\end{aligned}$$

该指标旨在使责任成本中心降低消耗，控制每项成本，为每项成本和总成本提供控制标准。

（2）责任成本预算差异Ⅱ。该差异是责任成本实际发生额与责任成本预算Ⅲ之间的差额。计算时对于变动项目应按实际产量予以调整。其计算公式为：

$$\begin{aligned}\text{责任成本预算差异Ⅱ} &= \text{实际责任成本} - \text{预算Ⅲ} \\ &= \text{实际责任成本} - \left(\text{实际业务量} \times \text{实际责任成本变动项目预算} + \frac{\text{实际业务量}}{\text{计划业务量}} \times \text{责任成本固定项目预算}\right) \\ &= \text{实际业务量} \times \left(\text{单位业务量责任成本变动项目实际数} - \text{单位业务量责任成本变动项目预算}\right) \\ &\quad + \left(\text{责任成本固定项目实际数} - \frac{\text{实际业务量}}{\text{计划业务量}} \times \text{责任成本固定项目预算}\right)\end{aligned}$$

（3）责任成本产量差异。该差异指由于产量变动而形成的固定成本差异。其计算公式为：

$$\begin{aligned}\text{责任成本产量差异} &= \text{预算Ⅱ} - \text{预算Ⅲ} \\ &= \text{责任成本固定项目预算} - \frac{\text{实际业务量}}{\text{计划业务量}} \times \text{责任成本固定项目预算} \\ &= \text{责任成本固定项目预算} \times \left(1 - \frac{\text{实际业务量}}{\text{计划业务量}}\right) \\ &= \text{责任成本预算差异Ⅱ} - \text{责任成本预算差异Ⅰ}\end{aligned}$$

上述公式计算结果为正时，表示超支差异；计算结果为负时，表示节约差异。

责任成本产量差异旨在将成本与产量相联系，通过提高产量、降低单位产品责任成本中的固定成本的含量来降低产品成本。

3. 责任成本降低额和降低率

责任成本降低额是责任成本实际数与责任成本预算之间的差异，其数量及计算公式与责任成本差异相同。另外，还可按单位产品实际责任成本与单位产品责任成本预算来计算单位产品责任成本降低额。责任成本降低率是责任成本降低额与责任成本预算的比率。其计算公式如下：

$$责任成本降低率=\frac{责任成本降低额}{责任成本预算}\times 100\%$$

由于责任成本降低额可以分别按责任成本差异计算的两种不同口径确定，责任成本降低率也可分别按两种口径计算。计算时责任成本降低额和责任成本预算的调整口径应保持一致。责任成本的构成内容、预算指标、执行情况、成本差异等，应该通过责任成本报告加以反映。

企业通过责任成本差异指标考核各责任成本中心责任成本预算的执行情况。考核时既要考核责任成本预算差异，以揭示各项成本的支出水平，评价各责任成本中心降低成本支出的绩效，又要考核责任成本产量差异，以揭示各责任成本中心通过增加产量形成的成本相对节约额，促使责任成本中心寻求降低成本的途径。另外，还可以将责任成本考核与产品成本考核结合起来，揭示产品成本变化的原因，为进一步降低产品成本提供依据。

5.2.4 责任成本的业绩考核

业绩的考核涉及成本控制报告、差异调查和奖惩等问题，其目的是纠正偏差，改进工作。

1. 责任成本控制报告

责任成本控制报告是成本管理的主要内容之一，也是对各个责任中心进行业绩考核的依据。其目的是将责任中心的实际成本与预算相比较，以评价成本管理的业绩。

责任成本控制报告主要包括三部分内容：

（1）实际成本资料。它回答“完成了多少”的问题。实际成本资料可以通过账簿系统获得，也可以在责任中心设置兼职核算员，在账簿系统之外搜集加工资料。

（2）控制目标资料。它回答“应该完成多少”的问题。控制目标可以是目标成本，也可以是标准成本，一般都按实际业务量进行调整。

（3）两者之间的差异和原因。它回答“完成得好不好，是谁的责任”的问题。

责任成本控制报告见表5-2。

表 5-2 责任成本控制报告

责任单位：××车间　　20××年××月　　单位：元

项目	预算	调整预算	实际	业务量差异	耗费、效率差异
	(1)	(2)	(3)	(4)=(2)-(1)	(5)=(3)-(2)
直接材料：A钢材					
材料耗用量差异					
材料价格差异					
直接人工					
效率差异					
工资率差异					
变动制造费用					
效率差异					
费用率差异					
变动成本合计					
可控固定成本					
管理人员工资					
…					
可控成本合计					
厂房折旧					
…					
车间成本合计					
实物数据					
甲产品（件）					
A钢材（千克）					
直接工时（工时）					

表5-2的填制方法为：第（1）栏来自责任成本预算；第（2）栏＝实际生产量×标准单耗×标准单位；第（3）栏、第（5）栏根据车间的“车间成本”与“车间成本差异”账户有关数据填列。

2. 成本差异调查

一般来说，偏差的产生可能是由于执行人的原因，也可能是由于目标或成本核算的原因。执行人的原因包括过错、没经验、技术水平低、责任心差、不合作等；目标的原因包括制定的目标过高或过低，或者情况变化使目标不再适用等；成本核算的原因包括数据记录、加工、汇总错误，或故意造假等。

通过差异调查能够发现出现偏差的具体原因，分清责任，以采取纠正措施，达到降低成本的效果。

3. 奖励与惩罚

奖励可以采用发奖金、加薪或晋升的方式，但要注意只奖励那些符合企业目标、值得提倡的行为，而且奖励的标准要事先明确，并且尽可能前后一致。

惩罚可以采用批评、扣发奖金、降级、停止晋升或免职等方式，其目的是避免被惩罚人和其他员工的不符合期望的行为。惩罚时要在调查研究的基础上尽快采取行动，要预先有警告，只有重犯者和违反尽人皆知准则的人才会受到惩罚，且惩罚要一视同仁、前后一致。

4. 纠正偏差

纠正偏差是成本控制的目的，是各责任中心主管人员的主要职责。纠正偏差的措施通常包括：重新制定计划或修改目标，采取组织手段重新委派任务或明确职责，采取人事管理手段增加人员、选拔和培训或者撤销主管人员，改进指导和领导工作，给下属以更具体的指导和实施更有效的领导等。

成本指标具有很强的综合性，无论哪一项生产作业或管理作业出了问题都会引起成本失控。因此，纠正偏差的措施必须与其他管理职能结合在一起才能发挥作用，包括计划、组织、人事指导与领导。

5.3 标准成本控制

标准成本管理是指通过制定标准成本，将实际成本与标准成本进行比较以确定成本差异，并对成本差异进行因素分析，据以加强成本控制的管理过程和活动。

对各种资源消耗和费用开支规定数量界限，可以在事前限制各种消耗和费用的发生；在成本形成过程中，按成本标准控制支出，随时显示节约还是浪费，有利于及时发现超过成本标准的消耗，便于企业迅速采取措施，纠正偏差，达到降低成本的目的；产品成本形成后，通过比较实际成本与标准成本，并对标准成本和成本差异分别进行核算，便于本期成本差异的分析和控制，有利于企业进行定期分析和考核，及时总结经验，为未来降低成本寻找途径。

标准成本管理通常适用于大批量、稳定生产的企业，因为这种类型的企业最适合标准的建立和执行，可以通过提高效率来降低成本。

5.3.1 标准成本及成本差异

1. 标准成本

标准成本是在正常生产经营条件下应该实现的，可以作为控制成本开支、评价实际成本、衡量工作效率的依据和尺度的一种目标成本。

标准成本是根据对实际情况的调查用科学方法制定的，它是企业在现有的生产技术和管理水平上，经过努力可以达到的成本。

2. 标准成本的种类

根据要求达到的效率的不同，采取的标准成本有理想标准成本、正常标准成本和现实标准成本。

（1）理想标准成本。理想标准成本是在最佳工作状态下可以达到的成本水平，它排除了一切失误、浪费、机器的闲置等因素，是根据理论上的耗用量、价格以及最高的生产能力制定的标准成本。这种标准成本要求太高，通常会因达不到而影响工人的积极性，同时让管理层感到在任何时候都没有改进的余地。

（2）正常标准成本。正常标准成本是在正常生产经营条件下应该达到的成本水平，它是根据正常的耗用水平、正常的价格和正常的生产经营能力利用程度制定的标准成本。这种标准成本通常反映了过去一段时期实际成本水平的平均值，反映了该行业的平均价格水平、平均生产能力和技术能力，在生产技术和经营管理条件变动不大的情况下，它是一种可以长期采用的标准成本。

（3）现实标准成本。现实标准成本是在现有的生产条件下应该达到的成本水平，它是根据现有的价格水平、生产耗用量以及生产经营能力利用程度制定的标准成本。这种标准成本最接近实际成本，最切实可行，通常认为它能激励工人努力达到标准，并为管理层提供衡量的标准。在经济形势变化无常的情况下，这种标准成本最为合适。与正常标准成本不同的是，它需要根据现实情况的变化不断进行修改，而正常标准成本则可以保持较长一段时间固定不变。

3. 标准成本制定的基本方法

标准成本管理的前提和关键是标准成本的制定。为了便于进行成本控制、成本核算和成本差异分析工作，标准成本可以按车间、分产品、分成本项目反映。标准成本的项目与会计日常核算所使用的成本项目应当一致，直接材料可以按材料的不同种类或规格详细列出标准，直接人工可以按不同工种列出标准，制造费用应按固定制造费用和变动制造费用分项列出标准，将各个成本项目的标准成本加总，即构成产品标准成本。

各个成本项目的标准成本通常是由数量标准和价格标准两个因素决定的，即

$$某成本项目的标准成本=数量标准\times价格标准$$

在直接材料标准制定过程中，数量标准表现为材料消耗定额，价格标准表现为材料的计划单价；在直接人工标准制定过程中，数量标准表现为工时定额，价格标准表现为计划小时工资率；在制造费用标准制定过程中，数量标准是指工时定额，价格标准是指制造费用分配率。制造费用分配率一般以制造费用预算数除以按计划产量计算的定额工时来确定，即

$$制造费用分配率=\frac{制造费用预算数}{工时定额\times计划产量}$$

制造费用预算数一般要按固定制造费用和变动制造费用分别确定，固定制造费用的预算数只能按总额来确定，所以

制造费用预算数=(单位变动制造费用+单位固定制造费用)×计划产量

4. 成本差异

成本差异是指实际成本与标准成本之间的差额，也称标准差异。

成本差异按成本的构成可以分为直接材料成本差异、直接人工成本差异和制造费用差异。制造费用差异（即间接制造费用差异）按其形成的原因和分析方法的不同又可分为变动制造费用差异和固定制造费用差异两部分。直接材料成本差异、直接人工成本差异和变动制造费用差异都属于变动成本，决定变动成本数额的因素是价格和耗用数量。所以，直接材料成本差异、直接人工成本差异和变动制造费用差异按其形成原因可分为价格差异和数量差异。固定制造费用是固定成本，不随业务量的变动而变动，其差异不能简单地分为价格差异和数量差异。固定制造费用差异可分为支出差异、生产能力利用差异和效益差异。

5.3.2 变动成本标准的制定及其差异的计算、分析和控制

1. 变动成本标准的制定

产品的标准成本通常由计划、会计等部门共同制定。在零部件不多的情况下，一般是先制定零件标准成本，再汇总计算部件和产成品的标准成本。如果产品的零部件较多，为了简化计算工作量，也可以计算零件标准成本，再根据列有零件原材料消耗标准、工序计划和工时消耗标准的零件标准卡，以及原材料计划单价、计划工资率和费用统计，计算部件标准成本，然后汇总计算产成品标准成本；或者根据零部件标准卡直接计算产成品标准成本。

零件标准卡和部件标准卡的格式分别见表5-3和表5-4。

表5-3 零件标准卡

零件编号：302　　零件名称：甲　　2018年6月

材料编号	材料名称	计量单位	材料消耗标准
331	×××	千克	4

工序	工时标准（小时）	累计工时标准（小时）
1	3.5	3.5
2	1.5	5
3	1	6
4	3	9

表 5－4　部件标准成本计算表

部件编号：417　　　　部件名称：A　　　　2018 年 6 月

所用零件名称	所用零件数量	部件材料费用标准							部件工时标准
		302			303			金额合计	
		消耗标准	计划单价	金额	消耗标准	计划单价	金额		
甲	2	8	5	40				40	18
乙	1				6	8.5	51	51	12
装配									2
合计				40			51	91	32

标准成本项目					标准成本合计
原材料	工资及福利费		制造费用		
	计划工资率	金额	计划费用率	金额	
91	3	96	4.5	144	331

为了便于进行成本分析和考核，标准成本包括的成本项目应与实际成本的成本项目一致，计算方法也一致。

2. 直接材料成本差异的计算、分析和控制

（1）直接材料成本差异的计算。直接材料成本差异是指一定产量产品的直接材料实际成本与直接材料标准成本之间的差异。其中：

直接材料成本差异＝直接材料实际成本－直接材料标准成本

直接材料实际成本＝实际价格×实际用量

直接材料标准成本＝标准价格×标准用量

实际用量＝单位实际用量×实际产量

标准用量＝单位标准用量×实际产量

如前所述，直接材料成本是变动成本，其差异形成的原因包括价格差异和数量差异。其中，价格差异是实际价格脱离标准价格所产生的差异，其计算公式如下：

材料价格差异＝(实际价格－标准价格)×实际用量

＝(实际价格－标准价格)×实际产量×单位实际用量

数量差异是材料单位实际用量脱离材料单位标准用量所产生的差异，其计算公式如下：

材料数量差异＝(单位实际用量－单位标准用量)×标准价格

以上公式综合如下：

①实际价格×实际用量
②标准价格×实际用量
③标准价格×标准用量

材料价格差异=①−②（①与②之差）
材料数量差异=②−③（②与③之差）
材料成本差异=①−③

［例5-3］

中盛公司生产甲产品需使用A材料。本期生产甲产品200件，耗用A材料900千克，A材料的实际价格为每千克100元。假设A材料的标准价格为每千克110元，单位甲产品的标准用量为5千克A材料，那么，A材料的成本差异分析如下：

材料价格差异=(100−110)×900=−9 000(元)

材料数量差异=(900−1 000)×110=−11 000(元)

材料成本差异=100×900−110×1 000=−20 000(元)

或　　=−9 000+(−11 000)=−20 000(元)

由计算可以知道，材料价格方面的原因使材料成本下降了9 000元，而材料用量的节约使材料成本下降了11 000元。

(2) 直接材料成本差异的分析与控制。

1) 影响材料用量的因素是多种多样的，包括生产工人的技术熟练程度和对工作的责任感、材料的质量、生产设备的状况等。一般来说，用量超过标准大多是因为工人粗心大意、缺乏培训或技术素质较低等，应由生产部门负责，但用量差异有时也会由其他部门造成。例如，采购部门购入低质量的材料，致使生产部门用料过多，由此产生的材料数量差异应由采购部门负责；再如，由于设备管理部门原因致使生产设备不能完全发挥其生产能力，造成材料数量差异，这时应由设备管理部门负责。找出和分析造成差异的原因是进行有效控制的基础。

根据企业的不同情况，控制直接材料成本差异通常采用以下三种方法：

①限额法。也称差异凭证法，是指凡符合标准的材料均应根据限额领料单领发，凡超过标准的领发或领用代用材料，如果是增加产品产量发生的超额用料，需办理追加限额手续，按限额领料单领用；如果未办理追加手续，则应另行填制差异凭证。差异凭证的签发必须经过一定的审批手续，在差异凭证中，应填写差异的数量、金额以及发生差异的原因，其中由采用代用材料、利用废料和材料质量低劣等原因引起的脱离定额差异，通常要由技术部门鉴定审批。

每批生产任务完成以后，应根据车间余料编制退料单，办理退料手续。退料单中所列的原材料数额和限额领料单中的原材料余额，都是原材料脱离定额的节约差异。

[例 5 - 4]

某限额领料单规定的产品数量为 1 000 件，每件产品的材料消耗标准为 5 千克，则领料限额为 5 000 千克；本月实际领料 4 800 千克，领料限额与实际领料数相比，领料差异为节约 200 千克，那么实际用料差异是多少呢？

如果本期投产产品的数量符合限额领料单规定的产品数量，即 1 000 件，且期初、期末均无余料，则上述少领 200 千克的领料差异就是用料的节约差异。

如果本期投产产品数量仍为 1 000 件，但车间期初余料为 100 千克，期末余料为 120 千克，则材料的标准消耗量为 5 000 千克（1 000×5），而材料的实际消耗量为 4 780 千克（4 800＋100－120），用料节约差异为 220 千克而非 200 千克。

如果本期投产的数量为 900 件，车间期初余料为 100 千克，期末余料为 120 千克，则材料标准消耗量为 4 500 千克（900×5），而材料实际消耗量为 4 780 千克（4 800＋100－120），用料差异为超支 280 千克。

②切割法。切割法适用于必须经过切割的板材、棒材和棍材等。采用该法控制用料时，应先采用限额法控制领料。

切割法用料差异的计算过程是：把切割后材料的数量乘上定额，得到切割后材料的定额耗用量，与材料实际耗用量相比，其差额就是定额差异。如果企业切割的材料很重要，也可设置材料切割核算单进行差异的核算。切割核算单的格式如表 5 - 5 所示。

表 5 - 5　材料切割核算单

材料编号或名称：2156　　计量单位：千克　　计划单价：7.5 元
产品名称：甲　　零件编号或名称：225　　图纸号：609
切割工人姓名：吕亚力　　机床编号：312
发交切割日期：2018 年 6 月 3 日　　完工日期：2018 年 6 月 8 日

发料数量	退回余料数量	材料实际消耗量	废料实际回收量
125	5	120	4.5

单件消耗定额	单件回收废料定额	应割成的毛坯数量	实际割成的毛坯数量	材料定额消耗量	废料定额回收量
4.5	0.1	26	23	103.5	2.3

材料脱离定额差异		废料脱离定额差异			脱离定额差异的原因	责任人
数量	金额（元）	数量	单价	金额（元）	未按规范操作	吕亚力
＋16.5	123.75	－2.2	0.5	－1.1		

③盘存法。在大量生产导致不能按照上述方法分批核算原材料脱离定额差异的情况下，除仍要使用限额领料单等定额凭证和超额领料单等差异凭证，以

便控制日常材料的实际消耗外，还应定期（按工作班、工作日或按周、旬等）通过盘存的方法核算差异。

盘存法是先根据产量凭证和在产品盘存资料，获得完工产品数量和月末在产品数量，再根据月初在产品数量，倒算出产品的投产数量，然后乘以消耗定额，算出标准耗用量，根据领料、退料等凭证，算出实际耗用量，最后将材料实际耗用量与标准耗用量相比，便可确定材料脱离标准差异。

材料脱离标准差异的计算公式是：

材料实际耗用量＝期初余料＋本期领料－退料－期末余料

材料标准耗用量＝本期投产产品数量×材料消耗标准

材料脱离标准差异＝材料实际耗用量－材料标准耗用量

式中，

本期投产产品数量＝本期完工产品数量＋期末在产品数量－期初在产品数量

2）材料价格差异通常应由采购部门负责，因为影响材料采购价格的因素（如采购批量、供应商的选择、交货方式、材料质量、运输工具等）一般都是由采购部门控制并受其决策的影响。当然，有些因素是采购部门无法控制的。例如，通货膨胀、国家对原材料价格的调整等。因此，对材料价格差异一定要做进一步的分析研究，查明产生差异的真正原因，分清各部门的经营责任，只有在科学分析的基础上才能进行有效的控制。

3. 直接人工成本差异的计算、分析和控制

（1）直接人工成本差异的计算。直接人工成本差异是指一定产量产品的直接人工实际成本与直接人工标准成本之间的差额。其中：

直接人工成本差异＝直接人工实际成本－直接人工标准成本

直接人工标准成本＝标准工资率×标准工时

标准工时＝单位产品工时耗用标准×实际工时

同样，直接人工实际成本等于直接人工工资率乘以直接人工工时耗用量，属于变动成本，其成本差异包括直接人工工资率差异和直接人工工时耗用量差异。直接人工工资率差异也称直接人工价格差异，类似于材料价格差异；直接人工工时耗用量差异类似于材料数量差异。所以，直接人工成本差异的分析方法类似于材料成本差异的分析方法。直接人工工资率差异是指实际工资率脱离标准工资率所产生的差异，其计算公式如下：

直接人工工资率差异＝(实际工资率－标准工资率)×实际工时

直接人工工时耗用量差异是指单位实际人工工时耗用量脱离单位标准人工工时耗用量所产生的差异，其计算公式如下：

直接人工工时耗用量差异＝(实际工时－标准工时)×标准工资率

现将以上公式综合如下：

①实际工资率×实际工时
②标准工资率×实际工时
③标准工资率×标准工时

①、②→人工工资率差异＝①－②
②、③→人工工时耗用量差异＝②－③
人工工资率差异＋人工工时耗用量差异→直接人工成本差异＝①－③

[例 5-5]

中盛公司本期生产甲产品 200 件，实际耗用人工 8 000 小时，实际工资总额 80 000 元，平均每工时 10 元。假设标准工资率为 9 元，单位产品工时耗用标准为 28 小时，那么，直接人工成本差异分析如下：

直接人工工资率差异＝(10－9)×8 000＝8 000(元)

直接人工效率差异＝9×(8 000－200×28)＝21 600(元)

直接人工成本差异＝10×8 000－9×200×28＝29 600(元)

或　　　　　　　　＝8 000＋21 600＝29 600(元)

同样，从计算中我们知道，由于实际工资率高于标准工资率造成直接人工成本上升 8 000 元，单位实际人工工时耗用量超过单位标准人工工时耗用量所产生的直接人工效率差异为 21 600 元。

(2) 直接人工成本差异的分析和控制。在计件工资形式下，工资成本属于直接费用。其控制方法与材料标准差异的控制方法相同，即凡在标准范围内的生产工人工资，要登记在正常的产量记录之中，对于偏离标准的差异要登记在专设的差异凭证之中。

在计时工资形式下，生产工人工资属于间接费用，影响其偏离标准的因素有二：一是生产工时；二是小时工资率。因此，要使生产工人工资不超支，必须降低单位小时的生产工资和单位产品的生产工时。为了加强对生产工人工资的日常控制，可从三个方面着手：1) 控制生产工资总额不超过计划；2) 监督生产工时的利用，控制非生产工时不超过计划，使生产工时得到充分利用；3) 控制单位产品的生产工时不超过工时定额。

因此，实际工资率高于标准工资率，可能是由于生产过程中工资级别较高、技术水平较高的工人从事了要求较低的工作，从而造成了浪费，而人工效率差异是考核每个工时生产能力的重要指标，降低单位产品成本的关键在于不断提高工时的生产能力。影响人工效率的因素是多方面的，包括生产工人的技术水平、生产工艺过程、原材料的质量以及设备的状况等。所以，在找出差异的同时要分析产生差异的具体原因，分清不同的责任部门，才能采取有效的控制措施。

总之，对工资偏离标准的差异，企业应及时查找原因，采取措施，以节约工资费用，降低产品成本。不论采取哪种工资形式，都应根据上述计算资料，按照成本计算对象编制标准差异汇总表。表中汇总反映各种产品标准工时和标准工资、实际工时和实际工资以及工资脱离标准的差异及其原因，用以考核和分析各种产品生产工时和生产工资标准的执行情况，并计算产品的工资费用。

4. 变动制造费用成本差异

变动制造费用成本差异是指一定产量产品的实际变动制造费用与标准变动制造费用之间的差额。其中：

变动制造费用成本差异＝实际变动制造费用－标准变动制造费用
实际变动制造费用＝实际分配率×实际工时
标准变动制造费用＝标准分配率×标准工时

$$实际分配率=\frac{实际变动制造费用}{实际工时}$$

变动制造费用是变动制造费用分配率与直接人工工时之积，因此变动制造费用差异包括变动制造费用分配率差异和变动制造费用效率差异。变动制造费用分配率差异类似于材料价格差异和直接人工工资率差异，变动制造费用效率差异类似于材料数量差异和直接人工效率差异，其计算公式如下：

变动制造费用分配率差异＝(实际分配率－标准分配率)×实际工时
变动制造费用效率差异＝标准分配率×(实际工时－标准工时)
变动制造费用差异＝实际变动制造费用－标准变动制造费用
＝变动制造费用分配率差异＋变动制造费用效率差异

以上公式综合如下：

①实际分配率×实际工时
②标准分配率×实际工时
③标准分配率×标准工时

①与②：变动制造费用分配率差异＝①－②
②与③：变动制造费用效率差异＝②－③
变动制造费用差异＝①－③

[例5-6]

中盛公司本期生产甲产品200件，实际耗用人工8 000小时，实际发生变动制造费用20 000元，变动制造费用实际分配率为每直接人工工时2.5元。假设变动制造费用标准分配率为3元，标准耗用人工6 000小时。变动制造费用差异分析如下：

变动制造费用分配率差异＝(2.5－3)×8 000＝－4 000(元)
变动制造费用效率差异＝3×(8 000－6 000)＝6 000(元)
变动制造费用差异＝20 000－3×6 000＝2 000(元)
或　＝－4 000＋6 000＝2 000(元)

由于变动制造费用是由许多明细项目组成的，并且与一定的生产水平相联系，因而仅通过上例中的差异计算来反映变动制造费用差异总额，并不能达到日常控制与考核的要求。因此，实际工作中通常将变动制造费用各明细项目的弹性预算与实际发生数进行对比分析，并采取必要的控制措施。

5.3.3　固定制造费用成本差异的计算、分析和控制

1. 固定制造费用成本差异的计算

固定制造费用成本差异是指一定期间的实际固定制造费用与标准固定制造费用之间的差额。其中：

固定制造费用成本差异＝实际固定制造费用－标准固定制造费用

标准固定制造费用＝固定制造费用标准分配率×标准工时

$$固定制造费用标准分配率=\frac{预算固定制造费用}{预算工时}$$

固定制造费用是固定成本，它在一定业务量范围内不随业务量的变动而变动。因此，固定制造费用成本差异不能简单地分为价格差异和数量差异两种类型。根据固定制造费用不随业务量的变动而变动的特点，为了计算固定制造费用标准分配率，必须设定一个预算工时，实际工时与预算工时之间的差异造成的固定制造费用差异叫作固定制造费用生产能力利用程度差异。因此，固定制造费用差异除了像变动制造费用那样包括开支差异和效率差异，还包括能力差异。这三种差异的形成可以用下列公式表示：

①实际分配率×实际工时

②标准分配率×预算工时

③标准分配率×实际工时

④标准分配率×标准工时

固定制造费用开支差异＝①－②

固定制造费用能力差异＝②－③

固定制造费用效率差异＝③－④

固定制造费用差异＝①－④

[例5-7]

中盛公司本期预算固定制造费用为2 400元，预算工时为1 000小时，实际耗用工时1 200小时，实际固定制造费用为2 600元，标准工时为1 100小时。

(1) 求出标准分配率和实际分配率。

$$固定制造费用标准分配率=\frac{2\,400}{1\,000}=2.4$$

$$固定制造费用实际分配率=\frac{2\,600}{1\,200}=2.17$$

（2）根据上述公式求出固定制造费用开支差异、效率差异和能力差异。

固定制造费用开支差异=2 600－2 400=200(元)

固定制造费用效率差异=2.4×(1 200－1 100)=240(元)

固定制造费用能力差异=2.4×(1 000－1 200)=－480(元)

标准固定制造费用=2.4×1 100=2 640(元)

所以

固定制造费用差异=2 600－2 640=－40(元)

或　　=200+240－480=－40(元)

2. 固定制造费用成本差异的分析和控制

在一定的业务范围内，固定制造费用是不随业务量的变动而变动的。对固定制造费用的分析和控制通常是通过编制固定制造费用预算与实际发生数对比表来进行的。由于固定制造费用是由各个部门的许多明细项目构成的，固定制造费用预算应就每个部门及明细项目分别编制，实际固定制造费用应就每个部门及明细项目分别记录，固定制造费用成本差异的分析和控制也应就每个部门及明细项目分别进行。

就预算差异来说，其产生的原因可能是：资源价格的变动（如固定材料价格的增减、工资率的增减等），某些固定成本（如职工培训费、折旧费、办公费等）因管理上的决定而有所增减，资源的数量比预算有所增减（如职工人数的增减），为了完成预算而推迟某些固定成本的开支等。就能力差异来说，它只反映计划生产能力的利用程度，可能是由产销量达不到一定规模造成的，一般不能说明固定制造费用的超支或节约。所有这些都应分不同情况进行分析和控制。

5.3.4 成本差异的账务处理

作为一个完整的标准成本会计制度，标准成本的制定和成本差异的计算、分析、控制应该与成本核算结合起来，构成一个成本核算和成本控制相结合的完整体系。采用标准成本法进行账务处理时，对产品的标准成本与成本差异应分别进行核算。

1. 成本差异核算账户

采用标准成本法时，针对各种成本差异应设置各个成本差异账户进行核算。在材料成本差异方面，应设置“材料价格差异”和“材料数量差异”两个账户；在直接人工差异方面，设置“直接人工工资率差异”和“直接人工效率差异”两个账户；在变动制造费用差异方面，设置“变动制造费用开支差异”

和“变动制造费用效率差异”两个账户；在固定制造费用差异方面，应设置“固定制造费用开支差异”“固定制造费用能力差异”“固定制造费用效率差异”三个账户，分别核算三种不同的固定制造费用差异。各种成本差异类账户的借方核算发生的不利差异，贷方核算发生的有利差异。

2. *成本差异的归集*

采用标准成本法进行核算时，由于成本差异的分析、计算工作要到月底实际费用发生后才能进行，所以，对于平时领用的原材料、发生的直接人工费用和各种变动、固定制造费用，应先在“直接材料”“直接人工”“制造费用”账户进行归集。月底计算、分析成本差异后，再将实际费用中的标准成本部分从“直接材料”“直接人工”“制造费用”账户转入“制造成本”账户；将完工产品的标准成本从“制造成本”账户转入“产成品”账户。随着产品的销售，将已售产品的标准成本从“产成品”账户转入“销售成本”账户。对于各种成本差异，应将其从“直接材料”“直接人工”“制造费用”账户转入各个相应的成本差异账户。

根据例5-3的资料，月底分析、计算成本差异后，编制领用材料的会计分录如下：

借：在产品	110 000	
贷：材料		90 000
材料价格差异		9 000
材料数量差异		11 000

根据例5-5的资料，月底分析、计算成本差异后，编制直接人工成本差异的会计分录如下：

借：在产品	50 400	
直接人工工资率差异	8 000	
直接人工效率差异	21 600	
贷：直接人工		80 000

根据例5-6的资料，月底分析、计算成本差异后，编制变动制造费用计入产品成本的会计分录如下：

借：在产品	18 000	
变动制造费用效率差异	6 000	
贷：制造费用（变动）		20 000
变动制造费用开支差异		4 000

根据例5-7的资料，月底分析、计算成本差异后，编制固定制造费用计入产品成本的会计分录如下：

借：在产品	2 640	
固定制造费用开支差异	200	

固定制造费用效率差异　240

贷：制造费用（固定）　2 600

固定制造费用能力差异　480

3. 期末成本差异的账务处理

在前面的举例中，我们介绍了月底将各种成本差异记入各差异账户的会计分录，在各个成本差异账户中对发生的成本差异进行归集，在“在产品”“产成品”“销售成本”账户中只核算产品的标准成本。随着产品的出售以及产品成本的结转，期末也应对发生的成本差异进行结转和处理。成本差异的处理主要有直接处理法和递延法两种。

（1）直接处理法。直接处理法是指将本期发生的各种成本差异全部转入“产品销售成本”账户，由本期的销售产品负担，并全部从利润表的销售收入中扣减，不再分配给期末在产品和库存产成品。这时，期末资产负债表的在产品和产成品项目只反映标准成本。随着产品的出售，应将本期已销产品的标准成本由“产成品”账户转入“产品销售成本”账户，而各个差异账户的余额应于期末直接转入“产品销售成本”账户。这种方法可以避免期末繁杂的成本差异分配工作，同时本期发生的成本差异全部反映在本期的利润上，使利润指标能如实地反映本期生产经营工作和成本控制的全部成效，符合权责发生制的要求。但这种方法要求标准成本的制定合理和切合实际，并且不断修订，这样，期末资产负债表的在产品和产成品项目反映的成本才能切合实际。

[例5-8]

假设中盛公司“在产品”和“产成品”账户均无期初余额，本期投产的甲产品200件已全部完工并全部出售。每件销售价格为1 000元，其他资料见例5-3至例5-7，相关会计分录如下：

1）产品完工入库。

借：产成品　181 040

贷：在产品　181 040

2）销售产品。

借：应收账款　200 000

贷：销售收入　200 000

3）结转已售产品标准成本。

借：产品销售成本　181 040

贷：产成品　181 040

4）结转成本差异。

借：产品销售成本　11 560

材料价格差异　9 000

材料数量差异　11 000

变动制造费用开支差异	4 000	
固定制造费用能力差异	480	
贷：直接人工工资率差异		8 000
直接人工效率差异		21 600
变动制造费用效率差异		6 000
固定制造费用开支差异		200
固定制造费用效率差异		240

（2）递延法。递延法是将本期的各种成本差异，按标准成本的比例分配给期末在产品、期末产成品和本期已销售产品。这样分配后，期末资产负债表的在产品和产成品项目反映的都是实际成本，利润表的产品销售成本反映的也是本期已销售产品的实际成本。这种方法下的期末差异分配非常复杂，不便于产品成本计算的简化；另外，期末资产负债表的在产品和产成品项目反映的都是实际成本，利润表的产品销售成本反映的也是本期已销售产品的实际成本，也不便于本期成本差异的分析和控制。所以，企业一般采用第一种方法。

思考题

1. 什么是目标成本控制？目标成本控制的基本内容是什么？

2. 在不同战略规划下，企业的目标成本应该如何确定？

3. 什么是责任成本？责任成本有哪些基本特点？

4. 责任成本是指所有部门都能够控制的成本，这一说法对吗？在工作中应如何把握责任成本的范围和层次？

5. 责任成本与目标成本、可控成本是什么关系？

6. 标准成本有哪几类？其作用表现在哪些方面？

7. 成本差异的成因一般有几种类型？对控制成本有何指导意义？

8. 变动生产成本的预算差异可以分解为数量差异和价格差异。请解释为什么对于控制来说，数量差异比价格差异更有用。

9. 人工工资率差异是不可控的。你是否同意这种说法？为什么？

10. 目标成本、责任成本、标准成本能结合应用吗？你是怎样考虑的？

练习题

1. 盛大公司本期预算固定制造费用为 2 400 元，实际固定制造费用为 2 600 元；预算工时为 1 000 小时，标准工时为 1 100 小时，实际耗用工时 1 200

小时。

要求：根据上述资料计算固定制造费用开支差异、效率差异和能力差异。

2. 佳星公司只生产乙产品，制造乙产品需用C，D两种材料，标准价格分别为20元/千克、50元/千克，产品的标准用量分别为50千克/件、10千克/件；20××年6月共生产乙产品4 000件，实际耗用C材料220 000千克、D材料38 000千克，C，D两种材料的实际价格分别为18元/千克、55元/千克；生产乙产品只需一个工种进行加工，实际耗用35 000工时，实际职工薪酬总额为140 000元；标准工资率为4.2元/工时，产品的工时耗用标准为9工时/件；生产乙产品过程中实际发生的变动制造费用为136 500元，变动制造费用标准分配率为4元/工时；本月预算固定制造费用为88 400元，预算工时为34 000工时，实际固定制造费用93 280元。假定佳星公司的标准成本制定得比较合理，成本差异全部结转当期营业成本，固定制造费用采用三因素差异分析法。

要求：请计算直接材料、直接人工和制造费用的各种成本差异。

第6章

长期成本与投资决策

6.1 长期成本

西方经济学的成本理论把成本划分为短期成本和长期成本，基于成本特性进行应用研究。短期成本的特性及其应用将在第7章进行探讨，本章只研究长期成本的特性及其应用。

6.1.1 长期成本的特性

长期成本从受益期间看是指成本收益期大于1年的资源耗费，其表现形式为长期投资形成的资产价值；而从形成原因看则是指由于长期投资的资产在经营期间的损耗所形成的成本，其表现形式为成本或费用。

在短期生产中，由于像固定资产、无形资产这类投入要素是固定不变的，因而生产规模会受到一定的限制。但在长期生产中，所有投入要素都可视情况而变，因而生产规模不受限制，可以根据市场需求情况加以调整。

正是由于所有投入要素均可以变动，因而在长期生产理论的成本概念中，没有固定成本和变动成本之分。长期生产理论重视长期生产的平均成本，研究长期最低平均生产成本的变化状况。

在投入要素量不同的情况下，随着产量的增加，不仅不同投入要素数量对应的短期成本（SAC）在变化，企业长期平均成本也在变化。因此，长期平均成本曲线是一条U形曲线（如图6－1所示）。

于是，在长期生产的不同阶段，成本有不同的变化情况：

（1）成本递减。在长期生产前期，随着产量的增加，短期生产成本递减。假定各投入要素的价格不变，短期生产成本递减的原因是：在厂商生产扩张过程中，同样比例投入要素的成本所获得的产量是递增的，从而短期生产成本

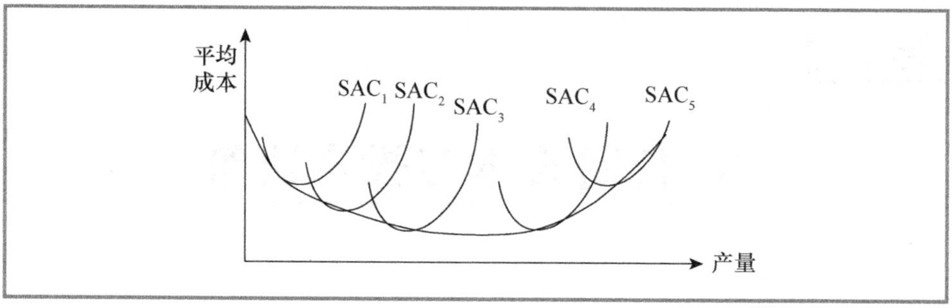

图6-1 长期平均成本曲线

递减（SAC_1-SAC_3）。

（2）成本不变。在长期生产中期，虽然产量不同，但其短期生产成本基本保持不变。在投入要素价格不变的情况下，产量增长的速度基本上与成本增加的速度相同，从而短期生产成本不变。

（3）成本递增。在长期生产后期，随着产量的增加，短期生产成本递增。假定投入要素价格不变，由于产量增长的速度小于成本增长的速度，短期生产成本递增（SAC_4-SAC_5）。

既然长期生产成本是在所有投入要素充分利用情况下的最低成本，而短期生产中有部分投入要素不变，因而理论上短期生产成本不可能低于长期生产成本。在某一特定的产量水平上，生产者可以在某个短期生产规模下找出最低成本点。如果改变生产规模可以使这一点的成本更低，生产者一定会改变投入要素，追求长期生产中的最低成本点。也就是说，短期成本曲线（SAC）的最低点并不一定就是长期成本曲线的最低点（如图6-1所示）。

6.1.2 长期成本的变动原因

由上述说明可以看出：长期成本变动的影响因素主要有投入要素的数量和生产规模。

1. 投入要素的数量

在传统生产（以制造业为例）中，材料、工人、设备是生产的三大投入要素，其投入数量决定了生产的规模。尤其是厂房和设备的投入，随着使用其损耗的价值以折旧方式逐渐转移并收回，完成长期成本向短期成本的转化。于是，这些投入要素以资金的方式表现为资金流入、资金流出、资金结存及资金形态（货币资金、原材料资金、在产品资金、产成品资金、应收账款资金）的改变，最终表现为长期投资现金流动的方向、数量和时间等要素，进而影响决策。

2. 生产规模

在投入要素的数量确定后，生产规模成为影响长期成本的重要原因。由于在某一生产规模下最低成本点代表经济规模，因此如何以经济规模为基础进行最优决策和生产组织密切相关。例如，在设计一家飞机制造厂时，如果要求平时生产 200 架飞机（已扣除计划检修时间），而在战争状态下生产 600 架飞机，应如何设计？显然，根据平战结合的思路，按最低批量（200 架）设计，既能满足平时生产的需要，又能满足战争的需要（只要四班三运转，即三班倒）。此时规模设计成为减少投入要素数量的重要因素，并为进一步降低经营的短期成本奠定了基础。

6.2　影响长期成本决策的重要因素

6.2.1　时间价值

时间价值是指一定量的资金经过一定时间的投资与再投资所增加的价值。

一定量的资金在不同的时点上具有不同的价值。例如，甲企业拟购买一台设备，如采用现付方式，其价款为 40 万元；如延期至 5 年后付款，则价款为 52 万元。设企业 5 年期存款年利率为 10%，试问现付同延期付款比较，哪个有利？假定该企业目前已筹集到 40 万元资金，暂不付款，存入银行，按单利计算，5 年后的本利和为 40 万元×(1+10%×5 年)=60 万元，同 52 万元比较，企业尚可得到 8 万元（60−52）的利息。可见，延期付款 52 万元比现付 40 万元更为有利。这就说明，今年年初的 40 万元 5 年以后价值就提高到 60 万元。随着时间的推移，周转使用中的资金价值发生了增值。

时间价值通常以利息率进行计量。各种形式的利息率（贷款利率、债券利率等）的水平是根据社会资金利润率确定的。一般的利息率除了包括时间价值因素，还包括风险价值和通货膨胀因素。因此，时间价值通常被认为是没有风险和没有通货膨胀条件下的社会平均利润率，这是利润平均化规律作用的结果。

时间价值的计算通常以复利为基础。在复利方式下，不仅本金要计算利息，以前期间的利息也要并入本金作为以后期间利息计算的依据。

1. 复利终值的计算

复利终值（FV_n）是指一定量的资金经过一定时间后，按复利计算的最终价值（见图 6-2）。复利终值计算解决的是这样一个问题：现在的 1 元钱 n 年后取出是多少钱？

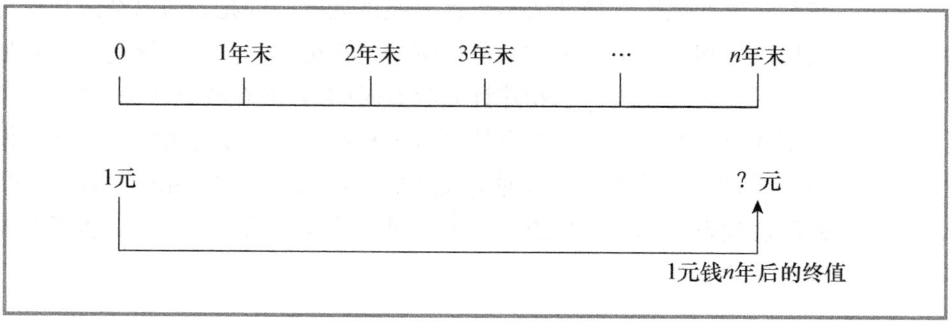

图 6-2 复利终值计算

假如某人将 1 000 元钱存入银行，银行按复利率 $i=10\%$计算利息，那么 1 年后，本利和为：

$$FV_1=PV(1+i)=1\,000\times(1+10\%)^1=1\,100(\text{元})$$

2 年后，本利和为：

$$FV_2=PV(1+i)(1+i)=1\,000(1+10\%)^2=1\,210(\text{元})$$

…………

因此，复利终值的计算公式为：

$$FV_n=PV_0\times(1+i)^n=PV_0\times FVIF_{i,n}$$

式中，FV_n——复利终值，即第 n 年末的价值；PV_0——现值，即 0 年（第 1 年初）的价值；i——利率；n——计息期数。

上式中的（$1+i)^n$称复利终值系数，可用 $FVIF_{i,n}$表示，其含义为当利率为 i，经过 n 期后，1 元本金的最终价值。复利终值系数表见附录一，$FVIF_{10\%,5}$表示当利率为 10%时，5 期后 1 元本金的终值是 1.611 元。

［例 6-1］

立民公司有一笔 123 600 元的资金，准备存入银行，希望在 7 年后利用这笔款项的本利和购买一套生产设备，当时的银行存款利率为复利 10%，该设备的预计价格为 240 000 元。试用数据说明 7 年后利民公司能否用这笔款项的本利和购买设备。

$$\begin{aligned}FV_n&=123\,600\times FVIF_{10\%,7}=123\,600\times1.949\\&=240\,896.4(\text{元})\end{aligned}$$

可见，7 年后立民公司能够用这笔款项的本利和购买设备。

2. 复利现值的计算

复利现值（PV_0）是指为取得将来某一时点上的本利和，现在所需要的本金，即未来一定时间的特定资金按复利计算的现在价值（见图 6-3）。复利现值计算解决的是这样一个问题：n 年后的 1 元钱现在值多少钱？

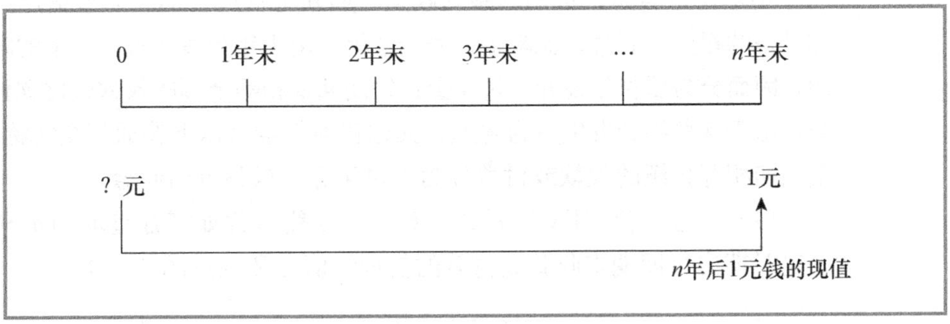

图 6－3　复利现值计算

复利现值是复利终值的逆运算，其计算公式为：

$$PV_0=FV_n\times\frac{1}{(1+i)^n}=FV_n\times PVIF_{i,n}$$

式中，$\frac{1}{(1+i)^n}$ 是复利终值系数的倒数，称复利现值系数，可用 $PVIF_{i,n}$ 表示。复利现值系数表见附录二。

[例 6－2]

甲投资 4 年后可得收益 40 000 元。按年利率 6%计算，其现值是多少？

$$PV_0=40\ 000\times PVIF_{6\%,4}=40\ 000\times 0.792=31\ 680(\text{元})$$

3. 名义利率与实际利率

复利的计息期不一定是年，也可以是季、月或者是日，即在 1 年内可以复利若干次，此时给出的年利率就叫作名义利率。实际利率则是复利期为 1 年时的复利率。

实际利率与名义利率的关系是：

$$1+i=\left(1+\frac{r}{m}\right)^m$$

式中，i——实际利率；m——每年复利次数；r——名义利率。

[例 6－3]

已知年利率为 8%，一年复利 4 次，实际利率为多少？

$$1+i=\left(1+\frac{r}{m}\right)^m$$

$$i=\left(1+\frac{r}{m}\right)^m-1=\left(1+\frac{8\%}{4}\right)^4-1$$

$$=1.082\ 4-1=8.24\%$$

4. 普通年金的计算

年金是指等额、定期的系列收支，如固定资产折旧、无形资产摊销、房屋和设备的租金、利息、保险金、养老金等。由于年金每次收付发生的时点各有不同，因而分为后付年金和先付年金：每期期末相等金额的收款或付款称为后付年金，由于该种年金发生更为普遍，又称普通年金（以下普通年金统称年金）；每期期初相等金额的收款或付款称为先付年金，或称预付年金。

（1）年金终值（FVA_n）的计算。年金终值犹如零存整取的本利和，它是一定时期内每期期末收款或付款的复利终值之和（见图6-4）。

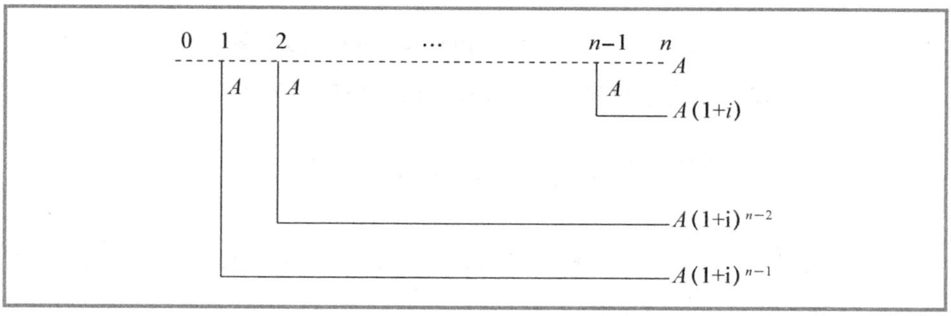

图6-4 年金终值图

年金终值的计算公式为：

$$FVA_n = A\sum_{t=1}^{n}(1+i)^{t-1}$$

式中，FVA_n——年金终值；A——每次收付款项的金额；i——利率；t——每笔收付款项的计息期数；n——全部年金的计息期数。

$\sum_{t=1}^{n}(1+i)^{t-1}$ 称年金终值系数，其简略表示形式为 $FVIFA_{i,n}$。年金终值的计算公式可写成：

$$FVA_n = A \times FVIFA_{i,n}$$

年金终值系数可以通过查阅年金终值系数表（见附录三）获得。

[例6-4]

小女孩唐堂每年得压岁钱3 000元，父母逗她说，钱先帮她攒着，留给她上大学用。唐堂上大学时将年满18岁，如该期间投资报酬率为5%，大学期间总支出10万元，那么上大学时唐堂的父母应补她多少钱？

$$\begin{aligned} FVA_n &= 3\,000 \times FVIFA_{5\%,18} \\ &= 3\,000 \times 28.132 \\ &= 84\,396(\text{元}) \end{aligned}$$

则上大学时唐堂的父母还要补她 15 604（100 000－84 396）元。

（2）年金现值（PVA_0）的计算。年金现值是一定时期内每期期末收款或付款的复利现值之和。如某项投资每年取得收益 1 元，年利率为 10%，为期 5 年，则该项投资收益的年金现值计算如图 6－5 所示。

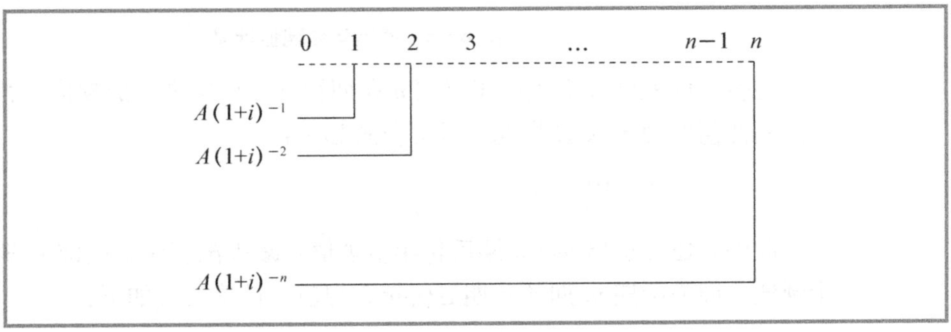

图 6－5　普通年金现值图

普通年金现值的计算公式为：

$$PVA_0 = A\sum_{t=1}^{n}\frac{1}{(1+i)^t}$$

式中，$\sum_{t=1}^{n}\frac{1}{(1+i)^t}$ 称年金现值系数，其简略表示形式为 $PVIFA_{i,n}$。年金现值的计算公式可写成：

$$PVA_0 = A \times PVIFA_{i,n}$$

年金现值系数可以通过查阅年金现值系数表（见附录四）获得。

[例 6－5]

某企业计划租用一设备，租期为 6 年，合同规定每年年末支付租金 1 000 元，年利率为 5%，试计算 6 年租金的现值是多少？

已知：$A=1\,000$；$i=5\%$；$n=6$，则

$$\begin{aligned}PVA_0 &= 1\,000 \times PVIFA_{5\%,6}\\ &= 1\,000 \times 5.076 = 5\,076(\text{元})\end{aligned}$$

6 年租金的现值是 5 076 元。

5. 递延年金现值的计算

递延年金是指在最初若干期没有收付款的情况下，随后若干期等额的系列收付款。m 期以后的 n 期年金现值的计算如图 6－6 所示。

递延 m 期后的 n 期年金与 n 期年金相比，两者付款次数相同，但这项递延年金现值是 m 期后的 n 期年金现值，还需再折现 m 期。因此，为计算 m 期

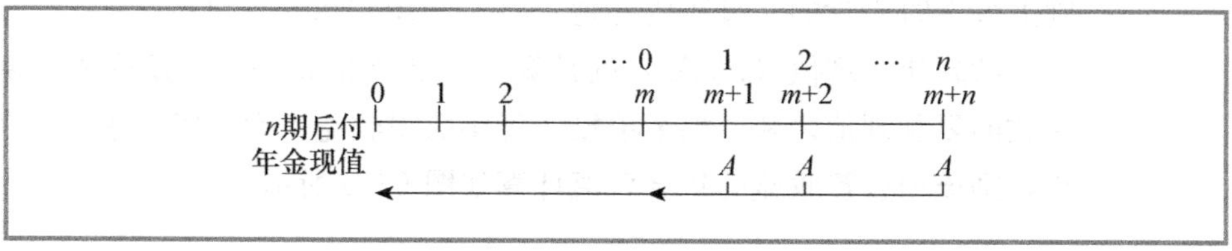

图 6-6 递延年金现值计算

年金现值，要先计算出该项年金在 n 期期初（m 期期末）的现值，再将它作为 m 期的终值贴现至 m 期期初。计算公式如下：

$$V_0=A\times PVIFA_{i,n}\times PVIF_{i,m}$$

此外，还可求出 $m+n$ 期后付年金现值，减去没有付款的前 m 期的后付年金现值，即为延期 m 期的 n 期后付年金现值。计算公式如下：

$$V_0= A\times PVIFA_{i,n+m}-A\times PVIFA_{i,m}$$

［例 6-6］

老王将于 5 年后退休，为使晚年幸福，计划从退休起的 30 年间，每年从养老金账户支出 24 万元用于养老。如果未来期间平均收益率为每年 6%，则老王现在应有多少钱才能满足其愿望？

$$V_0=A\times PVIFA_{i,n}\times PVIF_{i,m}=24\times PVIFA_{6\%,30}\times PVIF_{6\%,5}$$
$$=24\times 13.764\times 0.747=246.76(\text{万元})$$

或

$$V_0=A\times PVIFA_{i,n+m}-A\times PVIFA_{i,m}=24\times PVIFA_{6\%,35}-24\times PVIFA_{6\%,5}$$
$$=246.76(\text{万元})$$

利用前述各种计算时间价值的方法可以将不同时间的资金统一在同一个时点上进行比较，从而排除了由于时间的不同而导致的不可比因素。

6.2.2 现金流量

1. 现金流量的概念

现金流量指的是在投资活动过程中，由于项目实施所产生的现金流出或现金流入的数量。

投资决策涉及现金流出量、现金流入量和净现金流量三个具体概念。

（1）现金流出量。是指在实施项目的整个过程中所需投入的资金，主要包括：投在固定资产和土地上的资金，项目建成投产后为维持正常经营活动而投在流动资产上的资金，为使机器设备正常运转而投入的维护修理费等。

（2）现金流入量。是指由于实施项目而增加的资金，主要包括：营业利润，固定资产报废时的残值收入，项目结束时收回的原投在该项目流动资产上的流动资金，固定资产的折旧费用（因为计提固定资产折旧将导致营业利润的下降，但并不会引起现金的支出，所以可将其视为一项现金流入），土地的摊销价值。

（3）净现金流量。是指现金流入量与现金流出量之间的差额。如果现金流入量大于现金流出量，称为“净现金流入量”；否则，便称为“净现金流出量”。

由于一个项目从准备投资到项目结束经历了项目准备及建设期、生产经营期及项目终止期三个阶段，因此项目净现金流量的计算公式为：

净现金流量＝投资现金流量＋经营现金流量＋项目终止现金流量
＝(投在固定资产上的资金＋投在流动资产上的资金)
＋(各年经营损益之和＋各年计提折旧之和)
＋(固定资产的残值收入＋收回原投入的流动资金)

2. 现金流量的计算

缴纳所得税也是企业的一项现金流出，在计算有关现金流量时，应该将所得税的影响考虑进去。

（1）投资现金流量。是指投资期间发生的现金流动，包括投在固定资产、土地和流动资产上的资金。其中，投在流动资产上的资金一般假设当项目结束时将全部收回，通常不涉及企业的损益，因此不受所得税的影响。

投在固定资产上的资金有时是以企业原有的旧设备进行投资的，在计算投资现金流量时，一般以设备的变现价值作为其现金流出量（但是设备的变现价值通常不与其折余价值相等）。考虑所得税的影响，投资现金流量可按下列公式计算：

投资现金流量＝流动资产投资＋土地投资＋设备投资或设备的变现价值
－(设备的变现价值－折余价值)×税率

（2）经营现金流量。是指生产经营期间发生的现金流动，是营业现金流入量减营业现金流出量后的差额，即经营现金净流量。具体公式如下：

经营现金净流量＝营业收入－付现成本－所得税
＝税后净损益＋折旧等

上述公式体现了计算经营现金净流量的两种不同思路：一种是直接法，即用现金流入量减去现金流出量；一种是间接法，即把权责发生制下的净利润调节为经营现金净流量，具体是依据那些影响利润但不影响现金流量的非付现成本对净利润进行调整。两种方法计算的结果是一致的。需要指出的是，上述公式存在一些假设前提，具体包括：假设营业收入全部为现金收入；所得税将会及时足额缴纳；非付现成本只有折旧。在实际中，非付现成本除了折旧以外，还包括各种摊销（如无形资产摊销、长期待摊费用的摊销）等。

（3）项目终止现金流量。是指项目报废终止期间发生的现金流动，包括收回原投入的流动资金、固定资产的残值收入及收回土地的剩余价值。在投资决策中，一般假设当项目终止时可以将项目初期投在流动资产上的资金全部收回。这部分收回的资金由于不涉及利润的增减，可以考虑所得税的影响。固定资产的残值收入如果与预计的固定资产残值相同，那么同样不涉及利润的增减，也不受所得税的影响。但是在实际工作中，最终的残值收入往往并不同于预计的固定资产残值，它们之间的差额会引起企业的利润增加或减少，因此在计算现金流量时，不能忽视这部分的影响。至于收回土地的剩余价值则是按土地投资价值减去项目使用期内平均摊销的价值计算。

$$\text{项目终止现金流量}=\text{原投入的流动资金}+\text{收回土地的剩余价值}+\text{实际固定资产残值收入}-(\text{实际固定资产残值收入}-\text{预计残值})\times\text{税率}$$

[例6-7]

某企业考虑生产新产品甲，为此需购置一套价值45万元的新设备，并一次性支付4年的厂房租赁费40万元。该设备使用期为4年，预计残值为5万元，按直线法计提折旧。此外，配套投入的流动资金为10万元。该企业所得税税率为25%。在不考虑所得税的情况下，各年末净营业现金收入见表6-1。

表6-1 各年末净营业现金收入 单位：万元

	第1年末	第2年末	第3年末	第4年末
净营业现金收入	30	40	50	30

根据上述资料计算该项目各期的现金流量。

（1）投资现金流量。

$$\begin{aligned}\text{投资现金流量}&=\text{垫付的流动资金}+\text{厂房租赁费}+\text{设备购置费}\\&=10+40+45=95(\text{万元})\end{aligned}$$

（2）经营现金流量。

$$\begin{aligned}\text{经营现金流量}&=\text{税后净损益}+\text{折旧}\\&=(\text{净经营现金收入}-\text{折旧})\times(1-\text{税率})+\text{折旧}\end{aligned}$$

因此，各年经营现金流量为：

$$\begin{aligned}\text{第1年经营现金流量}&=(30-10-10)\times(1-25\%)+10+10\\&=27.5(\text{万元})\end{aligned}$$

$$\begin{aligned}\text{第2年经营现金流量}&=(40-10-10)\times(1-25\%)+10+10\\&=35(\text{万元})\end{aligned}$$

第 3 年经营现金流量＝(50－10－10)×(1－25%)＋10＋10
＝42.5(万元)
第 4 年经营现金流量＝(30－10－10)×(1－25%)＋10＋10
＝27.5(万元)

(3) 项目终止现金流量。

项目终止现金流量＝原投入的流动资金＋固定资产最终残值
＝10＋5＝15(万元)

因此，项目各期预期现金流量如表 6－2 所示。

表 6－2　各期预期现金流量　　单位：万元

	第 1 年初	第 1 年末	第 2 年末	第 3 年末	第 4 年末
预期现金流量	(95)	27.5	35	42.5	42.5

6.2.3　资金成本

1. 资金成本的概念

资金成本又称资本成本，指的是企业筹集和使用资金必须支付的各种费用。包括：

(1) 用资费用。是指企业在使用资金时支付的费用，如股利、利息等，其金额与使用资金的数额多少及时间长短成正比，是资金成本的主要内容。借款利息作为用资费用一般容易理解，因为会计就是把借款利息作为费用处理的。但将投资者分配形成的股利或利润作为用资费用，人们往往难以理解。实际上，股利或利润作为用资费用应该从机会成本角度来理解。投资者要求的报酬就是资金使用者的成本。

(2) 筹资费用。是指企业在筹集资金时支付的费用，如借款手续费、证券发行费等，其金额与资金筹措有关而与使用资金的数额多少及时间长短无关。

由于存在筹资费用，企业计划筹资额与实际筹资额往往并不相等，实际筹资额等于计划筹资额减去筹资费用，因此企业使用资金的实际代价高于名义代价。如果不考虑所得税因素，资金成本应按下列公式计算：

$$资金成本=\frac{每年的用资费用}{筹资数额-筹资费用}$$

2. 个别资金成本

在企业的资本结构中，资金可分为债务资本和权益资本两大类，其中债务资本主要包括借款和债券，权益资本主要包括普通股、优先股和留存收益（在我国企业中表现为资本公积和未分配利润）。

个别资金成本是各种筹资方式的资金成本，是综合资金成本计算及相关决策的重要依据。

（1）债券成本。债券成本中的利息在税前支付，具有减税效应。其计算公式为：

$$K_b=\frac{I(1-T)}{B_0(1-f)}=\frac{B\times i\times(1-T)}{B_0(1-f)}$$

式中，K_b——债券成本；I——债券每年支付的利息；T——所得税税率；B——债券面值；i——债券票面利息率；B_0——债券筹资额，按发行价格确定；f——债券筹资费率。

[例6-8]

某公司拟溢价发行总面额为100万元，发行价为110万元，票面利率为8%的5年期，每年付息一次的债券。发行费用为发行价格的5%，公司所得税税率为25%，该债券的成本为：

$$K_b=\frac{100\times8\%\times(1-25\%)}{110\times(1-5\%)}=5.74\%$$

（2）银行借款成本。银行借款与债券都属于负债，借款利息同样计入企业成本，享受减税利益，其计算公式为：

$$K_l=\frac{I(1-T)}{L(1-f)}=\frac{L\times i\times(1-T)}{L(1-f)}$$

式中，K_l——银行借款成本；I——银行借款年利息；L——银行借款总额；T——所得税税率；i——银行借款利息率；f——银行筹资费用率。

[例6-9]

某企业从银行取得长期借款100万元，年利率为8%，期限为3年，每年付息一次，到期一次还本。假定筹资费用率为2%，企业所得税税率为25%，则借款成本为：

$$K_l=\frac{100\times8\%\times(1-25\%)}{100\times(1-2\%)}=6.12\%$$

（3）优先股成本。优先股成本由筹资费用和股利构成，股利在税后支付，无法享受减税利益。其计算公式为：

$$K_p=\frac{D}{P_0(1-f)}$$

式中，K_p——优先股成本；D——优先股每年的股利；P_0——发行优先股总额；f——优先股筹资费用率。

[例 6-10]

某公司拟发行优先股，面值总额为 200 万元，固定股息为 12%，发行价格为 250 万元，筹资费用率为 5%，则优先股成本为：

$$K_p=\frac{200\times 12\%}{250\times(1-5\%)}=10.11\%$$

（4）普通股成本。普通股成本的计算主要采用估价法，即利用普通股现值的公式计算普通股成本。

$$V_0=\sum_{i=1}^{n}\frac{D_i}{(1+K_s)^i}+\frac{V_n}{(1+K_s)^n}$$

式中，V_0——发行普通股总额；D_i——第 i 年股利；K_s——普通股成本；V_n——第 n 年发行的普通股总额。

由于股利发放情况受股利政策的影响，因此普通股成本的计算方法与其他个别资金成本不一样。如果股利逐年增加，假设年增长率为 g，则普通股成本的计算公式为：

$$K_s=\frac{D_1}{V_0(1-f)}+g$$

式中，D_1——第 1 年股利；V_0——发行普通股总额；f——普通股筹资费用率。

（5）留存收益成本。留存收益成本的计算与普通股基本相同，但不用考虑筹资费用。其计算公式为：

$$K_e=\frac{D_1}{V_0}+g$$

式中，K_e——留存收益成本；g——普通股年增长率；V_0——发行普通股总额。

3. 综合资金成本

由于企业的筹资方式是多种多样的，因此，综合资金成本是以各类资金在全部资金中所占的比重为权数，对各类资金进行加权平均计算的结果。其计算公式为：

$$K_w=\sum_{i=1}^{n}K_jW_j$$

式中，K_w——综合资金成本；K_j——第 j 类个别资金成本；W_j——第 j 类个别资金占全部资金的比重。

在计算综合资金成本时，各类资金权数的确定通常有三种方法：账面价值权数法、市场价值权数法和目标价值权数法。

（1）账面价值权数法的主要优点是资料容易取得，但是由于资金的账面价值常常与市场价值差别较大，特别是股票、债券等的市场价格变动较大，如果用账面价值作为权数进行计算，结果会与实际有很大的差别。

（2）市场价值权数法以股票、债券的市场价格为基础，确认各类资金的权数，用此方法计算出的综合资金成本与实际较为接近。但由于股票、债券的市场价格变动频繁，因此有时将它们的市场平均价格作为确认权数的基础。

（3）账面价值权数法和市场价值权数法计算权数的基础是资金过去或现在的价值，有时为了反映企业预期的资金结构，也可以采用股票、债券预计的目标市场价值作为计算权数的基础，这种确定权数的方法就叫作目标价值权数法。不过这种方法的最大问题是很难客观合理地确定股票、债券的目标价值，因此很难推广使用。

下面以资金的账面价值为基础，举例说明个别资金成本和综合资金成本的计算过程。

[例6-11]

某公司资金总量为1 000万元，其中长期借款200万元，年利息20万元，手续费忽略不计；企业发行总面额为100万元的10年期债券，票面利率为12%，发行费率为5%；此外公司普通股500万元，预计第1年的股利率为15%，以后每年增长1%，筹资费用率为2%；优先股150万元，股利率固定为20%，筹资费用率也是2%；公司未分配利润总额为50万元。该公司所得税税率为40%。

（1）长期借款成本。

$$K_l=\frac{I(1-T)}{L(1-f)}$$
$$=\frac{20\times(1-40\%)}{200}=6\%$$

（2）长期债券成本。

$$K_b=\frac{B_0\times i\times(1-T)}{B_0(1-f)}$$
$$=\frac{100\times12\%\times(1-40\%)}{100\times(1-5\%)}=7.58\%$$

（3）普通股成本。

$$K_s=\frac{D_1}{V_0(1-f)}+g$$
$$=\frac{500\times15\%}{500\times(1-2\%)}+1\%=16.3\%$$

（4）优先股成本。

$$K_p = \frac{D}{P_0(1-f)} = \frac{150\times 20\%}{150\times(1-2\%)} = 20.4\%$$

（5）留存收益成本。

$$K_e = \frac{D_1}{V_0} + g = \frac{500\times 15\%}{500} + 1\% = 16\%$$

（6）综合资金成本。

$$\begin{aligned} K_w &= \sum_{i=1}^{n} K_j W_j \\ &= 6\%\times\frac{200}{1\,000} + 7.58\%\times\frac{100}{1\,000} + 16.3\%\times\frac{500}{1\,000} + 20.4\%\times\frac{150}{1\,000} \\ &\quad + 16\%\times\frac{50}{1\,000} \\ &= 1.2\% + 0.76\% + 8.15\% + 3.06\% + 0.8\% = 13.97\% \end{aligned}$$

6.3 投资决策指标

投资决策指标通常分两类：一类是静态投资指标，是指没有考虑时间价值因素的指标，主要包括投资回收期和投资报酬率等；另一类是动态投资指标，是指考虑时间价值因素的指标，主要包括净现值、获利指数、内含报酬率等。

6.3.1 静态投资指标

1. 投资回收期

投资回收期指的是自投资方案实施起至收回初始投入资本所需的时间，即使与此方案相关的累计现金流入量等于累计现金流出量的时间，满足公式：

$$\sum_{t=1}^{n} I_t = \sum_{t=1}^{n} O_t$$

式中，n——项目的实施时间（年份）；I_t——项目实施第 t 年的净现金流入值；O_t——项目实施第 t 年的净现金流出值；i——预定的贴现率。

投资回收期一般以年为单位。

[例 6-12]

现有三个投资机会，有关数据如表 6-3 所示。

表 6-3　投资机会有关数据　　单位：万元

时间（年）	0	1	2	3	4
方案 A：净收益		500	500		
净现金流量	(10 000)	5 500	5 500		
方案 B：净收益		1 000	1 000	1 000	1 000
净现金流量	(10 000)	3 500	3 500	3 500	3 500
方案 C：净收益		2 000	2 000	1 500	1 500
净现金流量	(20 000)	7 000	7 000	6 500	6 500

投资回收期的计算可以用列表方式进行，如表 6-4 所示。

表 6-4　投资回收期的计算　　单位：万元

	时间（年）	净现金流量	回收额	未收回数	回收时间
方案 A	0	(10 000)		10 000	
	1	5 500	5 500	4 500	1
	2	5 500	4 500	—	0.82
合计回收时间（回收期）＝1＋4 500/5 500＝1.82(年)					
方案 B	0	(10 000)		10 000	
	1	3 500	3 500	6 500	1
	2	3 500	3 500	3 000	1
	3	3 500	3 000	—	0.86
合计回收时间（回收期）＝1＋1＋3 000/3 500＝2.86(年)					
方案 C	0	(20 000)		20 000	
	1	7 000	7 000	13 000	1
	2	7 000	7 000	6 000	1
	3	6 500	6 000	—	0.92
合计回收时间（回收期）＝1＋1＋6 000/6 500＝2.92(年)					

由表 6-4 可见，方案 A 的回收期最短，能最快收回投资；方案 B 次之；方案 C 的回收期最长。

投资回收期的优点是计算简便，同时投资回收期的长短也可以用于衡量项目风险，因此在实务中常常被当作选择方案的一个标准。投资回收期的最大缺点在于它既没有考虑时间价值因素，也没有考虑回收期后的现金流量，因而可能造成决策失败。

2. 投资报酬率

投资报酬率也叫会计利润率，表示年平均利润占投资总额的百分比，即

$$投资报酬率=\frac{年平均利润}{投资总额}\times 100\%$$

根据表 6-3 的资料，方案 A，B，C 的投资报酬率分别为：

$$投资报酬率(A)=\frac{(500+500)}{2\times 10\,000}\times 100\%=5\%$$

$$投资报酬率(B)=\frac{(1\,000+1\,000+1\,000+1\,000)}{4\times 10\,000}\times 100\%=10\%$$

$$投资报酬率(C)=\frac{(2\,000+2\,000+1\,500+1\,500)}{4\times 20\,000}\times 100\%=8.75\%$$

虽然方案 A 的回收期最短，方案 C 的回收期最长，但我们仍然无法判断它们的优劣。如果按照投资报酬率来判断，应是方案 B 最优，方案 C 次之，方案 A 最差。

静态投资指标有计算简单、含义清晰等优点，缺点是没有考虑时间价值，从而可能导致决策失败。在学习中应注意以下几点。

(1) 投资回收期只说明投资回收的时间，但不能说明投资回收后的收益情况。一般说来，在投资额相等的情况下投资回收期越短的方案越好，但是投资回收后有无收益及收益多少投资回收期却无法揭示，从而可能造成决策失败。

如甲、乙项目均投资 5 000 万元，甲项目在未来两年内每年净现金流量为 2 500 万元，然后项目终结报废；乙项目在未来五年内每年净现金流量为 2 500 万元，然后项目终结报废，如表 6-5 所示。

表 6-5　甲、乙项目投资回收期计算表　　单位：万元

方案	0	1	2	3	4	5	投资回收期
甲项目	−5 000	2 500	2 500				2 年
乙项目	−5 000	2 500	2 500	2 500	2 500	2 500	2 年

如果仅从投资回收期看，似乎甲、乙两个项目都可取，但实际上只有乙项目可取。因为甲项目仅仅是收回投资而已，但乙项目收回投资后总共盈利 7 500 万元。

此外，投资回收期也没有考虑时间价值，可能造成决策失败。如丙、丁项目均投资 5 000 万元，丙项目在未来五年内第 1 年净现金流量为 3 000 万元，第 2 年净现金流量为 2 000 万元，以后三年每年净现金流量为 2 500 万元，然后项目终结报废；丁项目在未来五年内第 1 年净现金流量为 2 000 万元，第 2 年净现金流量为 3 000 万元，以后三年每年净现金流量为 2 500 万元，然后项

目终结报废，如表 6－6 所示。

表 6－6　丙、丁项目投资回收期计算表　　单位：万元

方案	0	1	2	3	4	5	投资回收期
丙项目	－5 000	3 000	2 000	2 500	2 500	2 500	2 年
丁项目	－5 000	2 000	3 000	2 500	2 500	2 500	2 年

如果仅从投资回收期及投资回收后的收益看，似乎丙、丁两个项目都可取，但如果考虑时间价值，则只有丙项目可取。

（2）投资报酬率虽然以相对数弥补了投资回收期的第一个缺点（甲、乙两个项目的投资回收期都是 2 年，但甲项目的投资报酬率为 0，而乙项目的投资报酬率却是 30％，显然乙项目比甲项目更可取），但却无法弥补由于没有考虑时间价值而产生的第二个缺点（丙、丁两个项目的投资回收期及投资报酬率均相等，但显然丙项目比丁项目更可取），因而仍然可能造成决策失败。

（3）当静态投资指标的评价结论和动态投资指标的评价结论发生矛盾时，应以动态投资指标的评价结论为准。

6.3.2　动态投资指标

与静态投资指标不同，动态投资指标有利于在充分考虑时间价值的基础上，对方案的优劣取舍进行判断。动态投资指标主要有净现值、获利指数和内部报酬率。

1. 净现值

净现值（NPV）指的是在方案的整个实施过程中，所有现金净流入年份的现值之和与所有现金净流出年份的现值之和的差额。

$$净现值 = \sum_{t=1}^{n} \frac{I_t}{(1+i)} - \sum_{t=1}^{n} \frac{O_t}{(1+i)}$$

式中，n——项目的实施运行时间（年份）；I_t——项目实施第 t 年的净现金流入值；Q_t——项目实施第 t 年的净现金流出值；i——预定的贴现率。

用净现值指标评价方案时，首先要将各年的净现值流量按预定的贴现率折算成现值，然后再计算出它们的和。若净现值大于或等于零，表明该项目的报酬率大于或等于预定的报酬率，方案可取；反之，则方案不可取。

根据表 6－3 的资料，假设贴现率 $i=10\%$，则三个方案的净现值为：

$$\begin{aligned}净现值(A) &= 5\,500\times(P/A,10\%,2)-10\,000\\ &= 5\,500\times1.736-10\,000\\ &= -452(元)\end{aligned}$$

$$
\begin{aligned}
\text{净现值(B)} &= 3\,500\times(P/A,10\%,4)-10\,000\\
&= 3\,500\times3.170-10\,000\\
&= 1\,095(\text{元})\\
\text{净现值(C)} &= 7\,000\times(P/A,10\%,2)+6\,500\times(P/A,10\%,2)\\
&\quad\times(P/S,10\%,2)-20\,000\\
&= 7\,000\times1.736+6\,500\times1.736\times0.826-20\,000\\
&= 1\,472.58(\text{元})
\end{aligned}
$$

方案 A 的净现值小于零，说明该方案的报酬率小于预定报酬率，无法给企业带来收益，因此应该放弃该方案。方案 B 和 C 的净现值均大于零，表明这两个方案都可取。但是我们很难对方案 B 和 C 进行优劣比较，因为虽然方案 C 的净现值大于方案 B，但它的投资额也大于方案 B。如果仅用净现值法来判断，显得过于片面。

2. 获利指数

获利指数（PI）也叫现值指数，是指在整个方案的实施过程中，所有现金净流入年份的现值之和与所有现金净流出年份的现值之和的比值。

$$
\text{获利指数} = \frac{\sum_{t=1}^{n}\frac{I_t}{(1+i)^t}}{\sum_{t=1}^{n}\frac{O_t}{(1+i)^t}}
$$

获利指数的经济意义是每 1 元投资在未来获得的现金流入量的现值与投资额的净现值之比。获利指数是一个相对数，解决了不同方案间投资额的净现值缺乏可比性的问题。

根据表 6 - 3 的资料，假定贴现率仍为 10%，则三个方案的获利指数如下：

$$
\begin{aligned}
\text{获利指数(A)} &= 5\,500\times(P/A,10\%,2)/10\,000\\
&= 5\,500\times1.736/10\,000\\
&= 0.95\\
\text{获利指数(B)} &= 3\,500\times(P/A,10\%,4)/10\,000\\
&= 3\,500\times3.170/10\,000\\
&= 1.11\\
\text{获利指数(C)} &= [7\,000\times(P/A,10\%,2)\\
&\quad+6\,500\times(P/A,10\%,2)\times(P/S,10\%,2)]/20\,000\\
&= (7\,000\times1.736+6\,500\times1.736\times0.826)/20\,000\\
&= 1.07
\end{aligned}
$$

方案 A 的获利指数小于 1，表明其报酬率没有达到预定的贴现率；方案 B 和 C 的获利指数均大于 1，说明它们的贴现率均已超过预定的贴现率，两个方案都可以接受。另外，方案B的获利指数大于方案C，表明方案B的报酬率高于方案C。

3. 内部报酬率

内部报酬率（IRR）反映方案实际达到的报酬率水平，是整个方案实施过程中所有现金净流入年份的现值之和与所有现金净流出年份的现值之和相等时的报酬率，亦即使项目的净现值为零时的报酬率。

$$\sum_{t=1}^{n}\frac{I_t}{(1+i)^t}=\sum_{t=1}^{n}\frac{O_t}{(1+i)^t}$$

内部报酬率的计算比较复杂，通常采用逐步测算法，经过多次运算才能够求得其近似值。下面仍然以表6-3的数据为例，求三个方案的内部报酬率。

假设A方案的贴现率为7%，此时它的净现值为：

$$\begin{aligned}\text{净现值(A)}&=5\,500\times(P/A,7\%,2)-10\,000\\&=5\,500\times1.808-10\,000=-56.00(\text{元})\end{aligned}$$

再假设贴现率为6%，此时

$$\begin{aligned}\text{净现值(A)}&=5\,500\times(P/A,6\%,2)-10\,000\\&=5\,500\times1.833-10\,000=81.50(\text{元})\end{aligned}$$

以上计算说明A方案的内部报酬率大于6%，小于7%。为了更精确地求得A项目的内部报酬率IRR(A)，可采用内插法：

$$\frac{IRR(\text{A})-6\%}{81.5-0}=\frac{7\%-6\%}{81.5-(-56)}$$

$$IRR(\text{A})=6\%+(7\%-6\%)\times\frac{81.5}{81.5+56}\approx6.58\%$$

用同样的方法，可以确定B项目的内部报酬率为15.93%，C项目的内部报酬率为13.43%。

内部报酬率作为指标的决策标准是：

(1) 将所测算的各方案的内部报酬率与其资金成本对比，如果方案的内部报酬率大于其资金成本，为可行方案。

(2) 如果几个方案的内部报酬率都大于其资金成本，且各方案的投资相同，那么内部报酬率与资金成本之间差异最大的方案最好。

(3) 如果几个方案的内部报酬率均大于其资金成本，但各方案的原始投资额不等，那么“投资额×(内部报酬率－资金成本)”的结果最大的方案为最优方案。

6.4　几种典型的长期投资决策

6.4.1　生产设备最优更新期的决策

生产设备最优更新期的决策就是选择最佳的淘汰旧设备的时间，此时该设备的年平均成本最低。

与生产设备相关的总成本在设备更新前包括两大部分：一部分是运行费用。运行费用又包括设备的能源消耗及维护修理费用等，不仅运行费用的总数会随着设备使用年限的增加而增多，而且其每年发生的费用也将随着设备的不断老化而逐年上升。另一部分是消耗在使用年限内的设备本身的价值，它是以设备在更新时能够按其折余价值变现为前提的，即从数量关系上看，它是设备的购入价与更新时的变现价值之差。因此，生产设备在更新前的现值总成本为：

$$\text{现值总成本}=C-\frac{S_n}{(1+i)^n}+\sum_{t=i}^{n}\frac{C_n}{(1+i)^t}$$

式中，C——设备原值；S_n——第 n 年（设备更新年份）设备的余值；C_n——第 n 年设备的运行成本；n——设备更新的年份；i——设定的投资报酬率。

在考虑货币的时间价值的基础上，生产设备的平均年成本就不再是总成本与年限的比值，而应看作以总成本为现值、期数为 n 的年金，即在考虑货币的时间价值的情形下每年的现金流出：

$$UAC=\left[C-\frac{S_n}{(1+i)^n}+\sum_{t=i}^{n}\frac{C_n}{(1+i)^t}\right]/(P/A,i,n)$$

式中，UAC——设备的平均年成本。

生产设备最优更新期的决策就是找出能够使上式的结果最小的年数 n，方法通常是计算出若干个不同更新期的平均年成本进行比较，然后从中找出最小的平均年成本及其年限。

[例 6－13]

某设备的购买价格是 70 000 元，预计使用寿命为 10 年，无残值。资金成本为 10%。其各年的折旧额、折余价值及运行费用如表 6－7 所示。

表 6－7　设备资料　　单位：元

更新年限	1	2	3	4	5	6	7	8	9	10
折旧额	7 000	7 000	7 000	7 000	7 000	7 000	7 000	7 000	7 000	7 000
折余价值	63 000	56 000	49 000	42 000	35 000	28 000	21 000	14 000	7 000	0
运行费用	10 000	10 000	10 000	11 000	11 000	12 000	13 000	14 000	15 000	16 000

根据上述资料，可计算出不同年份的平均年成本，如表6-8所示。

表6-8　平均年成本计算表　　　　单位：元

更新年限	1	2	3	4	5	6	7	8	9	10
折旧额	7 000	7 000	7 000	7 000	7 000	7 000	7 000	7 000	7 000	7 000
$(1+10\%)^{-n}$	0.909 1	0.826 4	0.751 3	0.683 0	0.620 9	0.564 5	0.513 2	0.466 5	0.424 1	0.385 5
S_n	63 000	56 000	49 000	42 000	35 000	28 000	21 000	14 000	7 000	0
$S_n(1+10\%)^{-n}$	57 273	46 278	36 814	28 686	21 732	15 806	10 777	6 531	2 969	0
C_n	10 000	10 000	10 000	11 000	11 000	12 000	13 000	14 000	15 000	16 000
$C_n(1+10\%)^{-n}$	9 091	8 264	7 513	7 513	6 830	6 774	6 672	6 531	6 362	6 168
$\sum C_n(1+10\%)^{-n}$	9 091	17 355	24 868	32 381	39 211	45 985	52 657	59 188	65 550	71 718
$(P/A,10\%,n)$	0.909 1	1.735 5	2.486 9	3.169 9	3.790 8	4.355 3	4.868 4	5.334 9	5.759 0	6.144 6
现值总成本	21 818	41 077	58 054	73 695	87 479	100 179	111 880	122 657	132 581	141 718
年平均成本	24 000	23 669	23 344	23 248	23 077	23 002	22 981	22 991	23 021	23 064

比较表6-8的年平均成本可知，当该设备运行到第7年时年平均成本最低，因此应在设备使用7年后立即将其更新。

6.4.2　固定资产修理和更新的决策

固定资产修理和更新的决策是指在假设维持现有生产能力水平不变的情况下，选择继续使用旧设备（包括对其进行大修理），还是将其淘汰，重新选择性能更优异、运行费用更低廉的新设备。由于假设新旧设备的生产能力相同，对企业而言，销售收入没有增加，即现金流入量未发生变化，但是生产成本却发生了变化。另外，新旧设备的使用寿命往往不同，因此固定资产修理和更新决策实际上是比较两个方案的年平均成本。

新旧设备的总成本都包括两个部分：设备的资本成本和运行成本。在计算新旧设备的年平均成本时，要特别注意运行成本、设备大修理费和折旧费对所得税的影响。

[例6-14]

某企业有一台旧设备，重置成本为8 000元，年运行成本为3 000元，可大修两次，每次大修理费为8 000元，4年后报废无残值。如果用40 000元购买一台新设备，年运行成本为6 000元，使用寿命8年，不需要大修，8年后残值2 000元。新旧设备的产量及产品销售价格相同。另外，企业计提折旧的方法为直线法，企业的资本成本为10%，企业所得税税率为40%。企业是继续使用旧设备，还是将其更新为新设备？

(1) 继续使用旧设备。

1) 设备重置成本=8 000(元)

2) 大修费用现值=8 000+8 000×(P/S,10%,2)=14 611.20(元)

3) 大修费用及折旧费对所得税的影响现值。设备的大修费用可以按预提费用摊销的方式，在设备的使用年限内计入成本，减少企业的利润，从而减少企业应缴纳的所得税。而固定资产则是以计提折旧的方式进行补偿，折旧费作为一项成本，也将减少企业的利润，进而减少企业应缴纳的所得税。对企业而言，税负的减少实际上可看作一项现金流入，在本例中也可看作成本的节约。因此大修费用及折旧费对所得税的影响现值为：

$$\frac{8\,000+8\,000+8\,000}{4}\times 40\%\times(P/A,10\%,4)=\frac{24\,000}{4}\times 40\%\times 3.170$$
$$=7\,608(\text{元})$$

4) 总运行成本现值=3 000×(1−40%)×(P/A,10%,4)
=1 800×3.170=5 706(元)

5) $\text{年平均成本}=\frac{\text{总成本}}{(P/A,10\%,4)}$

$$=\frac{1)+2)-3)+4)}{(P/A,10\%,4)}$$

$$=\frac{8\,000+14\,611.20-7\,608+5\,706}{3.170}=6\,532.87(\text{元})$$

(2) 改用新设备。

1) 新设备采购成本=40 000(元)

2) 残值收回现值=2 000×(P/S,10%,8)=2 000×0.467
=934(元)

3) $\text{折旧费对所得税的影响现值}=\frac{(40\,000-2\,000)}{8}\times 40\%\times(P/A,10\%,8)$

$$=\frac{38\,000}{8}\times 40\%\times 5.335$$

$$=10\,136.5(\text{元})$$

4) 总运行成本现值=6 000×(1−40%)×(P/A,10%,8)
=6 000×(1−40%)×5.335=19 206(元)

5) $\text{年平均成本}=\frac{\text{总成本}}{(P/A,10\%,8)}$

$$=\frac{1)-2)-3)+4)}{5.334\,9}$$

$$=\frac{40\,000-934-10\,136.5+19\,206}{5.335}$$

$$=9\,022.59(\text{元})$$

由上述计算结果可知，更新设备的年平均成本高于继续使用旧设备的成本，因此不应当更新。

6.4.3 固定资产租赁或购买的决策

在制定固定资产租赁或购买的决策时，由于所用设备相同，即设备的生产能力与产品的销售价格相同，同时设备的运行费用也相同，因此只需比较两种方案的成本差异及成本对企业所得税产生的影响差异即可。

固定资产租赁指的是固定资产的经营租赁，与购买设备相比，企业每年将多支付一定的租赁费用。另外，由于租赁费用是在成本中列支的，因此，企业还可以减少缴纳的所得税，即得到纳税利益。购买固定资产是一种投资行为，企业将支出一笔可观的设备款，但同时每年可计提折旧费进行补偿，折旧费作为一项成本，也能使企业得到纳税利益，并且企业在项目结束或设备使用寿命到期时还能够得到设备的残值变现收入。

[例 6-15]

某企业在生产中需要一种设备，若企业自己购买，需支付设备买入价200 000元，该设备使用寿命10年，预计残值率5%；企业若采用租赁的方式进行生产，每年将支付40 000元的租赁费用，租赁期10年。假设贴现率为10%，所得税税率为40%。

（1）购买设备。

设备残值＝200 000×5%＝10 000（元）
年折旧额＝(200 000－10 000)/10＝19 000（元）
购买设备支出＝200 000（元）
因折旧税负减少现值＝19 000×40%×(P/A,10%,10)
　　　　　　　　　＝－46 699（元）
设备残值变现值＝10 000×(P/S,10%,10)＝－3 855（元）
支出合计＝149 446（元）

（2）租赁设备。

租赁费支出＝40 000×(P/A,10%,10)＝245 784（元）
因租赁税负减少现值＝40 000×40%×(P/A,10%,10)
　　　　　　　　　＝－98 314（元）
支出合计＝147 470（元）

上述计算结果表明，购买设备的总支出大于租赁的总支出，因此企业应采取租赁的方式。

思考题

1. 什么是长期成本？长期成本的提出对企业加强成本管理有什么意义？

2. 什么是时间价值？单纯的时间因素会产生时间价值吗？为什么？

3. 什么是现金流量？现金流量是由哪几部分构成的？

4. 什么是资本成本？为什么向投资者分配的利润也是成本？这一点对完整、准确掌握资本成本的概念并进行有效管理有哪些帮助？

5. 个别资本成本的计算应注意哪些问题？

6. 为什么长期决策是以现金流量为基础，而不是以利润为基础？

7. 静态投资指标有哪些？它们各自有什么缺点？

8. 动态投资指标有哪些？它们各自有什么缺点？

9. 不同方案的净现值相等是否意味着不同方案具有相同的可选择性？请说明理由。

练习题

1. 老王将于 10 年后退休，为使晚年幸福，计划从退休起的 30 年间，每年从养老金账户支出 24 万元用于养老。老王的儿子小王为此计划在未来 10 年内每年等额存入银行一笔钱，如果未来期间平均收益率每年 6%。

要求：计算小王每年应拿多少钱才能满足老王的愿望。

2. 某厂两年前购入一台机床，原价 40 000 元，期末无残值，估计仍可使用 8 年。最近该厂正在考虑是否用一种新型的数控机床来取代原设备，新机床售价为 52 000 元，使用年限为 8 年，期末残值为 2 000 元。若购入新机床，可使该厂每年的营业现金净流量由目前的 36 000 元增加到 47 000 元。目前，该厂原有机床的账面价值为 32 000 元，如果现在立即出售，可获得价款 12 000 元，该厂的资本成本为 16%。

要求：根据资料，采用净现值法对该项售旧购新方案的可行性做出评价。

3. 某项目需投资 1 200 万元用于购建固定资产，使用寿命 5 年，按直线法计提折旧，5 年后设备残值为 200 万元；另外需在第 1 年年初一次投入流动资金 300 万元。每年预计实现销售收入 800 万元，付现成本 300 万元，项目结束时可全部收回垫支的流动资金，所得税税率为 25%。

要求：计算该项目的现金流量。

4. 当代公司准备购入一条矿泉水生产线用以扩充生产能力，该生产线需投资 100 万元，使用寿命 5 年，期满无残值。经预测，5 年中每年销售收入为 60 万元，每年的付现成本为 20 万元。购入生产线的资金通过发行长期债券筹集，债券按面值发行，票面利率为 12%，筹资费用率为 1%，企业所得税税率为 34%。与计算有关的系数如表 1 所示。

表 1　5 年期的年金现值系数表

	5%	6%	7%	8%	9%
年金现值系数（5 年）	4.329	4.212	4.100	3.993	3.890

要求：计算当代公司投资该生产线的净现值并分析该方案是否可行。

第7章 短期成本与经营决策

7.1 短期成本

7.1.1 短期成本的特性

短期成本是指成本收益期小于1年的资源耗费，属于收益性支出。从财务成本角度看，其表现形式为生产成本和期间费用；从管理成本角度看，其表现形式为影响短期经营决策的各种成本。

如第2章所述，按照成本习性的不同，短期成本可以分为固定成本和变动成本。固定成本用 T_{FC}表示，变动成本用 T_{VC}表示，则总成本 $TC=T_{FC}+T_{VC}$，短期总成本曲线如图7-1所示。

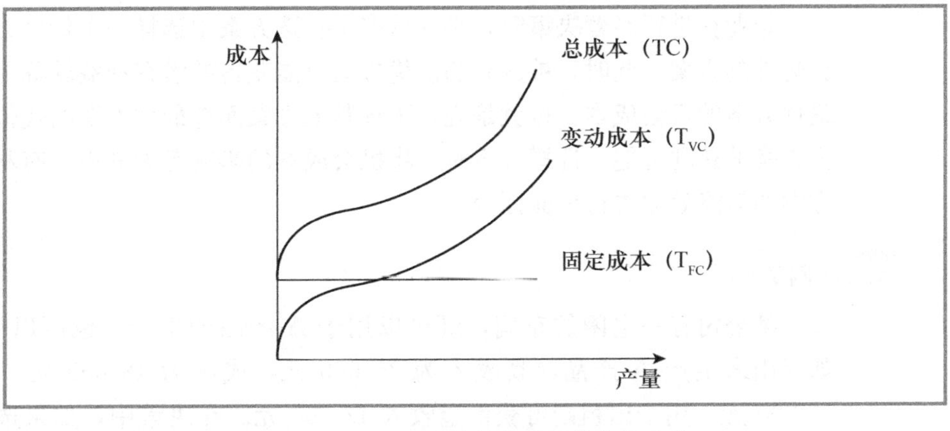

图7-1 短期总成本的构成及其变化曲线

根据边际收益递减规律，变动成本（T_{VC}）随产量逐渐递增，从而使得短期总成本（TC）曲线存在递增的趋势。

平均成本（AC）和边际成本（MC）是短期成本中的两个重要概念（如图7-2所示）。平均成本是平均每单位产品需要的经费支出，即AC=TC/Q。边际成本是短期生产中每增加一单位的产量时，总成本所增加的数量，即MC=ΔTC/ΔQ。平均成本是短期生产决策中最重要的概念，短期生产决策的目的就是找到短期生产中的最低成本点。

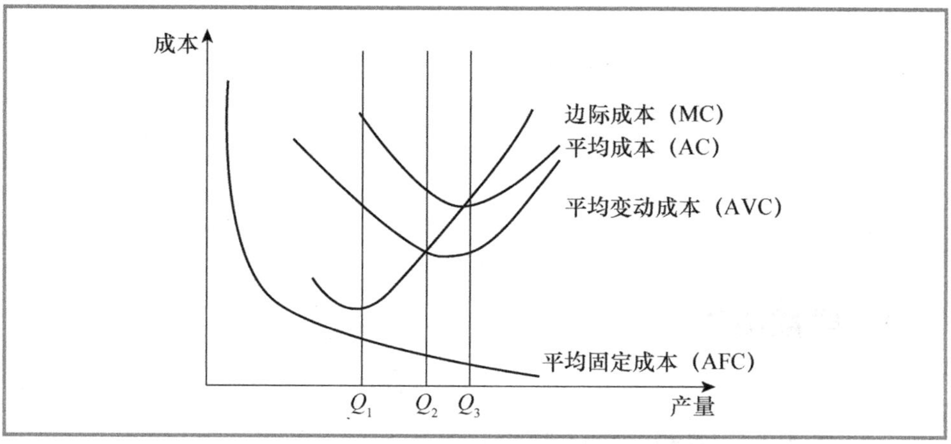

图7-2 平均成本和边际成本示意图

7.1.2 短期成本的种类

把成本分为固定成本和变动成本是管理成本的基本分类，奠定了短期预测和决策的基础。在短期预测和决策中，往往会应用更多的短期成本概念和分类。

1. 机会成本

企业在进行经营决策时，必须从多个备选方案中选择一个最优方案，而放弃另外的方案。此时，被放弃的次优方案可能获得的潜在利益就称为已选中的最优方案的机会成本。也就是说，不选其他方案而选最优方案的代价就是已放弃方案的获利可能。选择方案时，将机会成本的影响考虑进去，有利于对所选方案的最终效益进行全面评价。

[例7-1]

某公司有一空闲的车间，既可以用于A产品的生产，也可以用于出租。如果用来生产A产品，其收入为35 000元，成本为18 000元，可获净利17 000元；用于出租则可获租金收入12 000元。在决策中，如果选择用于生产A产品，则必然放弃出租方案，其本来可以获得的租金收入12 000元应作为机会成本由生产A产品负担。这时可以得出正确的判断结论：生产A产品将比出租多获净利5 000元。

可见，机会成本产生于某项资源的用途选择。具体来讲，如果一项资源只能用来实现某一用途，则不会产生机会成本，如公司购买的一次还本付息债券，只能在到期时获得约定的收益，因而不会产生机会成本。如果一项资源可以同时用来实现若干用途，则会产生机会成本。如公司购买的可转让债券，既可以到期获得约定收益，又可以在到期前中途转让以获得转让收益，从而产生机会成本。

此外，应注意的是：由于机会成本只是被放弃方案的潜在利益，而非实际支出，因而不能据以登记入账。但由于公司资源的有限性，必须充分利用资源效益，所以，机会成本在经营决策中应作为一个现实的重要因素予以考虑。

2. *差量成本*

差量成本是指企业在进行经营决策时，根据不同备选方案计算出来的成本差异。

[例 7-2]

某公司全年需要 1 200 个甲零件，可以外购也可以自制。如果外购，单价为 5 元；如果自制，则单位变动成本为 3 元，固定成本为 500 元。外购或自制决策的成本计算如表 7-1 所示。

表 7-1　外购或自制决策的成本计算　单位：元

项目	方案		差量成本
	外购	自制	
采购成本	1 200×5=6 000		
变动成本		1 200×3=3 600	
固定成本		500	
	6 000	4 100	1 900

由于外购总成本比自制总成本高 1 900 元（即差量成本为 1 900 元），在其他条件相同时，应选择自制方案。

差量成本这一概念还经常用于反映不同的生产能力利用率在成本上的差别，也就是在原有基础上追加批量产品的生产所增加的成本数额。

[例 7-3]

某企业生产 A 产品，最大生产能力为年产 10 000 件，生产能力正常利用率为最大生产能力的 80%，A 产品单位变动成本为 3 元，年固定成本为 6 000 元，按生产能力正常利用率可达到的产量 8 000 件分摊，每件单位固定成本为 0.75 元。以年产量 8 000 件为基础，每增加 1 000 件产品的生产而追加的差量成本的计算如表 7-2 所示。

表 7-2　差量成本的计算　　单位：元

产量	总成本		产量增加 1 000 件的差量总成本		单位成本		产量增加 1 000 件的差量单位成本	
	固定成本	变动成本	固定成本	变动成本	固定成本	变动成本	固定成本	变动成本
8 000	6 000	24 000	—	—	0.75	3	—	—
9 000	6 000	27 000	0	3 000	0.67	3	−0.08	0
10 000	6 000	30 000	0	3 000	0.6	3	−0.07	0

通过以上计算可以看出，在相关范围内，即产量不超过最大生产能力 10 000 件时，固定成本总额不随产量的变动而变动，所以，每增加生产 1 000 件产品而追加的成本额为变动成本 3 000 元。单位成本中的固定部分则呈降低的趋势。

差量成本还经常用于其他方面的决策，例如是否接受追加的订单、某台不用的机器设备是出租还是出售等。由于差量成本等于单位变动成本乘以追加的产量，再加上由于追加生产而追加的全部固定成本，所以算出差量成本后，将其与可能取得的收入进行比较，就可以做出经营决策。

[例 7-4]

某公司有机会接受追加订货，产品数量为 1 000 个，由于产品规格特殊，需要专门为其购置价值 500 元的专用设备。假定该设备除了生产这批订货外别无他用，并且无残值。产品的单位变动成本为 7 元。

要做出是否接受这批订货的决策，应先计算出这批追加订货的差量成本。根据资料所给数据可求出，随产量变动的变动成本总额为 7 000 元（7×1 000），加上专用设备成本 500 元，这项订货的差量成本为 7 500 元。只要这批追加订货能够取得大于 7 500 元的销售收入，公司就应接受。

3. 边际成本

从理论上讲，边际成本是指产量（业务量）向无限小变化时成本的变动数额。当然，这是从纯经济学角度来讲的，事实上，产量不可能向无限小变化，至少应为 1 个单位的产量。因此，边际成本也就是产量每增加或减少 1 个单位所引起的成本变动数额。

[例 7-5]

某企业每增加 1 个单位产量的生产引起的总成本变化及边际成本的变化如表 7-3 所示。

表 7-3　增加 1 个单位产量引起的成本变化

产量（件）	总成本（元）	边际成本（元）
100	800	—
101	802	2

续表

产量（件）	总成本（元）	边际成本（元）
102	804	2
103	806	2
104	808	2
105	918	110
106	920	2
107	922	2

从表7-3中可以看出，产量每增加1个单位，边际成本并不总是一个固定的数值。当产量从100件递增至104件时，每增加1个单位产量的边际成本为2元；但从104件到105件时，增加1个单位产量的边际成本就上升为110元；接着，总成本又以每增加1个单位产量边际成本为2元的趋势变化。这是因为，当产量从100件增加到104件时，在相关范围内，固定成本不随产量变化，只是变动成本随产量发生变化；而当产量从104件增加到105件时，边际成本上升为110元，这表明第105件产品超出了原来的相关范围。要达到这个产量需增加固定成本。在这之后，边际成本又以一个固定的数值（2元），在新的相关范围内随着单位产量的增加而增加。

由此看来，边际成本和变动成本是有区别的，变动成本反映的是增加单位产量所追加成本的平均变动，而边际成本反映的是每增加1个单位产量所追加的成本的实际数额。所以，只有在相关范围内，增加1个单位产量的单位变动成本才能和边际成本相一致。

此外，如果把不同产量作为不同方案来理解，边际成本实际就是不同方案形成的差量成本。

4. 付现成本与沉没成本

付现成本是指能够由现在或将来的任何决策改变其支出数额的成本。付现成本是决策中必须考虑的重要影响因素。

[例7-6]

企业计划进行A产品的生产。现有甲设备一台，原始价值50 000元，已提折旧35 000元，折余净值15 000元。生产A产品时，还需对甲设备进行技术改造，为此须追加支出10 000元。如果市场上有乙设备出售，其性能与改造后的甲设备相同，售价为20 000元。在是否改造旧设备的决策中，如果简单地用旧设备的折余净值及追加支出之和（即25 000元）与新设备买价（20 000元）进行比较的话，就会做出错误的抉择：选择新设备将比改造旧设备节约支出5 000元。因为旧设备的折余净值属于沉没成本，不影响决策。因此，应将改造旧设备的付现成本10 000元与购买新设备的20 000元进行比较，从而做出正确的抉择：改造旧设备将比购买新设备节约支出10 000元，因而应选择改造旧设备。当然，如果在买新设备的同时可以将旧设备以 12 000 元的价格变卖，那么应该将改造旧设备的成本 10 000 元及变卖旧设备的收入 12 000 元（机会成本）之和与购买新设备的价款 20 000 元比较，从而做出正确的抉择：改造旧设备将比购买新设备多支出 2 000 元，因而应选择购买新设备。

沉没成本是指过去已经发生并无法由现在或将来的任何决策改变的成本。由于沉没成本是对现在或将来的任何决策都无影响的成本，因此决策时不予考虑。

[例 7-7]

企业有一台旧设备要提前报废，其原始成本为 10 000 元，已提折旧 8 000 元，折余净值为 2 000 元，这 2 000 元的折余价值就是沉没成本。假设处理这台旧设备有两个方案可予考虑：一是将旧设备直接出售，可获得变价收入 500 元；二是经修理后再出售，则需支出修理费用 1 000 元，但可得 1 800 元。在进行决策时，由于旧设备折余价值 2 000 元属于已经支出再无法收回的沉没成本，所以不予考虑，只需将这两个方案的收入加以比较，直接出售可得收入 500 元，而修理后出售可得净收入 800 元（1 800－1 000），显然，采用第二个方案比采用第一个方案可多得 300 元（800－500）。所以，应将旧设备修理后再出售。

可见，沉没成本是企业在以前经营活动中已经支付现金，而在现在或将来经营期间摊入成本费用的支出，固定资产、无形资产、递延资产等均属于企业的沉没成本。

5. 专属成本和联合成本

固定成本按其所涉及范围的大小，划分为专属成本和联合成本。

专属成本是指可以明确归属于企业生产的某种产品，或为企业设置的某个部门而发生的固定成本。没有这些产品或部门，就不会发生这些成本，所以专属成本是与特定的产品或部门相联系的特定的成本。例如，专门生产某种产品的专用设备的折旧费、保险费等。

联合成本是指为多种产品的生产或为多个部门的设置而发生的，应由这些产品或部门共同负担的成本。在企业生产过程中，几种产品共同的设备折旧费、辅助车间成本等都是联合成本。

第 2 章提到，老王和老李一起去买服装，花了 100 元打车费，老王买了一件 500 元的衬衫，老李买了一件 600 元的西服。此时，老王和老李买服装的支出属于专属成本（同时也是直接成本），而打车费属于联合成本（同时也是间接成本）。

在进行方案选择时，专属成本是与决策有关的成本，必须予以考虑；而联合成本则是与决策无关的成本，可以不予考虑。

6. 可选择成本与约束性成本

固定成本按照是否随管理行为的改变而改变，划分为可选择成本和约束性成本两部分。

由企业管理者的决策来决定其是否发生的固定成本，称为可选择成本，如广告费、职工培训费、管理人员奖金、研究开发费等。那些为进行企业经营而必须负担的，不能改变的最低限度的固定成本，如厂房、设备等固定资产所提的折旧，不动产的税金、保险费以及管理人员薪金等，称为约束性成本。

有些固定成本可依决策者的主观判断划分为可选择成本和约束性成本。一般说来，可选择成本是相关成本，约束性成本是无关成本。

7. 相关成本与无关成本

企业在进行经营决策时，可供选择的多种方案中所涉及的各种成本，有些与方案的抉择有关，有些则无关。

相关成本是对决策有影响的各种形式的未来成本，如差量成本、机会成本、边际成本、付现成本、专属成本、可选择成本等。那些对决策没有影响的成本称为无关成本。这类成本过去已经发生，或对未来决策没有影响，因而在决策时不予考虑，如沉没成本、联合成本、约束性成本等。

相关成本与无关成本的区分并不是绝对的。有些成本在某一决策方案中是相关成本，而在另一决策方案中却是无关成本。

7.2 采购活动中的成本决策

7.2.1 经济采购批量决策中的相关成本

企业的采购活动旨在保障企业的生产或销售，因此，在保证所购原材料或商品的质量、数量、供货及时性的基础上，尽可能降低与采购活动相关的成本便成为企业管理的一项重要工作。

经济采购批量决策通常需要考虑以下几项成本。

1. 采购成本

采购成本是指由于购买存货而发生的买价（购买价格或发票价格）和运杂费（运输费用和装卸费用），其总额取决于采购数量和单位采购成本。

由于单位采购成本一般不随采购数量的变动而变动，因此，在采购批量决策中，存货的采购成本通常属于无关成本；但当供应商为扩大销售而给予数量折扣等优惠时，采购成本就成为相关成本。

2. 订货成本

订货成本是指为订购货物而发生的各种成本，包括采购人员的工资、采购部门的一般性费用（如办公费、水电费、折旧费、取暖费等）和采购业务费（如差旅费、检验费等）。

订货成本可以分为两部分：为维持一定的采购能力而发生的各期金额比较稳定的成本（如折旧费、水电费、办公费等），称为固定订货成本；随订货次数的变动而成正比例变动的成本（如差旅费、检验费等），称为变动订货成本。

3. 储存成本

储存成本是指为储存存货而发生的各种费用，通常包括两大类：一是付现成本，包括支付给储运公司的仓储费、按存货价值计算的保险费、陈旧报废损失、年度检查费用以及企业自设仓库发生的所有费用；二是资本成本，即由于投资存货而不投资其他可盈利方面所形成的机会成本。

储存成本也可分为两部分：凡总额稳定，与存货数量的多少及储存时间长短无关的成本，称为固定储存成本；凡总额大小取决于存货数量的多少及储存时间长短的成本，称为变动储存成本。

依据一定方法分解确定的固定订货成本和固定储存成本，属于存货决策中的无关成本，可不予考虑。

4. 缺货成本

缺货成本是指由于存货数量不能及时满足生产和销售的需要而给企业带来的损失。例如，因停工待料而发生的损失（如因无法按期交货而支付的罚款、停工期间的固定成本等），因商品存货不足而失去的创利额，因采取应急措施补足存货而发生的超额费用等。

缺货成本大多属于机会成本，由于单位缺货成本往往大于单位储存成本，因此，即使计算比较困难，也应采用一定的方法估算单位缺货成本（短缺一单位存货一次给企业带来的平均损失），以供决策之用。

7.2.2 经济采购批量决策

采购批量是指每次订购货物（材料、商品等）的数量。在某种存货全年需求量已定的情况下，降低采购批量必然增加采购批次。于是，一方面，存货的储存成本（变动储存成本）随平均储存量的下降而下降；另一方面，订货成本（变动订货成本）则随采购批次的增加而增加。反之，减少采购批次必然增加采购批量，在减少订货成本的同时储存成本将会增加。可见，存货决策的目的就是确定使年订货成本与年储存成本合计数最低时的采购批量，即经济采购批量。

由于年成本合计等于年订货成本与年储存成本之和，因此

$$T=\frac{Q}{2}C+\frac{A}{Q}P$$

式中，T——年成本合计；Q——采购批量；C——单位存货年储存成本；A——某种存货全年需要量；A/Q——采购批次；P——每批订货成本。

年订货成本、年储存成本与年成本合计的关系如图 7－3 所示。

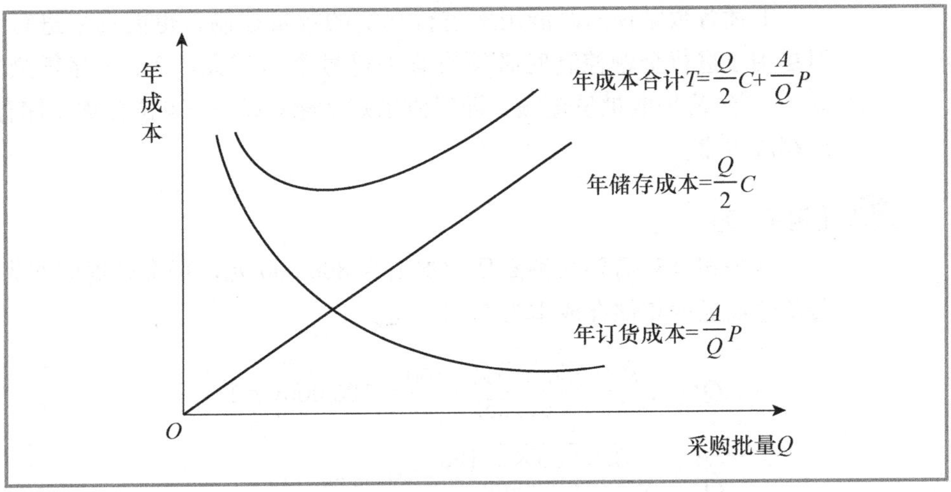

图 7－3　年订货成本、年储存成本与年成本合计的关系

从图 7－3 中可以看出，T（年成本合计）是一条凹形曲线，当其一阶导数为零时，T 值最低。

因而，以 Q 为自变量，求函数 T 的一阶导数并令其为零，可得（推导过程略）：

$$Q^*=\sqrt{\frac{2AP}{C}}$$

$$\frac{A}{Q^*}=\sqrt{\frac{AC}{2P}}$$

$$T^*=\sqrt{2APC}$$

式中，Q^*——经济采购批量；A/Q^*——经济采购批次；T^*——最低年成本合计。

[例 7－8]

某公司每年使用甲材料 7 200 吨，甲材料储存成本中的付现成本为每吨 4 元，单位采购成本为 60 元，该公司的资本成本为 20%，订购甲材料一次的成本 P 为 1 600 元，每吨储存成本 C 为 16 元（4＋60×20%）。

$$Q^*=\sqrt{\frac{2\times 7\,200\times 1\,600}{16}}=1\,200(\text{吨})$$

$$\frac{A}{Q^*}=\sqrt{\frac{7\,200\times 16}{2\times 1\,600}}=6(\text{次})$$

或

$$=\frac{7\,200}{1\,200}=6(\text{次})$$

$$T^*=\sqrt{2\times7\,200\times1\,600\times16}=19\,200(\text{元})$$

上述各数学模型既能用来进行存货的数量控制，也能用来进行金额控制，但在用于进行金融控制时必须将有关符号重新定义：A——存货全年需要额；Q^*——经济采购批量金额，即经济采购批额；C——单位存货年储存成本，即储存成本率。

[例 7-9]

某公司全年需要某种商品的支出为 360 000 元，每次订货成本为 2 500 元，每单位商品的年储存成本为 0.125 元。

$$Q^*=\sqrt{\frac{2\times360\,000\times2\,500}{0.125}}=120\,000(\text{元})$$

$$\frac{A}{Q^*}=\sqrt{\frac{360\,000\times0.125}{2\times2\,500}}=3(\text{批})$$

$$T^*=\sqrt{2\times360\,000\times2\,500\times0.125}=15\,000(\text{元})$$

在经济采购批量决策中，关键是选择并确定与决策相关的成本。在为存货模型编制数据时，应观察所掌握的每一项成本是否随下列项目的变化而变化：(1) 存货的数量；(2) 购入的数量；(3) 一年内发出的订单数。

[例 7-10]

某公司的会计资料如表 7-4 所示。

表 7-4 公司与采购相关的会计资料

购买价格	每单位	8 元
运入运费	每单位	0.6 元
电话订货费		20 元
装卸费	每单位	(30+0.25) 元
存货税	每单位存货每年	0.4 元
材料运到公司的成本		240 元
接货人员的月工资		800 元
库存保险费	每单位每年	0.1 元
仓库租金	每月	1 200 元
平均损失	每单位每年	1.2 元
资本成本	每年	18%
每月处理的订单数		500 份

以上数据中，有的与决策相关，有的则与决策无关，应加以区分。在此基础上，按前述三个方面区分项目。接货人员的月工资及仓库租金并不随购入数量、存货数量或订单数的变动而变动，属于固定订货成本或固定储存成本，与

决策无关，可不予考虑。

随存货数量变动的成本项目有：

存货税	0.4 元
库存保险费	0.1 元
平均损失	1.2 元
合计	1.7 元

随购入数量变动的成本项目有：

购买价格	8 元
运入运费	0.6 元
装卸费	0.25 元
合计	8.85 元

发出一次订单所发生的成本项目有：

电话订货费	20 元
装卸费	30 元
材料运到公司的成本	240 元
合计	290 元

根据上述三类成本计算每次订货成本、每单位材料年储存成本：

$$P=20+30+240=290(\text{元})$$
$$C=0.4+0.1+1.2+(8.85\times 18\%)=3.293(\text{元})$$

如果该材料年需求总量为 6 000 个单位，则

$$Q^*=\sqrt{\frac{2\times 6\,000\times 290}{3.293}}=1\,028(\text{个})$$
$$T^*=\sqrt{2\times 6\,000\times 290\times 3.293}=3\,385.21(\text{元})$$

7.2.3 经济采购批量模型的扩展

在实际工作中，由于各种因素的影响，需要对前述经济采购批量模型进行扩展，以确定不同状况下的经济采购批量，降低成本。

1. 一次订货、边进边出情况下的决策

前面推导的经济采购批量模型假定一次订购的货物一次全部到达并陆续使用。但在实际工作中，也存在一次订购后货物陆续到达入库并陆续领用的情况。这时，由于存货边进边出，进库速度大于出库速度，因此，存货的储存量低于采购批量（即经济采购批量模型中的最高储存量）。存货储存情况如图 7－4 所示。

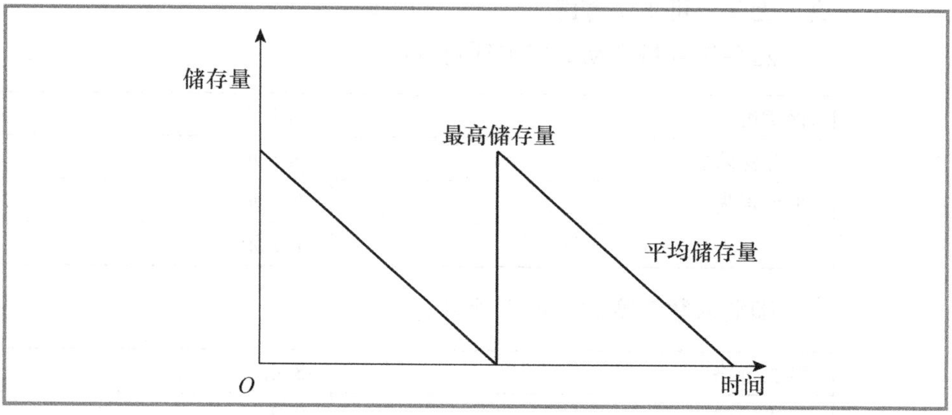

图 7-4　存货储存情况

为了便于推导，补充设定（其他符号的定义与经济采购批量模型中的定义相同）：X——每日送达存货的数量；Y——每日耗用存货的数量。则（推导过程略）：

$$Q^{*}=\sqrt{\frac{2AP}{C\left(1-\frac{Y}{X}\right)}}$$

$$T^{*}=\sqrt{2APC\left(1-\frac{Y}{X}\right)}$$

［例 7-11］

某企业生产季节性产品甲产品，全季需要 B 材料 12 000 千克，每日送达 300 千克，每日耗用 240 千克，每次订货费用为 100 元，每千克 B 材料的季度储存成本为 3 元。计算季度成本合计。

将数据代入上述公式，得

$$Q^{*}=\sqrt{\frac{2\times12\,000\times100}{3\times\left(1-\frac{240}{300}\right)}}=2\,000(\text{千克})$$

计算结果表明，在 B 材料陆续到达、陆续使用的条件下，企业的经济采购批量为 2 000 千克。此时，季度成本合计为：

$$T^{*}=\sqrt{2\times12\,000\times100\times3\times\left(1-\frac{240}{300}\right)}=1\,200(\text{元})$$

2. 有数量折扣时的决策

为了鼓励顾客多购买商品，供应商常常对大量购买商品的顾客实行数量折扣价，即每次采购量达到某一数量时给予价格优惠。于是，顾客可以利用数量折扣价取得较低商品价、较低运输费和较低年订购费用，并使大批量采购节约的成本超过抵偿增支的储存成本。因此，订货成本、储存成本以及采购成本成为采购批量决策中的相关成本，上述三种成本年合计最低的方案才是最优方案。

这时，决策通常分三步进行：

（1）计算没有数量折扣时的经济采购批量。因为按一般原则，当有可能获取数量折扣价时，最低采购量可通过经济采购批量 Q 的计算来确定。

（2）计算不考虑数量折扣时的年成本合计。

（3）计算考虑数量折扣时的年成本合计。

比较不考虑数量折扣时的年成本合计及考虑数量折扣时的年成本合计，数额最低的方案就是最优方案。

[例 7－12]

某企业全年需用 A 零件 1 500 件，每件每年储存成本为 0.5 元，每次订货费用为 81.67 元。供应商规定：每次订货量达到 750 件时，可获得 2%的价格优惠，不足 750 件时单价为 50 元。该企业应该选择什么样的方案？

决策分三步进行：

（1）计算没有数量折扣时的经济采购批量：

$$Q^{*}=\sqrt{\frac{2\times 1\,500\times 81.67}{0.5}}=700(\text{件})$$

于是，最优订购量必然为 700 件或 750 件，没有其他采购数量比这两个数量中的任何一个更经济。

（2）计算不考虑数量折扣时的年成本合计：

$$\text{采购成本}=1\,500\times 50=75\,000(\text{元})$$

$$\text{订货成本}=\frac{1\,500}{700}\times 81.67=175(\text{元})$$

$$\text{储存成本}=\frac{700}{2}\times 0.5=175(\text{元})$$

$$\text{年成本合计}=75\,000+175+175=75\,350(\text{元})$$

（3）计算考虑数量折扣时的年成本合计：

$$\text{采购成本}=1\,500\times 50\times(1-2\%)=73\,500(\text{元})$$

$$\text{订货成本}=\frac{1\,500}{750}\times 81.67=163.34(\text{元})$$

$$\text{储存成本}=\frac{750}{2}\times 0.5=187.5(\text{元})$$

$$\text{年成本合计}=73\,500+163.34+187.5=73\,850.84(\text{元})$$

比较 700 件与 750 件的年成本合计可知，接受数量折扣可使存货成本降低 1 499.16 元（75 350－73 850.84），因此应该选择接受数量折扣的方案。

3. 采购批量受限时的决策

实际工作中，许多供应商只接受整数批量的订单，如按打、百件、吨等。在这种情况下，采用经济采购批量基本数学模型计算出的 Q^{*} 如果不等于允许的采购批量，就必须在接近 Q^* 的两个允许数量中做出选择，通过计算各自的年成本合计来比较优劣。

[例 7-13]

某供应商销售甲材料，由于包装运输原因，只接受 200 件整数倍批量的订单（如 200 件、400 件、600 件等），不接受有零数的订单（如 500 件）。圆庆公司全年需用甲材料 1 800 件，每次订货成本为 120 元，每件年储存成本为 2 元。请根据相关资料做出决策。

（1）计算不考虑订单限制时的经济采购批量：

$$Q^*=\sqrt{\frac{2AP}{C}}=\sqrt{\frac{2\times1\ 800\times120}{2}}=465(件)$$

由于经济采购批量为 465 件，不是供应商所要求的整数批量，因而只能根据 465 件确定采购 400 件或 600 件，通过检查这两个批量的年成本合计来确定最优采购批量。

（2）采购 400 件时的年成本合计：

$$储存成本=\frac{400}{2}\times2=400(元)$$

$$订货成本=\frac{1\ 800}{400}\times120=540(元)$$

$$年成本合计=400+540=940(元)$$

（3）采购 600 件时的年成本合计：

$$储存成本=\frac{600}{2}\times2=600(元)$$

$$订货成本=\frac{1\ 800}{600}\times120=360(元)$$

$$年成本合计=600+360=960(元)$$

可见，采购批量受限时的最佳决策是每次采购 400 件。上述情况也可作图予以反映（如图 7-5 所示）。

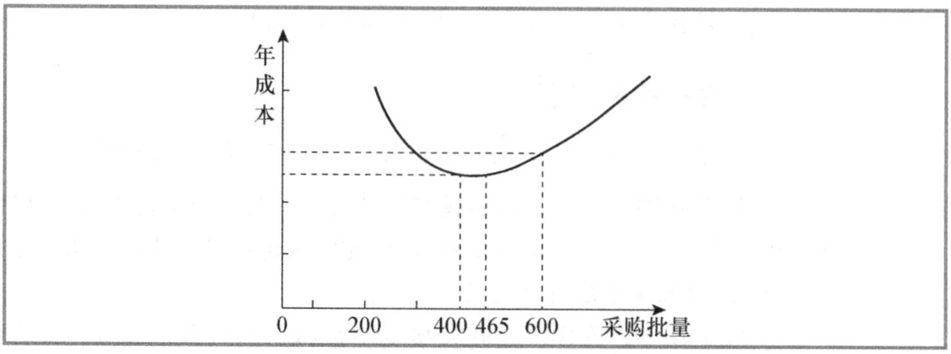

图 7-5　采购批量受限时的决策

4. 储存量受限时的决策

实际上，每个企业的储存面积是有限的，储存量不能无限制扩大。在这种情况下，如果计算确定的经济采购批量大于储存量这一约束性因素的数值（超过现有最大储存量），那么最优采购批量就是该约束性因素的值。图 7－6 可以说明这一点。

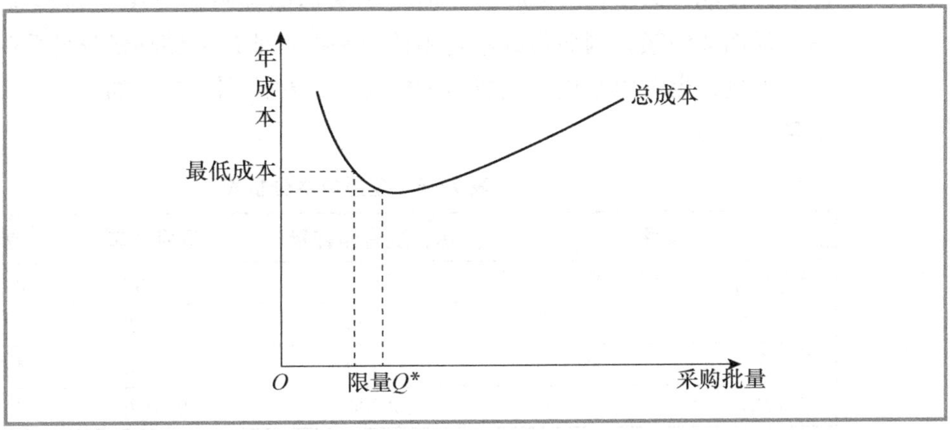

图 7－6　储存量受限时的决策

当储存量是一个约束性因素时，可以通过某些方法（如租用新的库房、建造新的仓库等）来增加储存量，以达到最佳储存量（经济采购批量）的要求。但这样做在经济上是否合算呢？

[例 7－14]

庆山公司每年需要乙材料 360 000 千克，每次订货成本为 1 225 元，每千克全年储存成本为 0.5 元。该公司目前仓库最大储存量为 30 000 千克，考虑到业务发展需要，公司打算租用其他单位的仓库储存 20 000 千克乙材料，年租金约为 4 000 元。庆山公司如何做出储存决策？

（1）计算不受任何限制时的经济采购批量和年成本合计：

$$T^* = \sqrt{2APC} = \sqrt{2\times 360\,000\times 1\,225\times 0.5} = 21\,000(\text{元})$$

$$Q^* = \sqrt{\frac{2AP}{C}} = \sqrt{\frac{2\times 360\,000\times 1\,225}{0.5}} = 42\,000(\text{千克})$$

（2）由于庆山公司目前仓库的最大储存量只有 30 000 千克，少于经济采购批量（42 000 千克），因此，需要在扩大储存量和维持目前最大储存量之间做出选择。

如果一次采购 30 000 千克（根据约束性因素的限制所能做出的最佳选择），年成本合计为：

$$\text{储存成本} = (30\,000/2)\times 0.5 = 7\,500(\text{元})$$

$$订货成本=\frac{360\ 000}{30\ 000}\times 1\ 225=14\ 700(元)$$

$$年成本合计=7\ 500+14\ 700=22\ 200(元)$$

（3）比较选择。由于不受任何限制时的最低存货年成本合计为 21 000 元，而不扩大储存量时的存货年成本合计为 22 200 元，因此，从增加储存量的角度看，预期可以节约 1 200 元。但由于增加储存量需要多支付租金 4 000 元，超过预期节约额，因而最好不要租赁而是按目前最大储存量分批采购。

当然，也可以采用差量成本的概念进行对比和分析（如表 7－5 所示），结果是一样的。

表 7－5　差量成本分析表

单位：元

项目	保持现有储存量	租用仓库	差量成本
储存成本（不含仓租费）	7 500	10 500	3 000（＋）
订货成本	14 700	10 500	4 200（－）
仓租费	0	4 000	4 000（＋）
成本总额	22 200	25 000	2 800（＋）

7.2.4　不确定情况下的存货决策

迄今为止，存货决策建立在存货耗用率及采购间隔期（发出订单到订货到达之间的时间）已确定的基础之上，但当存货耗用率因不可预见的情况发生变化，或采购间隔期由于客观事件而有所变化时，应采用适当的方法进行决策。

1. 安全库存量与库存耗竭成本

当存货耗用率和采购间隔期稳定不变时，企业可以及时发出订单，按照经济采购批量订货，在原有存货耗尽之时新的存货恰好入库（如图 7－7 所示）。

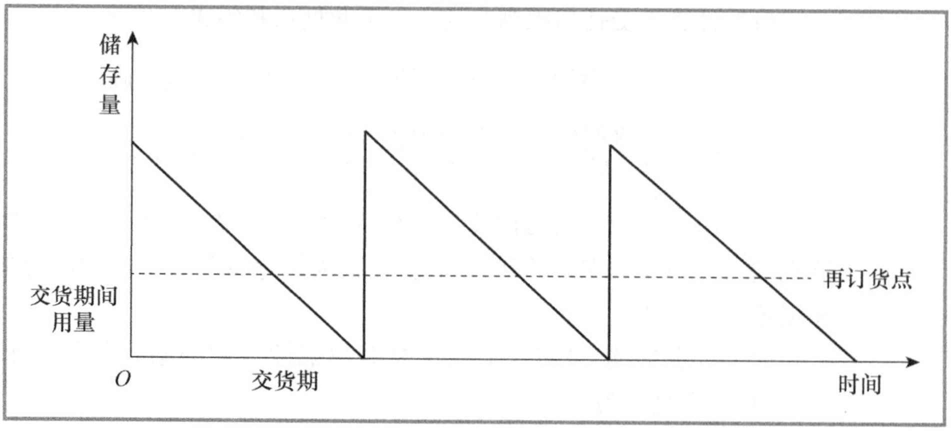

图 7－7　安全库存

但如果某项存货的耗用比预计要快，或者采购间隔期比预计时间长，就有可能发生库存耗竭。两种库存耗竭的情况可用图 7-8 和图 7-9 表示。

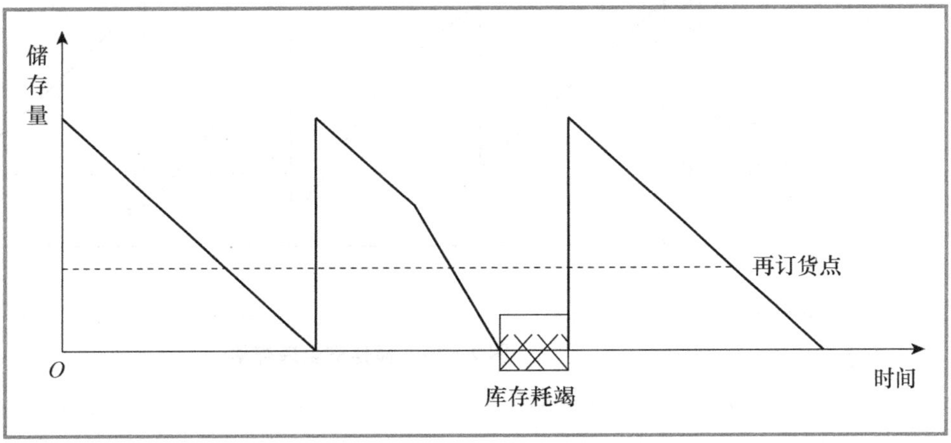

图 7-8 库存耗竭情况一

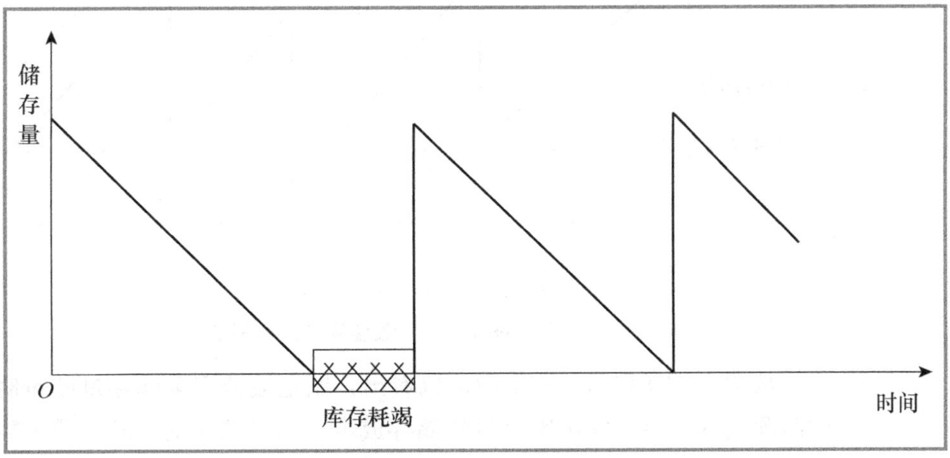

图 7-9 库存耗竭情况二

在图 7-8 中，由于耗用量增加，在新的订货到达前，库存已耗尽；在图 7-9 中，耗用量保持不变，但由于原有订货尚未运达，库存耗竭。

库存耗竭的发生往往会给企业带来不利的影响：专程派人采购材料，停产等待新的材料运达，或者失去顾客。为避免上述不利影响，企业应建立保险储备并确定一个最佳安全库存量，从而将可能发生的额外成本降到最低。图 7-8 和图 7-9 中如果有充足的安全库存量，就不会发生库存耗竭现象，增加的耗用量和因采购间隔期变动而耗用的存货可以从安全库存量中得以满足，并且新的订货到达时可以补足安全库存量，图 7-10 和图 7-11 可以清楚地说明这一点。

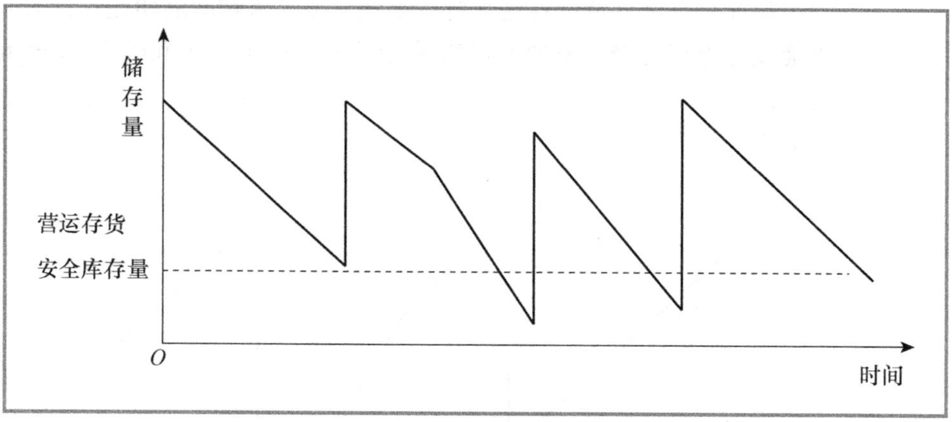

图 7－10　最佳安全库存量一

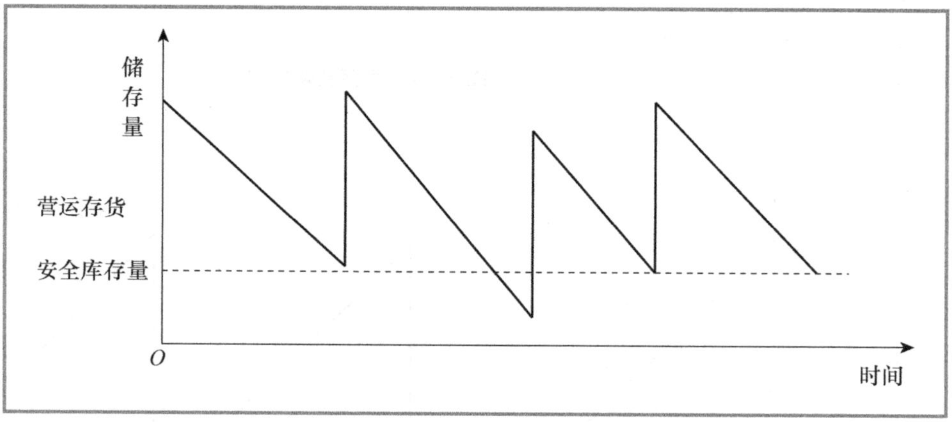

图 7－11　最佳安全库存量二

从图 7－10 和图 7－11 中可以看出，制定最佳安全库存量政策时，必须考虑两项成本：(1) 安全库存量的储存成本。由于期初安全库存量余额等于期末安全库存量余额，安全库存量的单位储存成本与营运存货的单位储存成本相同，因此，安全库存量的储存成本等于安全库存量乘以营运存货的单位储存成本。(2) 库存耗竭成本。通常指备选供应来源的成本，失去顾客或商业信誉的成本，库存耗竭期内停产的成本等。库存耗竭成本作为年度预期值等于某项库存耗竭成本乘以每年安排的采购次数再乘以一次采购的库存耗竭概率。制定安全库存量决策的目的在于确定究竟多大的保险储备才能使储存成本和库存耗竭成本之和最低。

2. 安全库存量的确定方法

(1) 经验法。对于品种繁多、价值较小的存货，其安全库存量由经验丰富的管理人员在安全库存量上限范围内加以规定，这种方法称为经验法。一般计算公式如下：

$$\text{安全库存量的上限} = \text{最长交货期} \times \text{每天最大用量} - \text{交货期正常天数} \times \text{平均每天用量}$$

由上式可见，安全库存量的上限实际上是以交货期最长和每天用量最大这两种不正常现象同时发生为基础计算的。

(2) 不连续的概率法。要准确估计可能发生的库存耗竭成本，必须根据历史资料统计库存耗竭的数量和概率。在不连续的概率法下，应按不同的概率计算不同安全库存量的库存耗竭成本，并进行比较。

比较时，可以计算不同安全库存量的预期库存耗竭成本与该安全库存量对应的储存成本之和，然后选择成本总额最低的安全库存量。

[例7-15]

江威公司每年需用C材料360 000千克，每千克C材料的年平均储存成本为16元，每次订货费用为648元。由于每种安全库存量水平对应一种库存耗竭概率，因此，根据历史资料估计：如不保持安全库存量，库存耗竭概率为0.6；如有200千克的安全库存量，库存耗竭概率降为0.3；如有350千克的安全库存量，库存耗竭概率为0.05；如有600千克的安全库存量，库存耗竭概率为0.015；如有800千克安全库存量，则库存耗竭概率只有0.01。据估计，如果不能及时到货而动用备选供货渠道，需增加成本约2 000元，停产待料损失约3 000元。

在确定安全库存量时，应比较不同安全库存量的成本总额（储存成本与预期库存耗竭成本之和），并做出选择（见表7-6）。

表7-6　安全库存量的成本分析

安全库存量（千克）	储存成本（元）	预期库存耗竭成本（元）	成本总额（元）
0	0×16=0	$\frac{360\ 000}{5\ 400}\times0.6\times(2\ 000+3\ 000)=200\ 000$	200 000
200	200×16=3 200	$\frac{360\ 000}{5\ 400}\times0.3\times(2\ 000+3\ 000)=100\ 000$	103 200
350	350×16=5 600	$\frac{360\ 000}{5\ 400}\times0.05\times(2\ 000+3\ 000)=16\ 666.67$	22 266.67
600	600×16=9 600	$\frac{360\ 000}{5\ 400}\times0.015\times(2\ 000+3\ 000)=5\ 000$	14 600
800	800×16=12 800	$\frac{360\ 000}{5\ 400}\times0.01\times(2\ 000+3\ 000)=3\ 333.33$	16 133.33

从表7-6中可以看出，最佳选择应为600千克的安全库存量。但即使在最佳安全库存量水平上，仍有0.015的库存耗竭概率，在该公司每年大约采购

67次$\left(\frac{360\ 000}{5\ 400}\approx 66.67\right)$的情况下，预期C材料每年库存耗竭1次（$66.67\times 0.015=1$）。即使如此，由此发生的库存耗竭成本也比保持、增加安全库存量更经济。事实上，完全消除库存耗竭是不可能的。存货决策在于决定采用一种有关安全库存量水平和库存耗竭的成本最低的采购政策。

由于预期年度库存耗竭成本的变动与一年中安排的采购批次有关，因此，库存耗竭成本也是一项订购成本。于是，可以把不连续的概率法与经济采购批量模型结合起来，确定安全库存量。

[例7-16]

某公司全年需要某商品36 000件，平均每日耗用量（D）为100件，正常交货期（t）为8天，正常交货期平均用量（D_t）为800件（100×8），每批订货成本（P）为200元，年单位储存成本（C）为2元，每次单位库存耗竭成本（b）为2.5元。根据历史资料，交货期各档用量及其发生的概率如表7-7所示。

表7-7　交货期各档用量及其概率

实际交货期用量（件）	概率
800以下	0.75
850	0.10
900	0.07
950	0.05
1 000	0.03
合计	1.00

由于正常交货期平均用量为800件，因此，上述各档实际交货期用量减去800件即该档的缺货数量，其概率也就是该档缺货发生的概率。下面分步骤确定各种存货成本之和最低的安全库存量。

（1）按不同安全库存量（S）分别计算缺货数量（E）及其概率（p）。

$S=0$，即将正常交货期平均用量800件作为再订货点，不设安全库存量。此时的缺货数量及其概率如表7-8所示。

表7-8　缺货数量及其概率表一

缺货数量 E（件）	概率 p
50	0.10
100	0.07
150	0.05
200	0.03
合计	0.25

$S=50$，即将再订货点确定为850件（其中800件为正常交货期平均用量）。此时的缺货数量及其概率如表7-9所示。

表 7-9 缺货数量及其概率表二

缺货数量 E（件）	概率 p
50	0.07
100	0.05
150	0.03
合计	0.15

$S=100$，即将再订货点确定为 900 件。此时的缺货数量及其概率如表 7-10 所示。

表 7-10 缺货数量及其概率表三

缺货数量 E（件）	概率 p
50	0.05
100	0.03
合计	0.08

$S=150$，即将再订货点确定为 950 件。此时的缺货数量及其概率如表 7-11 所示。

表 7-11 缺货数量及其概率表四

缺货数量 E（件）	概率 p
50	0.03
合计	0.03

$S=200$，即将再订货点确定为 1 000 件。此时发生缺货的概率为零。

(2) 估计每次到货前各种安全库存量（S）的库存耗竭成本（B）（如表 7-12 所示）。

表 7-12 各种安全库存量的库存耗竭成本

安全库存量 S（件）	缺货数量 E（件）	概率 p	每次到货前发生的库存耗竭成本 $B=E\times p\times b$
0	50 100 150 200	0.10 0.07 0.05 0.03	50×0.1×2.5=12.5 100×0.07×2.5=17.5 150×0.05×2.5=18.75 200×0.03×2.5=15 合计： 63.75
50	50 100 150	0.07 0.05 0.03	50×0.07×2.5=8.75 100×0.05×2.5=12.5 150×0.03×2.5=11.25 合计： 32.5
100	50 100	0.05 0.03	50×0.05×2.5=6.25 100×0.03×2.5=7.5 合计： 13.75

续表

安全库存量 S（件）	缺货数量 E（件）	概率 p	每次到货前发生的库存耗竭成本 $B=E\times p\times b$
150	50	0.03	$50\times0.03\times2.5=3.75$ 合计：3.75
200	0	0	0

（3）根据每次到货前的库存耗竭成本，计算与各种安全库存量相配合的经济采购批量。

由于库存耗竭成本与订货成本性质相同，因而计算经济采购批量和年成本合计的基本模型应做相应的调整（推导过程略）。

将 $Q^{*}=\sqrt{\dfrac{2AP}{C}}$ 改为：

$$Q^{*}=\sqrt{\frac{2A(P+B)}{C}}$$

将 $T=\dfrac{Q}{2}C+\dfrac{A}{Q}P$ 改为：

$$T=(Q+S)C$$

根据上述新公式，计算各种安全库存量下的经济采购批量和年成本合计。

$S=0$ 时：

$$Q^{*}=\sqrt{\frac{2\times36\ 000\times(200+63.75)}{2}}=3\ 081(\text{件})$$

$$T=(3\ 081+0)\times2=6\ 162(\text{元})$$

$S=50$ 时：

$$Q=\sqrt{\frac{2\times36\ 000\times(200+32.5)}{2}}=2\ 893(\text{件})$$

$$T=(2\ 893+50)\times2=5\ 886(\text{元})$$

$S=100$ 时：

$$Q^{*}=\sqrt{\frac{2\times36\ 000\times(200+13.75)}{2}}=2\ 774(\text{件})$$

$$T=(2\ 774+100)\times2=5\ 748(\text{元})$$

$S=150$ 时：

$$Q^{*}=\sqrt{\frac{2\times36\ 000\times(200+3.75)}{2}}=2\ 708(\text{件})$$

$$T=(2\ 708+150)\times2=5\ 716(\text{元})$$

$S=200$ 时：

$$Q=\sqrt{\frac{2\times 36\,000\times 200}{2}}=2\,683(件)$$

$$T=(2\,683+200)\times 2=5\,766(元)$$

比较上述计算结果可以看出：年成本合计最低（5 716 元）的安全库存量为 150 件。

3. 再订货点的确定

为了保证生产和销售活动的连续性，企业应在存货用完或售完之前再一次订货。订购下一批货物时的存货存量（实物量或金额）称为再订货点。如何使各种存货的成本之和最低，是再订货点决策所要解决的问题。

一般而言，当存货量降到采购间隔期的耗用量与安全库存量的总和这一水平时，就应再次订购货物。当存货量降到上述水平时即发出订单，在存货量等于安全库存量时，新的货物预期可运到。根据这一原理，再订货点的计算公式如下：

再订货点＝(采购间隔天数×平均每天用量)＋安全库存量

[例 7－17]

某商品的安全库存量为 200 件，采购间隔期为 12 天，年度耗用总量为12 000 件，假设每年有 300 个工作日，则该商品的再订货点$=\frac{12\,000}{300}\times 12+200=680$ 件。如果该商品的年储存成本为 1.5 元，每次订货成本为 240 元，则其最优采购批量为 1 960 件。结合以上计算结果，可以绘出图 7－12。

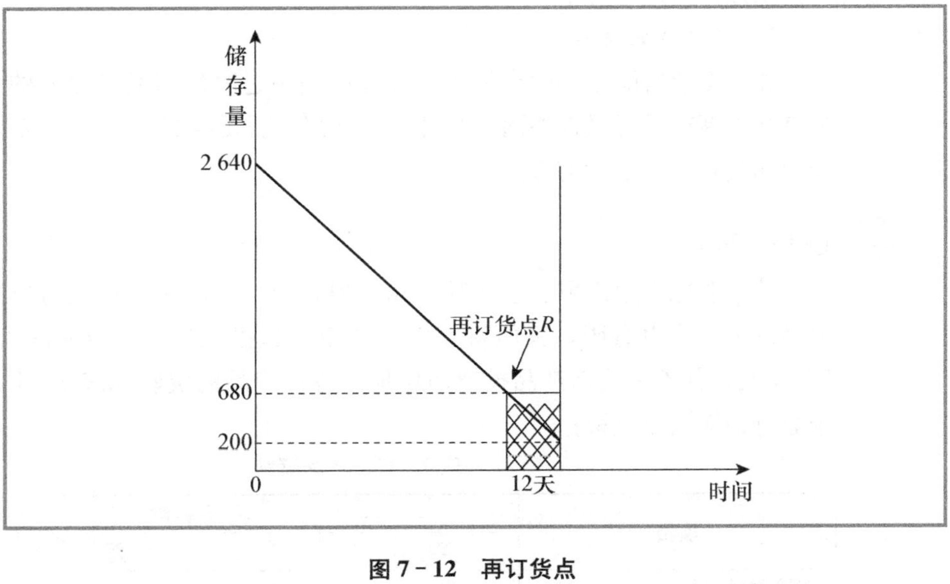

图 7－12　再订货点

从图 7－12 中可以看出，当存货减少至 680 件时，应按最优采购批量（1 960件）发出订单。在发出订单和收到订货的 12 天内，耗用速度是每天

$40\left(\frac{12\,000}{300}\right)$件。如果能够按计划进行，12天后，当新的货物到达企业时，存货大约还有200件。图中R为再订货点。

7.3 产品生产活动中的成本决策

企业产品生产决策的主要目标是在保证产品质量、数量和及时性的基础上，谋求成本最低和利润总额最大，强调生产对资源的有效利用。

因此在产品生产决策中，需要通过比较不同备选方案经济效益的大小做出最优选择。而影响经济效益大小的一个重要因素就是成本，在某些情况下（如成本型决策中），成本的高低甚至决定了备选方案的优劣。对不同备选方案择优选择的基本形式有两种：一是将备选方案的所得（如收入）与所费（如成本）进行比较，只要所得大于所费，该备选方案就可取；二是将不同备选方案的所费进行比较，所费最少的可取。可见，无论采取何种形式，成本都是决定备选方案取舍的重要因素。

7.3.1 产品生产决策

产品生产决策旨在解决生产什么产品的问题，例如，生产何种新产品，亏损产品是否停产，零部件是自制还是外购，半成品（或联产品）是否需要进一步加工等。在品种决策中，通常以成本作为判断方案优劣的标准，有时也以边际贡献额作为判断标准。

1. *新产品的决策*

如果企业有剩余的生产能力，或者可利用过时的产品腾出来的生产能力，在有几种新产品可供选择而且每种新产品都不需要增加专属固定成本时，应选择边际贡献总额最大的方案。

[例7-18]

某企业原来生产甲、乙两种产品，现有丙、丁两种新产品可以投入生产，但剩余生产能力有限，只能将其中一种新产品投入生产。企业的固定成本为1 800元，并不因为新产品投产而增加。各种产品的资料如表7-13所示。该企业应如何做出决策？

表7-13 产品资料　　单位：元

项目	产品名称			
	甲	乙	丙	丁
产销数量（件）	300	200	180	240
售价	10	8	6	9
单位变动成本	4	5	3	5

这时，只要分别计算丙、丁产品能够提供的边际贡献额（如表 7－14 所示），加以对比，便可做出决策。

表 7－14　产品边际贡献额　　单位：元

项目	产品名称	
	丙	丁
预计销售数量（件）	180	240
售价	6	9
单位变动成本	3	5
单位边际贡献	3	4
边际贡献总额	540	960

以上计算表明，丁产品的边际贡献额比丙产品的边际贡献额多 420 元（960－540）。可见，生产丁产品优于丙产品。

这种决策的正确性可以用表 7－15 和表 7－16（计算两个方案的公司利润额）加以证明。

表 7－15　公司利润计算表一　　单位：元

项目	产品名称			合计
	甲	乙	丙	
销售收入	3 000	1 600	1 080	5 680
变动成本	1 200	1 000	540	2 740
边际贡献总额	1 800	600	540	2 940
固定成本	—	—	—	1 800
利润	—	—	—	1 140

如果新产品投产将发生不同的专属固定成本，在决策时就应以各种产品的剩余边际贡献额作为判断方案优劣的标准。剩余边际贡献额等于边际贡献额减专属固定成本。剩余边际贡献额越大，该产品就越可取。

表 7－16　公司利润计算表二　　单位：元

项目	产品名称			合计
	甲	乙	丁	
销售收入	3 000	1 600	2 160	6 760
变动成本	1 200	1 000	1 200	3 400
边际贡献总额	1 800	600	960	3 360
固定成本	—	—	—	1 800
利润	—	—	—	1 560

[例7-19]

如果例7-18中丙产品有专属固定成本（如专门设置设备的折旧）180元，丁产品有专属固定成本650元，有关分析如表7-17所示。该企业应如何做出决策？

表7-17　剩余边际贡献额计算表　　单位：元

项目	产品名称	
	丙	丁
边际贡献总额	540	960
专属固定成本	180	650
剩余边际贡献额	360	310

在这种情况下，丙产品的剩余边际贡献额比丁产品的多50元（360－310），因此生产丙产品优于生产丁产品。

2. 亏损产品的决策

在企业生产经营中，某种产品发生亏损是经常遇到的问题。对于亏损产品，绝不能简单地予以停产，而必须综合考虑企业各种产品的经营状况、生产能力的利用及有关因素的影响，采用变动成本法进行分析后，从停产、继续生产、转产或出租等方案中做出最优选择。

[例7-20]

光华公司生产甲、乙、丙三种产品，其中甲产品是亏损产品。有关盈亏按全部成本法计算得到（见表7-18）。该公司应如何做出决策？

表7-18　盈亏计算表　　单位：元

项目	产品名称			合计
	甲	乙	丙	
销售收入	1 800	2 900	7 300	12 000
销货成本	2 100	2 400	4 900	9 400
营业利润	－300	500	2 400	2 600

如果仅仅根据表7-18的资料来看，停止甲产品的生产是有利的（利润将上升到2 900元）。但是否真正有利，还应参考其他资料才能确定。假设按变动成本法分解成本如表7-19所示。

表7-19　成本分解表　　单位：元

项目	产品名称		
	甲	乙	丙
制造成本	1 200	800	2 900
制造费用	200	400	700

续表

项目	产品名称		
	甲	乙	丙
管理费用	192	340	360
财务费用	220	380	420
销售费用	288	480	520

从表 7-19 中可以看出，在按全部成本法计算的甲产品成本总额 2 100 元中，期间费用分摊额共计 700（192＋220＋288）元，而在变动成本法下，这部分费用均应在本期全数扣除，因此，在甲产品尚能提供边际贡献额 400（1 800－1 200－200）元的情况下，停止甲产品生产不但不会增加 300 元利润，反而会减少 400 元利润（利润将降至 2 200 元）。表 7-20 可以证明这一点。

表 7-20 差量分析表

单位：元

项目	继续生产甲产品	停止生产甲产品	差量
销售收入	12 000	10 200	1 800
成本：			
制造成本	4 900	3 700	1 200
制造费用	1 300	1 100	200
费用：			
管理费用	892	892	0
财务费用	1 020	1 020	0
销售费用	1 288	1 288	0
利润	2 600	2 200	400

亏损产品的决策是一个复杂的需要综合考虑多个因素的过程，一般应注意以下几点：

（1）如果亏损产品能够提供边际贡献额，弥补一部分固定成本，除特殊情况外（如存在更加有利可图的机会），一般不应停产。但如果亏损产品不能提供边际贡献额，通常应考虑停产。

（2）亏损产品能够提供边际贡献额，并不意味着该亏损产品一定要继续生产。如果存在更加有利可图的机会（如转产其他产品或将停止亏损产品生产而腾出的固定资产出租），能使企业获得更多的边际贡献额，那么该亏损产品应停产。

［例 7-21］

沿用例 7-20，假定光华公司在停止甲产品生产后可转产丁产品，其销售单价为 150 元，单位变动成本（单位制造成本与单位制造费用之和）为 110 元，预计丁产品一年可产销 500 件，转产丁产品需追加机器投资12 000 元。光华公司是否应停止生产甲产品而转产丁产品？

在转产决策中，只要转产的丁产品提供的边际贡献总额（在有专属固定成本时应计算剩余边际贡献额）大于亏损的甲产品提供的边际贡献总额，就应做出转产的决策。丁产品剩余边际贡献额的计算如下：

丁产品销售收入＝500×150＝75 000(元)

丁产品变动成本＝500×110＝55 000(元)

丁产品边际贡献总额＝20 000(元)

丁产品专属固定成本＝12 000(元)

丁产品剩余边际贡献额＝8 000(元)

由此可以看出，丁产品提供的剩余边际贡献额比甲产品提供的边际贡献额多2 200（8 000－5 800）元，说明转产丁产品比继续生产甲产品更有利可图（见表7－21）。

表7－21　差量分析表　　单位：元

项目	生产甲产品	转产丁产品	差量
销售收入总额	12 000	75 000	63 000
变动成本总额	6 200	55 000	48 800
边际贡献总额	5 800	20 000	14 200
固定成本总额	3 200	15 200	12 000
（其中：专属固定成本）		(＋12 000)	
利润总额	2 600	4 800	2 200

在亏损产品停产后，闲置的厂房、设备等固定资产可以出租，只要出租净收入（指租金收入扣除合同规定的应由出租者负担的某些费用后的余额）大于亏损产品所提供的边际贡献额，就可以考虑停止亏损产品生产而采用出租的方案。

综上所述，在不改变生产能力的短期决策中，固定成本一般不变，因而可以把固定成本排除在考虑因素之外（但专属固定成本必须考虑），只需要比较各方案的边际贡献总额即可选择最优方案。

(3) 在生产、销售条件允许的情况下，大力发展能够提供边际贡献额的亏损产品，实现扭亏为盈，使企业的利润增加。

[例7－22]

沿用例7－21，假定光华公司将甲产品的销售收入由1 800元提高到3 600元（假设固定成本分摊额不变），则企业将盈利3 000元（其中甲产品将盈利100元）。

有关计算如表7－22所示。

表 7－22　盈亏计算表　　单位：元

项目	产品名称			合计
	甲	乙	丙	
销售收入	3 600	2 900	7 300	13 800
减：变动成本	2 800	1 200	3 600	7 600
边际贡献额	800	1 700	3 700	6 200
减：固定成本	700	1 200	1 300	3 200
利润	100	500	2 400	3 000

（4）对不提供边际贡献额的亏损产品，不能不加区别地予以停产。首先，应努力降低成本，以期转亏为盈；其次，应在市场允许的范围内通过适当提高售价来扭亏为盈；最后，应考虑企业的产品结构和社会效益。

总之，亏损产品的决策涉及很多因素，需要从不同角度设计方案并采用恰当的方法优选方案。

3. 自制还是外购的决策

那些具有机械加工能力的企业常常面临所需零部件是自制还是外购的决策问题。由于所需零部件的数量是一定的，因而这类决策通常只需要考虑自制方案和外购方案的成本高低，在质量相同并保证及时供货的情况下，就低不就高。

影响自制或外购决策的因素很多，因而所采用的决策分析方法不尽相同，一般采用增量成本（实施某方案而增加的成本）分析法。

（1）外购不减少固定成本的决策。如果企业可以从市场上买到现在由该企业自己生产的某种零部件，而且质量相当、供货及时、价格低廉，一般会考虑停产外购。在由自制转为外购，且剩余生产能力不能利用（固定成本并不因停产外购而减少）的情况下，正确的分析方法是：将外购的单位增量成本，即购买零部件的成本（包括买价及单位零部件应负担的订购、运输、装卸、检验等费用）与自制时的单位增量成本相比，单位增量成本低的即最优方案。由于固定成本不因停产外购而减少，因此自制时的单位变动成本就是自制方案的单位增量成本。所以，自制单位变动成本高于购买成本时，应该外购；自制单位变动成本低于购买成本时，应该自制。

[例 7－23]

某公司生产甲产品每年需要零部件 A 58 000 件，由车间自制时每件成本为 78 元，其中单位变动成本为 60 元，单位固定成本为 18 元。现市场上销售的零部件 A 价格为每件 65 元，且质量更好，保证按时送货上门。该公司应选择自制还是外购？

由于自制单位变动成本 60 元低于外购单位价格 65 元，应选择自制。这时零部件 A 的单位成本将降低 5 元，总共降低 290 000 元。但如果停产外购，则自制时所负担的一部分固定成本（外购价格与自制单位成本的差额）将由其他产品负担，此时企业将减少利润：

$$(58\,000\times18)-[(60+18)-65]\times58\,000=290\,000(\text{元})$$

（2）自制增加固定成本的决策。在企业所需零部件由外购转为自制时需要增加一定的专属固定成本（如购置专用设备而增加的固定成本），或由自制转为外购时可以减少一定的专属固定成本的情况下，自制方案的单位增量成本不仅包括单位变动成本，而且包括单位专属固定成本。由于单位专属固定成本随产量的增加而减少，因此自制方案单位增量成本与外购方案单位增量成本将在某个产量点产生优劣互换的现象，即产量超过某一限度时自制有利，产量低于该限度时外购有利。这时，就必须首先确定该产量限度点（利用成本分界点的分析方法），并将产量划分为不同的区域，然后确定在哪个区域内哪个方案最优。

[例7-24]

某公司每年需用零部件B 860件，以前一直外购，购买价格为每件8.4元。现该公司有无法移作他用的多余生产能力可以用来生产零件B，但每年将增加专属固定成本1 200元，自制时单位变动成本为6元。该公司应选择自制还是外购？

为便于了解两种方案的产量取舍范围，可将上述资料绘入直角坐标系内（见图7-13）。

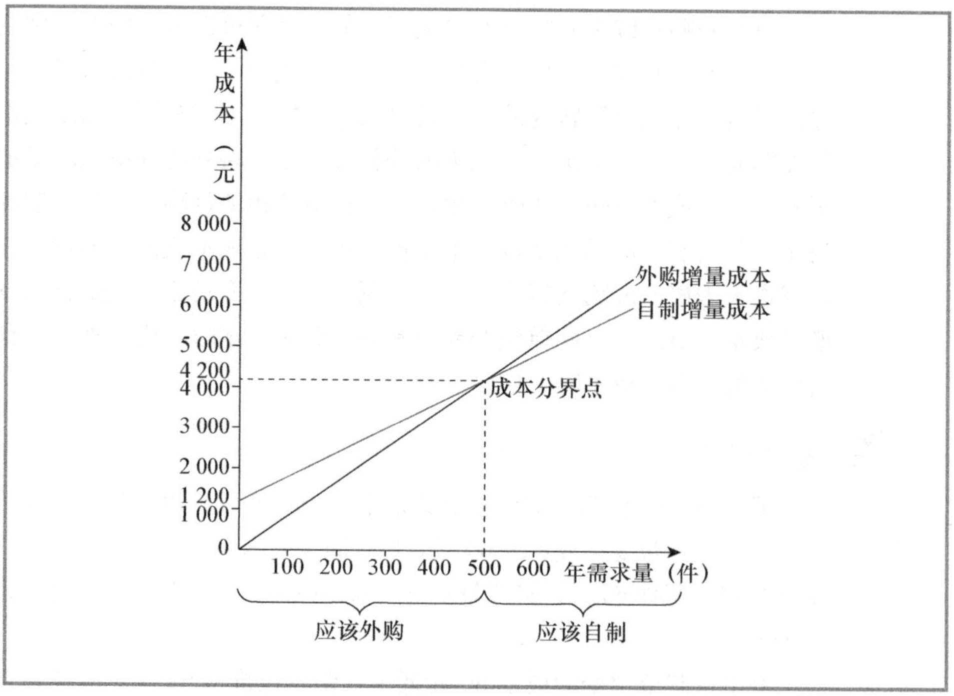

图7-13　零部件外购与自制成本分界图

从图 7－13 中可以看出，零部件 B 的需求量在 500 件以内时，应该外购；而当需求量超过 500 件时，则自制有利。由于该公司零件 B 的需求量为 860 件，因而自制有利。

图 7－13 中的成本分界点也可以按下列公式计算：

设 X 为零件 B 的年需求量，则

$$外购增量成本\ Y_1=8.4X$$
$$自制增量成本\ Y_2=1\,200+6X$$

外购增量成本与自制增量成本相等时的年需求量即成本分界点：

$$8.4X=1\,200+6X$$
$$X=\frac{1\,200}{8.4-6}=500(件)$$

所以，成本分界点的公式为：

$$成本分界点=\frac{自制增加的专属固定成本}{购买价格-自制单位变动成本}$$

利用公式法确定成本分界点只是将整个需求量划分为 500 件以内和超过 500 件两个区域，要确定这两个区域中哪个方案有利，还需将某一设定值代入 Y_1 或 Y_2 进行试算。

假定产量为 100 件，则

$$Y_1=8.4\times100=840(元)$$
$$Y_2=1\,200+6\times100=1\,800(元)$$

可见，需求量在 500 件以内时外购有利，超过 500 件则自制有利。

为了促进产品销售，供应商常常采用一些促销方法，如折扣或折让。在这种情况下，外购方案应考虑购买价格的变动，以做出正确的决策。

[例 7－25]

某公司的生产需要一种零部件，若自制，单位变动成本为 1 元，并需购置一台年折旧额为 2 200 元的设备；若外购，供应商规定，凡一次购买量在 3 000 件以下，单位售价 2 元，超过 3 000 件，单位售价 1.55 元。该公司应选择自制还是外购？

根据上述资料，可以绘制图 7－14。它形象地说明，当零部件需求量低于 2 200 件或为 3 000～4 000 件时，外购成本低，外购比较有利；当零部件需求量为 2 200～3 000 件或 4 000 件以上时，自制成本低，自制比较有利。

该公司也可采用公式法求解。

设自制方案的成本与一次购买量在 3 000 件以下的成本分界产量为 X_1，则

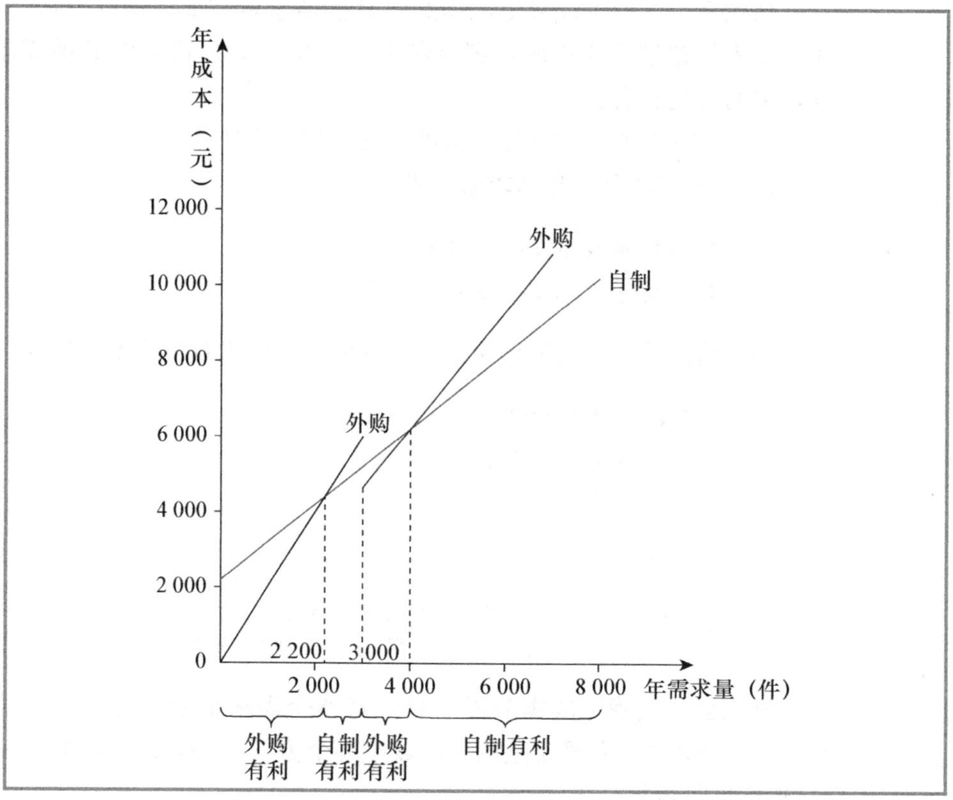

图7-14　零部件外购与自制决策图

设自制方案的成本与一次购买量在3 000件以下的成本分界产量为 X_1 则

$$2\,200+1\times X_1=2X_1$$

$$X_1=\frac{2\,200}{2-1}=2\,200(\text{件})$$

设自制方案的成本与一次购买量在3 000件以上的成本分界产量为 X_2，则

$$2\,200+1\times X_2=1.55X_2$$

$$X_2=\frac{2\,200}{1.55-1}=4\,000(\text{件})$$

于是，整个需求量被划分为四个区域：2 200件以下、2 200～3 000件、3 000～4 000件、4 000件以上。至于在各个区域是自制有利还是外购有利，可设值代入自制方案成本公式及外购方案成本公式计算确定。

(3) 外购时有租金收入的决策。在零部件外购、腾出的剩余生产能力可以转移的情况下（如出租、转产其他产品），由于出租剩余生产能力可获得租金收入，转产其他产品能提供边际贡献额，因此将自制方案与外购方案对比时，必须把租金收入或转产产品的边际贡献额作为自制方案的一项机会成本，并使其构成自制方案增量成本的一部分。这时，将自制方案的变动成本和租金收入（或转产产品的边际贡献额）之和与外购成本相比，择其低者。

[例 7－26]

某公司每年需要零部件 C 5 000 件，若自制，单位变动成本为 10 元；若外购，单位价格为 12 元。如果外购零件 C，则腾出来的生产能力可以出租，每年租金收入为 3 200 元。该公司应如何做出决策？

在计算、比较外购和自制这两个方案的增量成本时，应将租金收入 3 200 元作为自制方案的机会成本，如表 7－23 所示。计算结果表明，选择自制方案是有利的，它比外购方案减少成本 6 800 元。

表 7－23　增量成本对比表　　单位：元

项目	自制增量成本	外购增量成本
外购成本		12×5 000＝60 000
自制变动成本	10×5 000＝50 000	
外购时租金收入	3 200	
合计	53 200	60 000
自制利益	60 000－53 200＝6 800	

4. 半成品（或联产品）是否进一步加工的决策

当半成品可以对外销售时，存在将产品加工到什么程度（半成品还是产成品）的问题。对这类问题，决策时只需考虑进一步加工后增加的收入是否超过增加的成本，如果超过，则应进一步加工为产成品出售；反之，则应作为半成品销售。在此，进一步加工前的收入和成本都与决策无关，不必考虑。

（1）半成品是否进一步加工。产品作为半成品出售，其售价和成本都低于进一步加工后作为产成品出售的售价和成本。是否进一步加工，可按下列公式计算确定。

应进一步加工的条件：

$$\text{进一步加工后的销售收入}-\text{半成品的销售收入}>\text{进一步加工后的成本}-\text{半成品的成本}$$

应出售半成品的条件：

$$\text{进一步加工后的销售收入}-\text{半成品的销售收入}<\text{进一步加工后的成本}-\text{半成品的成本}$$

在上述公式中，左边是差量收入，右边是差量成本。另外，进一步加工后的成本包括追加的变动成本和专属固定成本。

[例 7－27]

某企业每年生产、销售甲产品 3 800 件，每件产品变动成本为 16 元，每件产品固定成本为 1 元，售价为 24 元。如果把甲产品进一步加工成乙产品，售价可提高到 30 元，但单位变动成本需增至 20 元，另外需发生专属固定成本 800 元。该企业应如何做出决策？

差量收入＝(30－24)×3 800＝22 800(元)

$$差量成本=(20-16)\times 3\,800+800=16\,000(元)$$

由于差量收入比差量成本多 6 800（22 800－16 000）元，因而进一步加工是有利的。应注意的是，单位固定成本 1 元在计算中未予考虑，因为这部分固定成本在加工前、加工后均存在，属于与决策无关的沉没成本。

（2）联产品是否进一步加工。在同一生产过程中生产出的若干经济价值较大的产品，称为联产品。有些联产品可以在分离后出售，有的则可以在分离后继续加工出售。分离前的成本属于联合成本，要按售价等标准分配给各种联产品。联产品在分离后继续加工的追加变动成本和专属固定成本，称为可分成本。联合成本是沉没成本，决策时不予考虑；可分成本是与决策相关的成本，决策时应予以考虑。联产品是否进一步加工，可按下列公式计算确定：

应进一步加工：

$$进一步加工后的销售收入-分离后的销售收入>可分成本$$

分离后即出售：

$$进一步加工后的销售收入-分离后的销售收入<可分成本$$

[例 7－28]

某企业生产的甲产品在继续加工过程中可分离出 A，B 两种联产品。甲产品售价 200 元，单位变动成本 140 元。A 产品分离后即予销售，单位售价 160 元；B 产品单位售价 240 元，可进一步加工成子产品销售，子产品售价 360 元，需追加单位变动成本 62 元。该企业应如何做出决策？

（1）分离前的联合成本按 A，B 两种产品的售价分配。

$$A产品分离后的单位变动成本=\frac{140}{160+240}\times 160=56(元)$$

$$B产品分离后的单位变动成本=\frac{140}{160+240}\times 240=84(元)$$

（2）由于 A 产品分离后的售价比分离后的单位变动成本高 104 元（160－56），故分离后销售是有利的。

（3）B 产品进一步加工成子产品的可分成本为 62 元，进一步加工后的销售收入为 360 元，而分离后 B 产品的销售收入为 240 元，则

$$差量收入=360-240=120(元)$$

差量收入比可分成本多 58 元（120－62），可见，B 产品进一步加工成子产品是有利的。

7.3.2 生产组织决策

生产组织决策解决如何使生产更有效率的问题，如生产工艺的决策、根据成本分配生产任务的决策、赶工决策等，其基本目标是提高组织工作的效率，

降低组织成本。

1. 生产工艺的决策

生产工艺是加工制造产品或零件所使用的机器、设备及加工方法的总称。同一种产品或零件，往往可以按不同的生产工艺进行加工。当采用某一生产工艺时，可能固定成本较高，但单位变动成本较低；而采用另一生产工艺时，则可能固定成本较低，但单位变动成本较高。于是，采用何种工艺能使该产品或零件的总成本最低，就成为实际工作中必须解决的问题。

一般而言，生产工艺越先进，其固定成本越高，单位变动成本越低；生产工艺越落后，其固定成本越低，单位变动成本越高。在固定成本和单位变动成本的消长变动组合中（体现为单位成本），产量成为最佳的判断标准。这时，只要确定不同生产工艺的成本分界点（不同生产工艺总成本相等时的产量点），就可以根据产量确定选择何种生产工艺最有利。

[例 7－29]

某公司计划生产甲产品，共有 A，B，C 三个不同的工艺方案，其成本资料如表 7－24 所示。该公司应如何做出决策？

表 7－24　成本资料表　　单位：元

工艺方案	项目	
	专属固定成本	单位变动成本
A	700	5
B	600	6
C	800	2

根据表 7－24 的资料，可以绘出图 7－15。

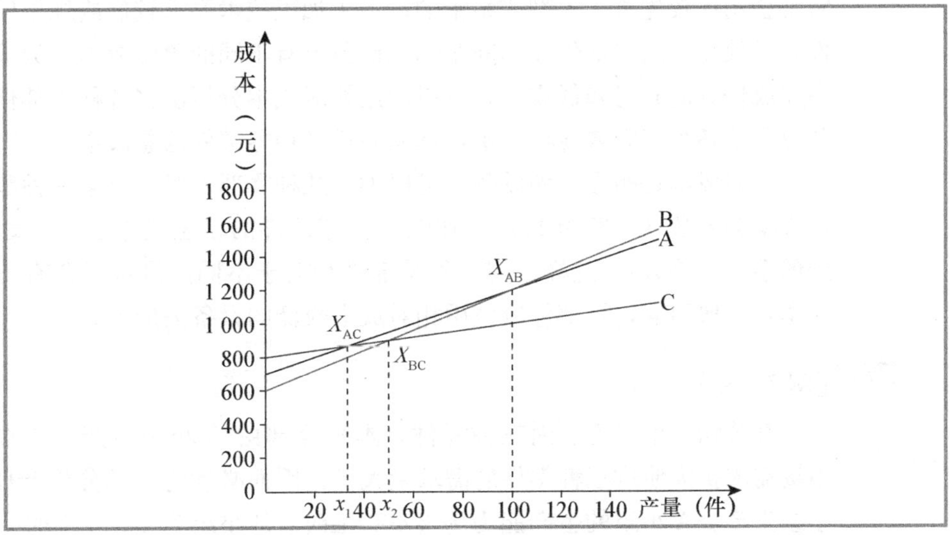

图 7－15　不同工艺的成本图

由图 7－15 可知，X_{AC}为 A，C 两个方案的成本分界点，X_{BC}为 B，C 两个方案的成本分界点，X_{AB}为 A，B 两个方案的成本分界点。设 X_{AC}，X_{BC}，X_{AB} 三个成本分界点的产量分别为 x_1，x_2，x_3，则三个成本分界点的产量计算如下：

$$700+5x_1=800+2x_1$$
$$600+6x_2=800+2x_2$$
$$700+5x_3=600+6x_3$$

解得

$$x_1=100/3=33.3(\text{件})$$
$$x_2=\frac{200}{4}=50(\text{件})$$
$$x_3=100(\text{件})$$

于是，整个产量区域被划分为 0～33 件、33～50 件、50～100 件、100 件以上四个区域。从图 7－15 中可以看出，在 0～50 件的区域内（含 0～33 件、33～50 件两个区域），B 方案成本最低，为最优方案；在 50 件以上的区域内（含 50～100 件、100 件以上两个区域），C 方案成本最低，为最优方案。

2. 根据成本分配生产任务的决策

当一种零部件或产品可以由多种设备加工，或由多个车间生产时，就存在由哪种设备或哪个车间加工最有利的问题。在面临多种选择的情况下，根据相对成本或单位变动成本分配生产或增产任务，往往可以降低生产费用。

（1）根据相对成本分配生产任务。实际工作中，有些零部件可以在不同类型、不同精密度的设备上生产。于是，在更换品种、变更生产计划的情况下，常常会用比较先进、大型或精密的设备去加工技术要求较低或规格较小的零部件，导致相同的零部件在不同车间或设备上有不同的单位成本。为了保证企业在完成任务的同时降低成本，可以运用相对成本分析法将各种零部件的生产任务分配给各个车间或各种设备，从而降低各种零部件的总成本。

相对成本是指在一种设备上可以加工几种零部件时，以某一种零部件的单位成本为基数（一般为 1），将其他各种零部件的单位成本逐一与之相比而得到的系数（倍数）。这样，同一种零部件相对于不同的设备就会有不同的相对成本，一般而言，零部件应该用相对成本较低的设备去加工。

[例 7－30]

某公司有甲、乙、丙三种零件，本来全部由 A 小组生产，成本较低。现市场需求扩大使这三种零件的需求量大增，因而必须将一部分生产任务交给 B 小组生产。A 小组的生产能力为 2 400 工时，B 小组为 1 500 工时。其他资料如表 7－25 所示。该公司应如何做出决策？

表 7－25 生产工时计算表

零部件种类	单位成本（元）		计划产量（件）	所需工时	
	A 小组	B 小组		单位部零件	总计
甲	56	60	240	3	720
乙	83	88	480	4	1 920
丙	45	52	560	2	1 120
合计					3 760

分析时，首先应根据上述资料计算相对成本（见表 7－26）。

表 7－26 相对成本表

相对成本	以甲零部件的单位成本为基数		以乙零部件的单位成本为基数		以丙零部件的单位成本为基数		合适的生产部门
零部件种类	A 小组 ①	B 小组 ②	A 小组 ③	B 小组 ④	A 小组 ⑤	B 小组 ⑥	
甲	1	1	0.675	0.682	1.244	1.154	A，B 小组
乙	1.482	1.467	1	1	1.844	1.692	B 小组
丙	0.804	0.867	0.542	0.591	1	1	A 小组

相对成本的计算可以以表 7－26 中第①、④栏为例加以说明。

第①栏中相对成本的计算：

$\frac{56}{56}=1 \qquad \frac{83}{56}=1.482 \qquad \frac{45}{56}=0.804$

第④栏中相对成本的计算：

$\frac{60}{88}=0.682 \qquad \frac{88}{88}=1 \qquad \frac{52}{88}=0.591$

第①栏的相对成本表明，在 A 小组，1 件乙部零件的成本相当于 1.482 件甲零部件的成本；而 1 件丙部零件的成本相当于 0.804 件甲零部件的成本。

下面在相对成本表中逐行观察比较，以确定各种零部件的生产任务分配给哪个小组最好。

在第一行甲零部件的相对成本中，A 小组的 0.675＜B 小组的 0.682，A 小组的 1.244＞B 小组的 1.154，可见，甲零部件交给 A，B 小组生产均可。但 A 小组的绝对成本低于 B 小组，所以应首先交给 A 小组生产。

在第二行乙零部件的相对成本中，A 小组的 1.482＞B 小组的 1.467，A 小组的 1.844＞B 小组的 1.692，可见，乙零部件应交给 B 小组生产。但是由于 A 小组的绝对成本低于 B 小组，因此如果 A 小组有剩余工时，应尽量用完。

在第三行丙零部件的相对成本中，A 小组的 0.804＜B 小组的 0.867，A 小组的 0.542＜B 小组的 0.591，可见，丙零部件应交给 A 小组生产。

根据上述分析，可将生产任务具体分配（见表 7－27），在生产任务分配表的基础上编制成本计算表（见表7-28）。

表7-27 生产任务分配表

零部件种类	A小组			B小组			合计		
	产量（件）	单位工时	需用工时	产量（件）	单位工时	需用工时	产量（件）	单位工时	需用工时
甲	240	3	720				240	3	720
乙	140	4	560	340	4	1 360	480	4	1 920
丙	560	2	1 120				560	2	1 120
合计			2 400	合计		1 360	合计		3 760
生产能力			2 400	生产能力		1 500	生产能力		3 900
剩余生产能力				剩余生产能力		140	剩余生产能力		140

表7-28 成本计算表

单位：元

零部件种类	A小组			B小组			合计
	产量（件）	单位成本	总成本	产量（件）	单位成本	总成本	
甲	240	56	13 440				13 440
乙	140	83	11 620	340	88	29 920	41 540
丙	560	45	25 200				25 200
合计			50 260			29 920	80 180

表7-28中的80 180元是生产甲、乙、丙三种零部件分配生产任务的各种方案中可能达到的最低总成本。

本例只有两个生产部门和三种零部件，是一种比较简单的情况，不通过相对成本的比较，一般也能做出最优生产任务分配决策。但在生产部门较多，尤其是零部件种类较多时，采用相对成本分析法能够更便捷地制定出最优生产任务分配方案。

（2）根据单位变动成本分配增产任务。在实际工作中，生产同一种产品的各个车间（或分厂）的成本水平是有差异的，当生产任务增加而各车间的生产能力又有剩余时，就存在如何将增产任务在各车间分配的问题。为了达到使总成本最低的目的，应以单位变动成本作为判断标准，将增产任务分配给单位变动成本最低的车间。

需要强调的是，不应以单位成本作为判断标准，将增产任务分配给单位成本最低的车间。因为按全部成本法计算的单位成本中包括各车间的固定成本，这些与决策无关的成本不应考虑，否则可能导致错误的决策。

［例7-31］

某公司的A，B两个车间生产同一种产品，去年各生产了1 800件。今年计划增产 600 件，A，B 两个车间均有能力承担增产任务。A，B 两个车间的其他资料如表 7－29 所示。该公司应如何做出决策？

表 7－29　成本资料　　单位：元

项目	A 车间	B 车间	全公司
产量（件）	1 800	1 800	3 600
单位变动成本	4	5	—
变动成本	7 200	9 000	16 200
固定成本	8 200	6 000	14 200
总成本	15 400	15 000	30 400
单位成本	8.56	8.33	8.44

从表 7－29 中可以看出，如果以单位成本作为标准分配增产任务，则 B 车间应该承担增产任务（B 车间的单位成本 8.33 元＜A 车间的单位成本 8.56 元）。增产 600 件产品前后的成本资料如表 7－30 所示。

表 7－30　B 车间成本资料　　单位：元

项目	增产前	增产后	差额
产量（件）	1 800	2 400	600
单位变动成本	5	5	—
变动成本	9 000	12 000	3 000
固定成本	6 000	6 000	—
总成本	15 000	18 000	3 000

而如果以单位变动成本作为标准分配增产任务，则 A 车间应承担增产任务（A 车间的单位变动成本 4 元＜B 车间的单位变动成本 5 元）。增产 600 件产品前后的成本资料如表 7－31 所示。

表 7－31　A 车间成本资料　　单位：元

项目	增产前	增产后	差额
产量（件）	1 800	2 400	600
单位变动成本	4	4	—
变动成本	7 200	9 600	2 400
固定成本	8 200	8 200	—
总成本	15 400	17 800	2 400

从 A，B 两个车间增产 600 件产品前后成本资料的对比可以看出：B 车间增产 600 件产品需要增加总成本 3 000 元，而 A 车间只需增加总成本 2 400 元，A 车间增加的总成本比 B 车间少 600 元。所以，应以单位变动成本作为分配增产任务的标准，而不应以单位成本作为标准，因为单位成本中的固定成本分摊

额从总额来看是固定不变的，属无关成本。

7.3.3 最优生产批量决策

1. 最优生产批量决策中的相关成本

就产品生产而言，并不是生产批量越大越好。在全年产量已定的情况下，生产批量与生产批次成反比，生产批量越大，则生产批次越少；生产批量越小，则生产批次越多。生产批量和生产批次与生产准备成本、储存成本相关，最优生产批量应该是生产准备成本与储存成本总和最低时的生产批量。

在正常情况下，每次变更产品生产所发生的生产准备成本基本上是相等的。年生产准备成本总额与生产批次成正比，与生产批量成反比。生产批次越多，年生产准备成本就越高；反之就越低。储存成本与生产批量成正比，而与生产批次成反比。

由此可以看出：若要降低年生产准备成本，应减少生产批次，但减少批次必然要增加批量，从而提高与批量成正比的年储存成本；若要降低年储存成本，应减少生产批量，但减少生产批量必然要增加批次，从而提高与批次成正比的年生产准备成本。因此，如何确定生产批量和生产批次，才能使年生产准备成本与年储存成本之和最低，就成为最优生产批量决策需要解决的问题。

2. 单一零部件分批生产的经济批量决策

最优生产批量即经济批量通常采用公式法计算确定。为了便于举例说明，设定以下几个符号：A 为全年产量；Q 为生产批量；A/Q 为生产批次；S 为每批生产准备成本；X 为每日产量；Y 为每日耗用量（或销售量）；C 为单位零部件或产品的年储存成本；T 为年储存成本和年生产准备成本之和（简称年成本合计）。

根据以上符号，年成本合计可计算如下：

$$\text{每批生产终了时的最高储存量}=\text{生产批量}-\text{每批生产日数}\times\text{每日耗用量或销售量}$$

$$=Q-\frac{Q}{X}Y$$

$$=Q\left(1-\frac{Y}{X}\right)$$

$$\text{年平均储存量}=\frac{1}{2}Q\left(1-\frac{Y}{X}\right)$$

$$\text{年储存成本}=\frac{1}{2}Q\left(1-\frac{Y}{X}\right)C$$

$$\text{年生产准备成本}=\frac{AS}{Q}$$

$$\text{年成本合计}=T=\frac{1}{2}Q\left(1-\frac{Y}{X}\right)C+\frac{AS}{Q}$$

[例 7-32]

某公司生产 A 产品每年需用甲零部件 7 200 件，专门生产甲零部件的设备每日能生产 80 个，每日因组装 A 产品耗用甲零部件 20 个，每批生产准备成本为 600 元，每件甲零部件年储存成本为 8 元。计算经济批量。

经济批量的计算如表 7-32 所示。

表 7-32　经济批量计算表

生产批次	8	7	6	5	4	3
批量（件）	900	1 028	1 200	1 440	1 800	4 200
平均储存量（件）	337.5	385.5	450	540	675	1 575
年生产准备成本（元）	4 800	4 200	3 600	3 000	2 400	1 029
年储存成本（元）	2 700	3 084	3 600	4 320	5 400	12 600
年成本合计（元）	7 500	7 284	7 200	7 320	7 800	13 629

可见，经济批量为 1 200 件，最优生产批次为 6 次，此时年成本合计最低（7 200 元）。根据以上计算结果可绘出图 7-16。

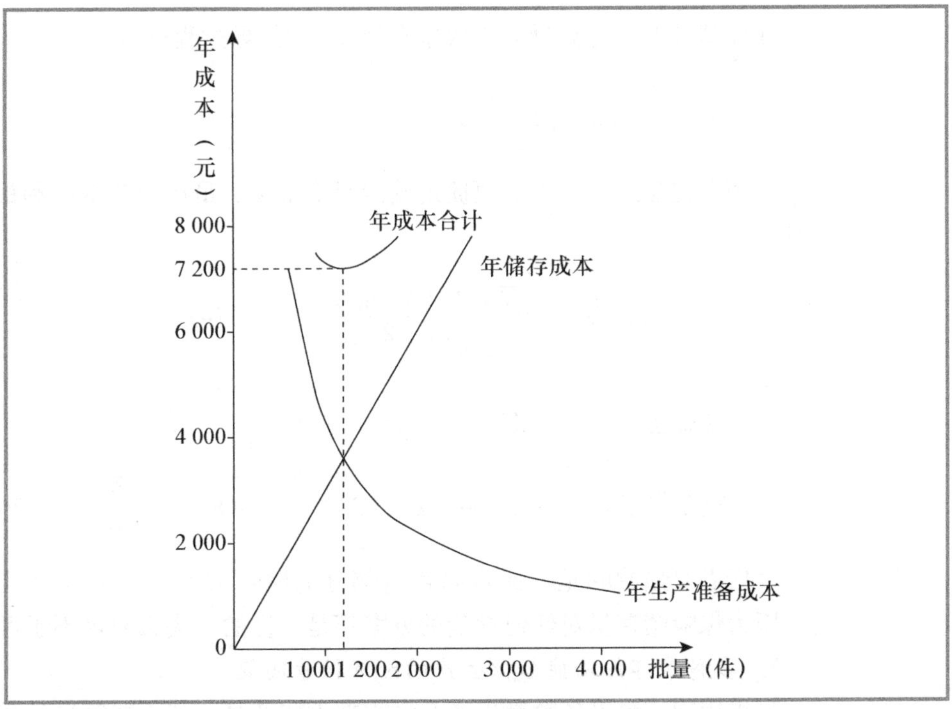

图 7-16　经济批量图

从图 7-16 中可以看出：

（1）年成本合计为一条凹形曲线，当其变动率（一阶导数）为零时达到最低值。从该点向下引一条虚线相交于横轴，交点即最优生产批量（经济批量）；

向左引一条虚线相交于纵轴，其交点即最低年成本合计。

（2）年生产准备成本线与年储存成本线相交的点（此时年生产准备成本等于年储存成本）在向下引的虚线上，由此确定了经济批量和最低年成本合计。

经济批量也可以利用数学模型直接计算求得，即利用年成本合计 T 与批量 Q 的函数关系，用微分法求 T 为极小值时的 Q 值：

$$T=\frac{1}{2}Q\left(1-\frac{Y}{X}\right)C+\frac{AS}{Q}$$

对 T 求一阶导数（推导过程略），得

$$Q^{*}=\sqrt{\frac{2AS}{C\left(1-\frac{Y}{X}\right)}}$$

最优生产批次可以根据年产量 A 及经济批量 Q^{*} 计算（推导过程略）：

$$\text{最优生产批次}=\frac{A}{Q^{*}}=\sqrt{\frac{AC\left(1-\frac{Y}{X}\right)}{2S}}$$

在此基础上，计算最低年成本合计 T^{*}（推导过程略）：

$$T^{*}=\sqrt{2ASC\left(1-\frac{Y}{X}\right)}$$

利用上述公式，可以更便捷地确定经济批量、最优生产批次和最低年成本合计。

$$\text{经济批量 } Q^{*}=\sqrt{\frac{2\times7\ 200\times600}{8\times\left(1-\frac{20}{80}\right)}}=1\ 200(\text{件})$$

$$\text{最优生产批次}=\frac{A}{Q^{*}}=\frac{7\ 200}{1\ 200}=6(\text{批})$$

$$\text{最低年成本合计 } T^{*}=\sqrt{2\times7\ 200\times600\times8\times\left(1-\frac{20}{80}\right)}=7\ 200(\text{元})$$

最后需要强调的是，保险储存量部分的储存成本不在上述公式计算范围内，因为保险储存量对任何批量的方案都是一样的，决策时可不予考虑。

3. 多种零部件轮换分批生产的经济批量决策

如果用同一台设备轮换生产几种零部件或产品，就不能简单地采用前述方法计算，而应首先根据各种零部件或产品的年生产准备成本之和与年储备成本之和相等时年成本合计最低的原理，确定各种零部件或产品共同的最优生产批次；然后分别计算各种零部件或产品的最优生产批量。共同最优生产批次的公式（推导过程略）如下：

$$共同最优生产批次\ N^* = \sqrt{\frac{\sum_{i=1}^{n} A_i C_i \left(1 - \frac{Y_i}{X_i}\right)}{2\sum_{i=1}^{n} S_i}}$$

某种零部件的最优生产批量可按下列公式计算：

$$某种零部件的最优生产批量 = \frac{该零部件全年产量}{共同的最优生产批次} = \frac{A_i}{N^*}$$

[例 7－33]

某公司用一台设备轮换分批生产甲、乙两种零件，有关资料如表 7－33 所示。计算甲、乙两种零部件的经济批量。

表 7－33　有关资料

项目	零部件	
	甲	乙
全年产量（件）	5 400	16 200
每次调整成本（元）	400	600
每件零件年储存成本（元）	6	9
每日产量（件）	20	45
每日耗用量（件）	50	180

（1）计算甲、乙两种零部件的共同最优生产批次。

$$共同最优生产批次 = \sqrt{\frac{5\,400 \times 6 \times \left(1 - \frac{20}{50}\right) + 16\,200 \times 9 \times \left(1 - \frac{45}{180}\right)}{2 \times (400 + 600)}}$$
$$= 8$$

（2）根据共同最优生产批次计算甲、乙两种零部件的最优生产批量：

$$甲零部件的最优生产批量 = \frac{5\,400}{8} = 675(件)$$

$$乙零部件的最优生产批量 = \frac{16\,200}{8} = 2\,025(件)$$

如果在一条生产线上分批轮换生产几种产品，而且销售合同规定各种产品应每日均衡发货，这时也可以运用上述方法计算各种产品的共同最优生产批次，进而确定各种产品的最优生产批量。

思考题

1. 什么是长期成本？什么是短期成本？两者之间是什么关系？

2. 从财务会计学的角度看，机会成本是成本吗？它的本质是什么？

3. 有人说："沉没成本是长期成本在短期决策中的表现，而付现成本就是短期决策中的短期成本"，你认为呢？

4. 存货成本决策的影响因素有哪些？它们是如何影响存货经济批量优化决策的？

5. 什么是边际贡献？在运用边际贡献法选择备选方案时，应注意哪些问题？

6. 判断亏损产品应停产还是转产的基本标准是什么？亏损产品的决策应注意哪些问题？

7. 什么是成本分界点？如何运用成本分界点法进行决策？它适用于哪些方面的决策？

练习题

1. 某企业有一台闲置设备，既可以用于甲产品的生产，又可用于出租。如果用于生产甲产品，其收入为 50 000 元，成本费用为 30 000 元；如果用于出租可获得租金收入 15 000 元。

要求：

(1) 分别计算将设备用于生产和用于出租的机会成本。

(2) 运用差量成本的概念帮助企业做决策。

2. 甲公司设计了 A 和 B 两种产品，预计市场前景均不错。但由于目前生产能力有限，只能在 A，B 两种产品中选择一种作为新产品投入生产，有关资料如表 1 所示。

表 1　甲公司生产经营资料

项目	A 产品	B 产品
企业可利用生产能力	26 000 工时	
产品单位售价（元/件）	88	75
单位产品消耗工时	20	16
单位变动成本	65	60
固定成本总额（元）	86 000	86 000

要求：试做出生产哪种新产品的决策。

3. 乙企业在产品生产过程中每年需用 C 零部件 18 000 个，若企业自行生产，每个零部件的生产成本 125 元，包括：直接材料 45 元，直接人工 20 元，变动制造费用 13 元，固定制造费用 47 元。C 零部件也可以从市场上购买，每个零部件的买价为 90 元，外购零部件的质量与自行生产的相似而且能保证及时送货上门。外购形成的闲置生产能力可用于承揽加工业务，每年可获得9 000元的收入。

要求：从相关成本的角度做出C零部件是自制还是外购的决策。

4. 甲公司全年需用A零部件3 600个，专门生产A零部件的设备每天能生产100个，每天A零部件的耗用量为80个。每批生产准备成本为200元，单位零部件的年储存成本为3.2元。

要求：

(1) 计算A零部件的最优生产批量。

(2) 计算A零部件最低的年总成本。

5. 企业原生产甲、乙、丙三种产品，有关资料如表2所示。约束性固定成本为整个企业的生产能力成本，并按产品销售收入进行分配。其中甲产品为亏损产品，企业经理认为应当将其停产。

表2 企业产品相关资料 单位：元

项目	甲产品	乙产品	丙产品	合计
销售收入	18 000	27 000	45 000	90 000
变动成本	12 000	11 000	22 000	45 000
边际贡献	6 000	16 000	23 000	45 000
固定成本				
其中：酌量性固定成本	2 000	6 000	3 000	11 000
约束性固定成本	6 000	9 000	15 000	30 000
合计	8 000	15 000	18 000	41 000
利润	−2 000	1 000	5 000	4 000

要求：就以下不相关情况做出甲产品是否停产的决策。

(1) 甲产品停产后剩余生产能力无法转作他用。

(2) 如果甲产品停产后剩余生产能力可用于对外出租，每年可获得5 000元的租金收入。

6. 英豪公司生产乙产品，年设计生产能力为60 000件，单位售价650元，其正常的单位成本如表3所示。

表3 乙产品单位成本构成 单位：元

项目	单位成本
直接材料	125
直接人工	100
制造费用	
其中：变动制造费用	75
固定制造费用	110
合计	410

根据目前的生产状况，企业尚有40%的剩余生产能力未被充分利用，可以继续接受订货。现有一客户要求再订购一批乙产品，每件出价320元。

要求：试就以下不相关情况进行决策：

（1）客户要求订购24 000件乙产品，且对这批订货有特殊要求，需另行购置一台100 000元的专用设备，是否接受该批订货？

（2）如果不接受该24 000件的订货，剩余生产能力可用于为其他企业代加工某零件，可获得加工收入250 000元，是否接受该批订货？

（3）如果该批订货的数量是26 000件，接受订货不需要增加专属设备，剩余的生产能力不可转作他用，是否接受该批订货？

第8章

成本计算原理

8.1 成本计算概述

8.1.1 成本计算的对象和内容

1. 成本计算的对象

成本计算是在对企业生产经营过程中所耗费的、用货币表现的生产资料价值和劳动者为自己所创造的价值进行归集的基础上，采用一定的方法并按确定的成本计算对象进行分配，最终形成成本计算对象单位成本和总成本的一项工作。

成本计算对象是指成本归集的方向，旨在解决计算什么成本的问题。成本计算对象的确定取决于生产特点和管理要求。

企业产品生产分为单步骤生产和多步骤生产。在单步骤生产状态下，产品生产只能一次完成，不能间断，因此只能按产品的品种计算成本（如发电企业）。而在多步骤生产状态下，产品生产往往经过若干环节才能完成，甚至这些环节可以由不同的企业去实施。在这种情况下，为了加强对各个生产步骤的成本管理，要求既按生产步骤又按产品的品种计算成本（如冶金企业）。

从管理的要求来看，在大批大量、重复生产的情况下，管理只要求（而且只能）按产品的品种计算成本；在小批量、多批次生产的情况下，管理则可能要求按产品的批别计算成本；而在实行责任成本管理的企业，应以责任单位（如投资中心、利润中心、成本中心）为成本计算对象计算成本。

成本计算对象的确定、成本计算方法的选择、成本计算内容的涵盖等最终取决于管理的要求，图 8－1 说明了成本计算与管理要求之间的关系。

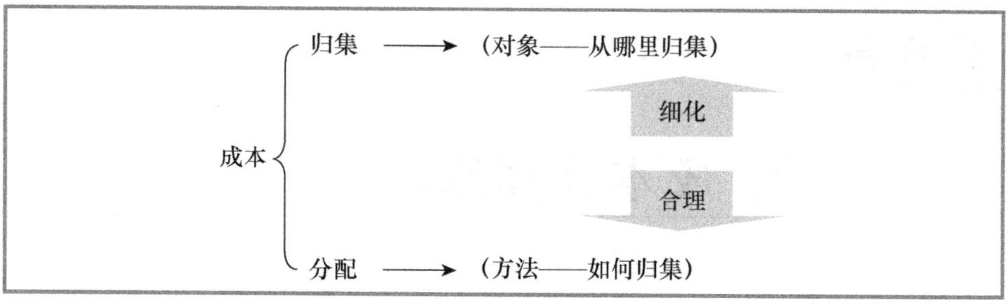

图 8-1　成本计算与管理要求之间的关系

图 8-1 说明成本计算要完成两大工作：一是成本归集，即解决向哪里归集费用的问题，也就是成本计算对象的确定问题；二是成本分配，即解决如何归集费用的问题。前者在现代企业管理中要解决为谁服务的问题（见图 8-2），从而产生对外报告和内部管理两类成本计算对象的确定问题；后者则要解决如何有效分配费用以正确计算成本计算对象成本的问题（见图 8-3），从而产生对成本动因的研究。

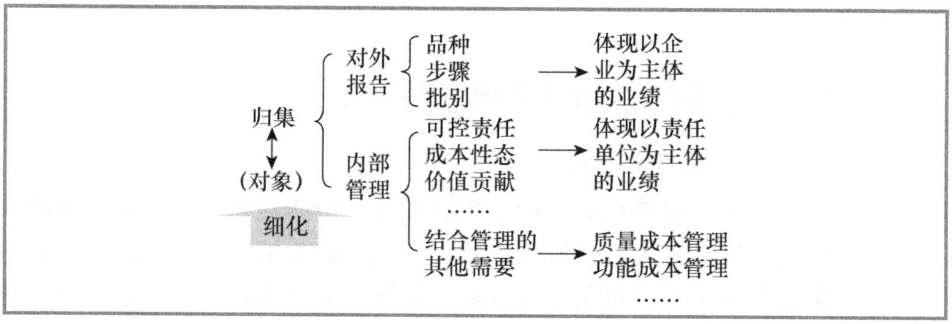

图 8-2　管理对成本归集的要求

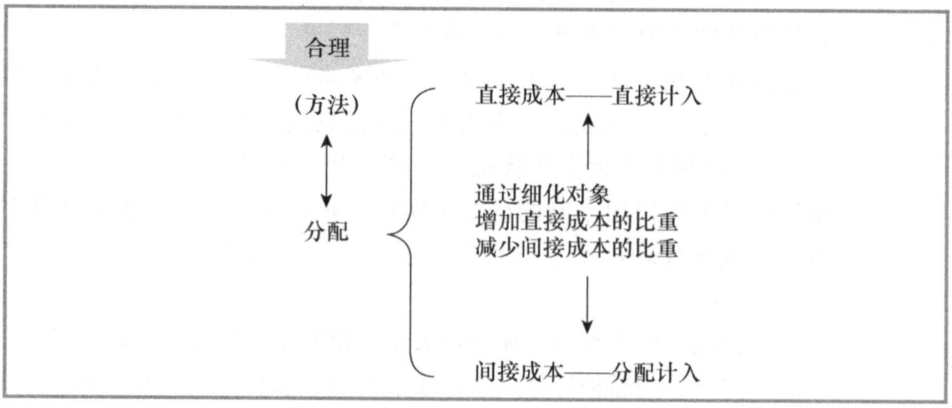

图 8-3　管理对成本分配的要求

2. 成本计算的内容

成本计算的内容是指成本计算的范围。从理论上讲，成本是企业在生产经营过程中所耗费的、用货币表现的生产资料的价值和劳动者为自己所创造的价值。但在实际工作中，有关成本具体内容的规定应与企业管理的具体要求相适应。在制造成本法下，成本计算的内容包括生产成本和期间费用。

（1）生产成本。制造企业是从事工业产品生产的企业，主要的业务是生产并销售工业产品，以满足人们日益增长的生产和生活的消费需求，并实现产品价值，取得盈利。制造企业的生产过程是物质消耗和产品形成过程的有机统一，一方面，产品在生产和销售过程中需要消耗各种各样的资源（人力、物力、财力），另一方面，这些消耗会形成不同的产品。产品在生产过程中会耗费一定的生产资料和活劳动，其中，原材料等劳动对象在生产过程中被消耗或改变实物形态，其价值将一次性转移到产品中去，构成产品生产成本的主要组成部分；厂房、机器设备等劳动资料在生产过程中长期保持原有的实物形态，通过折旧的形式将其价值磨损逐渐转移到制造的产品中去，并构成产品成本的一部分；活劳动则通过劳动者借助劳动工具加工、制造劳动对象的过程物化到产品之中，并以职工薪酬的形式支付给劳动者，构成产品成本的另一个组成部分；另外，产品在生产过程中还会发生诸如办公费、水电费、电话费等费用，这些耗费同样是为产品生产服务的，应该物化为产品价值的一部分。企业在产品生产过程中的上述耗费的货币表现就是企业的生产费用，为生产一定种类和数量的产品所发生的各种生产费用之和就构成了产品的生产成本（也叫制造成本）。产品生产过程中所发生的各种耗费以及产品成本是成本计算的主要内容。

（2）期间费用。期间费用是指管理部门在组织和管理企业过程中所发生的、不能直接归属于某一成本计算对象的费用，包括管理费用、销售费用和财务费用。

管理费用是指为组织和管理企业的生产经营活动、保证产品生产和销售的顺利进行，企业行政部门发生的各种费用；销售费用是指企业销售部门在销售过程中所发生的各种费用；财务费用是指企业为筹集和使用资金所发生的各种费用。

由于管理费用、销售费用和财务费用与产品生产没有直接联系，而与生产经营期间直接相关，因此它们按发生的期间进行归集，并从当期收益中扣除，构成企业的期间费用。

8.1.2　成本计算的基本要求

准确、及时地计算产品成本，是现代成本管理的重要组成部分。成本计算正确与否，直接影响企业的损益，对企业经营决策有重大的影响。成本计算既是对企业生产经营过程中发生的各种生产耗费如实反映的过程，也是为满足企业管理的要求进行成本信息反馈，对企业成本计划的实施进行检查和控制的过程。因此，对成本计算提出了下列基本要求。

1. *严格执行国家规定的成本开支范围和费用开支标准*

过去，财政部根据企业在生产过程中发生的生产费用的不同性质，明确规定了哪些成本可以列入生产经营成本，哪些成本不可列入生产经营成本。近年来，财务会计规范发生了很大变化，而开支范围没有重新规定，这使许多人误以为凡是耗费都可以计入产品成本。其实，这种认识是错误的，成本开支范围仍然存在，只是散见于有关的会计制度中，而没有在一个规范文件中体现。例如：按我国现行会计制度的规定，下列与生产经营活动无关的耗费不能计入产品成本：对内长期资产投资的支出，如购建固定资产、购买有价证券的支出；对外投资的支出；各种筹资费用，如应计利息、贴现费用等。企业严格遵守国家规定的成本开支范围和费用开支标准，既能保证产品成本的真实性，使同类企业以及企业本身不同时期的产品成本内容一致，具有分析对比的可能，又能正确计算企业的利润并进行分配。所以严格遵守成本开支范围和费用开支标准这一财务纪律，是国家对企业计算产品成本提出的一项最基本的要求，每个企业都应遵照执行。

2. 加强对成本的审核和控制

产品成本计算是对已发生的费用进行事后计算，以便确定产品实际制造成本和归集期间费用，及时反映成本目标和成本计划的完成情况。但是，为了保证完成成本目标，降低产品成本，提高企业的经济效益，还必须对生产经营费用加强事前、事中的审核和控制，这样才能把损失和浪费杜绝在发生之前，使费用的发生控制在预定的范围之内。

审核、控制的依据是国家有关的法规、制度，以及有关目标、计划、定额、标准等。对于不合法、不合理的费用开支应坚决抵制；对于不应有的超支和浪费应加以制止；对于计划、定额不合理而发生的差异，查明原因后应加以修订。

3. 正确划分以下费用界限

（1）正确划分应计入产品成本和不应计入产品成本的费用界限。企业的活动是多方面的，企业耗费和支出的用途也是多方面的，其中只有一部分费用可以计入产品成本。

1）非生产经营活动的耗费不能计入产品成本。只有生产经营活动的成本才可能计入产品成本。筹资活动和投资活动不属于生产经营活动，它们的耗费不能计入产品成本，而属于筹资成本和投资成本。

2）生产经营活动的成本分为正常的成本和非正常的成本，只有正常的生产经营活动成本才可能计入产品成本，非正常的生产经营活动成本不计入产品成本，如灾害损失、盗窃损失、滞纳金、违约金、罚款、短期投资跌价损失、坏账损失等。

3）正常的生产经营活动成本又分为产品成本和期间成本。按财务会计制度的规定，正常的生产成本计入产品成本，其他正常的生产经营成本列为期间成本。

（2）正确划分各会计期成本的费用界限。应计入生产经营成本的费用，还应在各月之间进行划分，以便分月计算产品成本。应由本月产品负担的费用，应全部计入本月产品成本；不应由本月负担的生产经营费用，则不应计入本月的产品成本。

为了正确划分各会计期的成本界限，要求企业不能提前结账，将本月费用作为下月费用处理，也不能延后结账，将下月费用作为本月费用处理。

为了正确划分各会计期的费用界限，还要求企业贯彻权责发生制原则，正确计算待摊费用和预提费用。本月已经支付但应由以后各月负担的费用，应作为待摊费用处理。本月尚未支付但应由本月负担的费用，应作为预提费用处理。

（3）正确划分不同成本对象的费用界限。对于应计入本月产品成本的费用，还应在各种产品之间进行划分：凡是能分清应由哪种产品负担的直接成本，应直接计入该产品成本；各种产品共同发生、不易分清应由哪种产品负担的间接费用，则应采用合理的方法分配计入有关产品的成本，并保持一贯性。

（4）正确划分完工产品和在产品成本的界限。月末计算产品成本时，如果某产品已经全部完工，则计入该产品的全部生产成本之和，就是该产品的完工产品成本；如果这种产品尚未全部完工，则计入该产品的生产成本之和，就是该产品的月末在产品成本；如果某种产品既有完工产品又有在产品，已计入该产品的生产成本还应在完工产品和在产品之间分配，以便分别确定完工产品成本和在产品成本。

4. 做好成本计算的各项基础工作

要想正确计算成本，做好各项基础工作是非常重要的。如果做不好，就会影响成本计算的准确性。要做好成本计算的各项基础工作，需要会计部门和其他各部门密切配合。成本计算的基础工作主要有：制定各种定额并及时地进行修订；建立健全财产物资的计量、收发、领退制度；建立各种原始记录的收集、整理制度；制定厂内内部结算价格；建立各责任单位的责任成本等。

5. 选择适当的成本计算方法

企业应根据具体情况，选择适合本企业特点的成本计算方法。成本计算方法的选择，应同时考虑企业生产类型的特点和管理的要求两个方面。在同一个企业里，可以采用一种成本计算方法，也可以采用多种成本计算方法，即多种成本计算方法同时使用或多种成本计算方法结合使用。成本计算方法一经选定，不应经常变动。

8.1.3 成本计算的基本程序

成本计算的基本程序是指对企业在生产经营过程中发生的各项费用，按照成本计算的要求，逐步进行归集和分配，最后计算出各种产品的成本和各项期间费用。在采用品种法进行成本计算时，基本程序如下：

（1）对企业发生的全部费用和支出进行审核，确定哪些属于生产经营成本，哪些属于非生产经营成本，如投资耗费或筹资耗费。对属于生产经营成本的费用和支出，还要将其区分为正常的生产经营成本和非正常的生产经营成本。

（2）将应计入产品成本的各项成本，区分为应当计入本月的产品成本与应当由其他月份产品负担的成本，通过待摊费用和预提费用进行必要调整。

（3）将本月应计入产品成本的生产成本，区分为直接成本和间接成本，将直接成本直接计入成本计算对象（如产品），将间接成本计入有关的成本中心（如车间）。

（4）将各成本中心的本月成本，依据成本分配基础向下一个成本中心分配，直至最终的成本计算对象。

（5）在既有完工产品又有在产品的情况下，产品成本应在完工产品和期末在产品之间进行分配，并计算出完工产品总成本和单位成本。

成本计算的基本程序见图 8－4。

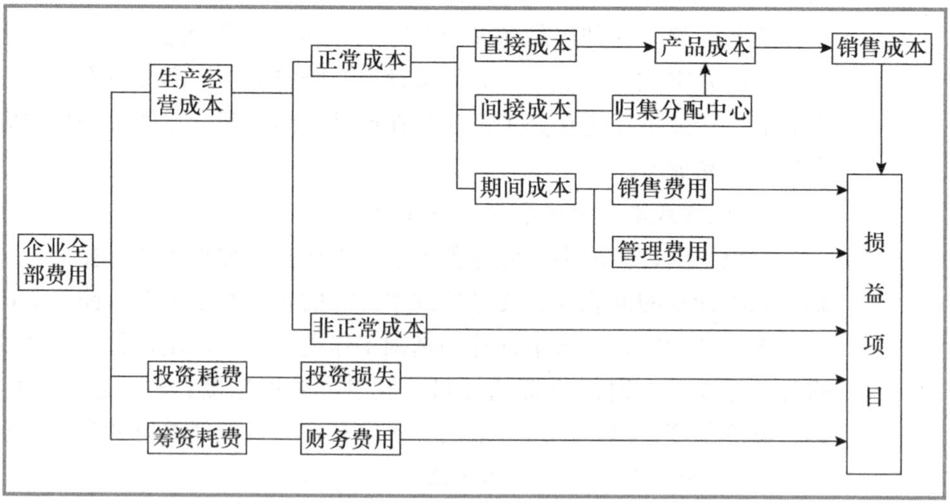

图 8－4　成本计算的基本程序

8.2　成本的归集和分配

成本计算的过程实际上也是对各项成本进行归集和分配的过程。

成本的归集，是基于一定目的，按照预定成本计算对象有序进行成本数据的收集或汇总的过程。按照预定成本计算对象收集相关成本的聚集环节，称为成本归集点。例如，制造费用是按车间归集的，所有的间接制造费用，包括折旧、间接材料、间接人工等都按该车间聚集在一起。以后分配时不再区分这些原始项目，而是统一地按照一个分配基础分配给产品。

成本的分配，是将归集的间接成本分配给成本对象的过程，也叫间接成本的分摊或分派。成本分配要使用能联系成本对象和成本的某种参数作为分配基础，一般而言，可供选择的分配基础有许多：人工工时、机器台时、占用面积、直接人工工资、订货次数、采购价值、品种数、直接材料成本、直接材料数量等。

8.2.1　成本归集和分配的项目

企业生产经营过程中所发生的费用一般包括：外购材料费、外购燃料费、外购动力费、职工工资、职工福利费、折旧费、修理费等，按照一定的目的或用途通过不同的项目归集这些费用后，经过分配来计算各成本计算对象的总成本和单位成本。由于成本计算是为成本管理服务的，因而成本归集和分配的项目实际上就是成本核算所设置的科目。

在品种法下，为了正确计算产品成本，需要按照用途归集各项成本，因而需要设置“基本生产成本”“辅助生产成本”“制造费用”“待摊费用”“预提费用”等科目。

（1）基本生产成本。基本生产成本用来计算企业基本生产车间在产品生产过程中所发生的各项费用，包括直接材料、直接人工及分配转入的间接费用（如制造费用）。通过该科目可以计算完工产品的实际成本以及尚未完成的各项在产品的成本。

（2）辅助生产成本。辅助生产成本用来计算企业辅助生产车间在为基本生产服务而进行的产品生产和劳务供应过程中发生的各项费用。通过该科目可以计算辅助生产的产品和劳务成本。企业为进行辅助生产活动而发生的各种费用在本科目归集后，月末按一定分配标准计算辅助产品和劳务的成本，并根据辅助生产车间为其他部分（如基本生产车间、辅助生产车间和企业管理部门）提供劳务和产品的数量分配给受益对象。

（3）制造费用。制造费用用来计算企业基本生产车间和辅助生产车间为生产产品和提供劳务而发生的各项费用，通过该科目归集的费用，月末将在基本生产车间和辅助生产车间内按一定标准分配，计算基本产品（劳务）或辅助产品（劳务）的成本。

（4）待摊费用。待摊费用用来计算企业已经支付但应由本期和以后各期共同负担的、分摊期限在一年以内的各项费用，如低值易耗品摊销、出租出借包装物摊销、预付保险费、预付报刊杂志费等。通过该科目归集的费用，将在月末按受益期间进行分期摊销。

（5）预提费用。预提费用用来计算企业按照规定从成本、费用中预提但尚未实际支付的各项费用，如预提的租金、保险费、借款利息、修理费用等。通过该科目预提的费用，要在以后约定的期间支付。

8.2.2 要素费用的归集和分配

1. 材料费用的归集和分配

在企业的生产活动中要大量消耗各种材料，如各种原料及主要材料、辅助材料及燃料。它们有的用于产品生产，有的用于维护生产设备和管理、组织生产，有的用于非生产活动。其中，应计入产品成本的生产用料，还应按照成本计算的细目归集，如用于构成产品实体的原料及主要材料和有助于产品形成的辅助材料，记入“直接材料”科目；用于生产的燃料记入“燃料和动力”科目；用于维护生产设备和管理生产的各种材料记入“制造费用”科目。不应计入产品成本而属于期间费用的材料费用则应记入“管理费用”“销售费用”科目。用于购置和建造固定资产、其他资产的材料费用，不得列入产品成本，也不得列入期间费用。

用于产品生产的原料及主要材料，通常是按照产品分别领用的，直接计入费用，如机械生产用的钢材、纺织用的原棉、酿酒用的大麦芽，可凭领料凭证直接记入各种产品成本明细分类账中的“直接材料”科目。对于一批材料为几批产品共同耗用的情况，则需要采用既合理又简便的分配方法将其分配，在材料消耗定额准确的情况下，也可以按材料定额费用的比例或材料定额消费量比例进行分配，计算公式如下：

$$\text{分配率}=\frac{\text{材料实际总消耗量(或实际成本)}}{\text{各种产品材料定额消耗量(或定额成本)之和}}$$

$$\begin{matrix}\text{某种产品应分配的}\\\text{材料数量(费用)}\end{matrix}=\begin{matrix}\text{该种产品的材料定额}\\\text{消耗量(或定额成本)}\times\text{分配率}\end{matrix}$$

[例8-1]

领用某种原材料3 100千克，单价20.1元，原材料费用合计62 310元，生产甲产品500件，乙产品300件。甲产品消耗定额1.2千克，乙产品消耗定额1.1千克。分配结果如下：

$$\begin{aligned}\text{分配率}&=62\,310\div(500\times1.2+300\times1.1)\\&=62\,310\div(600+330)\\&=67(\text{元/千克})\end{aligned}$$

应分配的材料费用：

甲产品：$600\times67=40\,200$(元)

乙产品：$330\times67=22\,110$(元)

辅助材料费用计入产品成本的方法，与原材料及主要材料基本相同。凡用于产品生产、能够直接计入产品成本的辅助材料，如专用包装材料，直接计入产品成本；由几种产品共同耗用的，则采用间接分配的方法。

上述基本生产产品耗用的材料费用，应记入“基本生产成本”科目，并在明细科目中按“直接材料”“燃料和动力”分别反映。此外，用于辅助生产的材料费用、用于生产车间和行政管理部门为管理和组织生产所发生的材料费用，应分别记入“辅助生产成本”“制造费用”“管理费用”等科目。

在实际工作中，材料费用的分配一般是通过材料费用分配表（见表 8-1）进行的。

表 8-1　材料费用分配表

应记科目		共同耗用原材料的分配						直接领用的原材料（元）	耗用原材料总额（元）
汇总科目	明细科目	成本或费用科目	产量（件）	单位消耗定额（千克）	定额消耗用量（千克）	分配率	应分配材料费（元）		
基本生产成本	甲产品	直接材料	500	1.2	600		40 200	30 040	70 240
	乙产品	直接材料	300	1.1	330		22 110	12 840	34 950
	小计				930	67	62 310	42 880	105 190
辅助生产成本	供电车间	直接材料						2 200	2 200
	锅炉车间	直接材料						3 600	3 600
	小计							5 800	5 800
制造费用	基本车间	机物料消耗						2 500	2 500
管理费用		其他						2 700	2 700
合计							62 310	53 880	116 190

2. 人工费用的归集和分配

人工费用是指企业在一定时期内支付给本单位职工的劳动报酬，包括：计时工资、计件工资、奖金、津贴、补贴和福利费用。分配工资和福利费用时要划清计入产品成本与期间费用和不计入产品成本与期间费用的工资和福利费用的界限。其中，应计入产品成本的工资和福利费用还应该按成本项目归集：凡属生产车间直接从事产品生产人员的工资费用，记入产品成本的“直接人工费”科目；企业各生产车间为组织和管理生产所发生的管理人员的工资和计提的福利费，记入产品成本的“制造费用”科目；企业行政管理人员的工资和计提的福利费，作为期间费用记入“管理费用”科目。

由于工资制度的不同，生产工人工资计入产品成本的方法也不同。在计件工资制下，生产工人工资通常是根据产量凭证计算工资并直接计入产品成本；在计时工资制下，如果只生产一种产品，生产人员工资属于直接费用，可直接计入该种产品成本；如果生产多种产品，这就要求采用一定的分配方法在各种产品之间进行分配。工资费用的分配，通常采用按产品实用工时比例分配的方法。其计算公式如下：

$$分配率=\frac{生产工人工资总额}{各种产品实用工时之和}$$

$$某种产品应分配的工资费用=该种产品实用工时\times 分配率$$

为了按工资的用途和发生地点归集并分配工资及计提的福利费，月末应分生产部门根据工资结算单和有关的生产工时记录编制工资费用分配表，然后汇总编制工资及福利费分配汇总表（见表8-2）。

表8-2　工资及福利费分配汇总表　　单位：元

应记项目		工资				职工福利费（14%）	
汇总科目	明细科目	分配标准（工时）	直接生产人员（0.5）	管理人员工资	工资合计	除奖金后工资	金额
基本生产成本	甲产品	65 000	32 500		32 500	20 000	2 800
	乙产品	33 000	16 500		16 500	10 000	1 400
	小计	98 000	49 000		49 000	30 000	4 200
辅助生产成本	供电车间		18 020		18 020	15 000	2 100
	锅炉车间		17 000		17 000	14 400	2 016
	小计		35 020		35 020	29 400	4 116
制造费用	基本车间			600	600	550	77
	供电车间			350	350	300	42
	锅炉车间			320	320	300	42
	小计			1 270	1 270	1 150	161
管理费用				3 600	3 600	3 300	462
合计			84 020	4 870	88 890	63 850	8 939

8.2.3　待摊费用和预提费用的归集和分配

为了正确划分各月份的费用界限，本月支付应由本月和以后各月负担的费用时，应当按一定标准分配计入本月和以后各月。本月尚未支付但应由本月负担的费用，应当预提计入本月。因此，凡受益和支付期不一致的费用，应该按照权责发生制原则分别采用待摊或预提的办法来处理。

1. 待摊费用的归集和分配

待摊费用是指本月发生（支付），但应由本月及以后各月产品成本或期间费用共同负担的费用。这种费用发生以后，不是一次全部计入当月成本、费用，而是按照费用的受益期限摊入各月成本、费用。例如，预付半年租入的固定资产租金，就要由 6 个月的成本、费用平均负担。

待摊费用的分摊期限要根据费用的受益期确定。有些费用的受益期是可以明确确定的，如预付租金、预订书报费、预付保险费等，都可以预先明确具体的受益期。但有些费用的受益期不能确定，如一次领用的工具模型数量较大，费用较多，这时应根据具体情况对受益期间加以估计，分月摊销计入成本、费用。待摊费用一般要在一年内摊完。

待摊费用的发生和分配是通过“待摊费用”科目进行核算的，月末摊销时，按其用途和使用部门分配转入“制造费用”和“管理费用”等科目。

[例 8－2]

某企业基本生产车间 4 月份支付新租入固定资产一年租金 3 600 元，分 12 个月摊销计入产品成本。

该基本生产车间 4 月份待摊费用增加 3 600 元，而未来 12 个月每个月通过“制造费用”科目摊销计入产品成本 300 元。

2. 预提费用的归集和分配

预提费用是指预先分月计入成本、费用，但由以后月份支付的费用，包括预提租金、借款、利息、保险费、修理费等。预提费用的预提期限也应按其受益期确定。各月预先提取多少费用，有些能事先确定，如利息支出；有些事先要制定费用预算，如固定资产的大中小修理费，在各月费用支出不均衡影响到各月成本、费用水平时，应编制修理费用预算，分月计入产品成本或期间费用，实际发生的费用与预提费用的差额，应计入费用支付期的产品成本或期间费用。

预提费用的预提和支付是通过“预提费用”科目进行核算的。预提时，根据用途和使用部门分别记入“制造费用”“管理费用”“财务费用”等科目。

[例 8－3]

某企业按银行借款数额和利率，预计第二季度末应支付 4 500 元利息。4，5，6 三个月预提每月应预提利息 1 500 元。

该企业在第二季度 4，5，6 三个月预提每月应预提利息 1 500 元记入“财务费用”，并在第二季度末支付利息 4 500 元。

8.2.4 制造费用的归集和分配

制造费用是指企业各生产单位为组织和管理生产而发生的各项间接费用。它包括工资和福利费、折旧费、排污费、存货盘亏（减盘盈）及其他制造费用。

企业发生的各项制造费用是按其用途和发生地点，通过“制造费用”科目进行归集和分配的。费用发生时，根据支出凭证在“制造费用”科目中进行归集（但材料、工资、折旧以及待摊和预提费用等，要在月末根据汇总编制的各种费用分配表记入），归集在“制造费用”科目中的各项费用，月末应全部分配转入“基本生产成本”科目，计入产品成本。

在生产一种产品的车间中，制造费用可直接计入该产品成本。在生产多种产品的车间中，就要采用既合理又简便的分配方法，将制造费用分配计入各种产品成本。

制造费用分配计入产品成本的方法，常用的有按生产工时、定额工时、机器工时、直接人工费等的比例进行分配。

在拥有产品实用工时统计资料的车间里，可按生产工时的比例分配制造费用。如果企业没有实用工时统计资料，但制定有比较准确的产品工时定额，也可按产品定额工时的比例进行分配。在机械化程度较高的车间中，制造费用也可按机器工时的比例分配。其计算公式如下：

$$\text{制造费用分配率}=\frac{\text{制造费用总额}}{\text{各种产品实用(定额、机器)工时之和}}$$

$$\text{某产品应负担的制造费用}=\text{该种产品实用工时数}\times\text{分配率}$$

制造费用的大部分支出属于产品生产的间接费用，因而不能按照产品制定定额，而只能按照车间、部门和费用项目编制制造费用计划，以便加以控制。通过制造费用的归集和分配，可反映和监督各项费用计划的执行情况，并将各项费用正确及时地计入产品成本。

[例8-4]

某基本生产车间甲产品生产工时为12 000小时，乙产品生产工时为8 000小时，本月发生制造费用21 000元。要求在甲、乙产品之间分配制造费用。

$$\text{制造费用分配率}=\frac{21\,000}{12\,000+8\,000}=1.05(\text{元/小时})$$

$$\text{甲产品制造费用}=12\,000\times1.05=12\,600(\text{元})$$

$$\text{乙产品制造费用}=8\,000\times1.05=8\,400(\text{元})$$

按生产工时比例法编制制造费用分配表（见表8-3）。

表8-3 制造费用分配表

科目	生产工时	分配金额（元）（分配率：1.05）
基本生产——甲产品	12 000	12 600
基本生产——乙产品	8 000	8 400
合计	20 000	21 000

通过对以上各种费用的分配和归集，应计入本月产品成本的费用都已记入“基本生产成本”科目，并在各种产品之间划分清楚，而且按成本项目分别登记在各自的产品成本计算单（基本生产成本明细分类账）中。

8.2.5　辅助生产费用的归集和分配

企业的辅助生产，主要是指为基本生产服务的产品生产和劳务供应。有的辅助生产只生产一种产品或提供一种劳务，如供电、供气、运输等；有的辅助生产则生产多种产品或提供多种劳务，如从事工具、模型、备件的制造，以及机器设备的修理等。辅助生产提供的产品和劳务有时也对外销售，但这不是辅助生产的主要任务。

1. 辅助生产费用的归集

辅助生产费用的归集和分配是通过“辅助生产成本”科目进行的。该项目应按车间和产品品种分别设置明细分类账，进行明细计算。辅助生产发生的直接材料、直接人工费用，分别根据材料费用分配表、工资及福利费分配汇总表和有关凭证记入该科目；辅助生产发生的间接费用，应先记入“制造费用——辅助生产车间”科目，然后再直接转入或分配转入“辅助生产成本”科目。辅助生产车间完工的产品或劳务成本，应从“辅助生产成本”科目转出。“辅助生产成本”科目的余额表示辅助生产的在产品成本。

辅助生产成本明细账的格式见表 8－4。

表 8－4　辅助生产成本明细账

辅助生产车间：运输　　　　20××年×月　　　　单位：元

摘要	原材料	动力	工资及福利费	制造费用	合计	转出
原材料费用分配表	2 200				2 200	
动力费用分配表		200			200	
工资及福利费分配表			1 500		1 500	
制造费用分配表				900	900	
辅助生产成本分配表						4 800
合计	2 200	200	1 500	900	4 800	4 800

2. 辅助生产费用的分配

归集在“辅助生产成本”科目中的辅助生产费用，由于所生产的产品和提供的劳务不同，其分配转出的程序方法也不一样。制造工具、模型、备件等产品所发生的费用，应计入完工工具、模型、备件等产品的成本：完工时，作为自制工具或材料入库，从“辅助生产成本”科目转入“低值易耗品”或“原材料”科目；领用时，按其用途和使用部门，一次或分期摊入成本。提供水、电、气和运输、修理等劳务所发生的辅助生产费用，多按受益单位耗用的劳务数量在各单位之间进行分配。

辅助生产提供的产品和劳务，主要是为基本生产车间和管理部门使用和服务的。但某些辅助生产车间之间也有相互提供产品和劳务的情况。例如，供水车间为供电车间供水，供电车间为供水车间提供电力。这里就存在一个辅助生产费用在各辅助生产车间之间分配的问题。辅助生产费用的分配通常采用直接分配法、交互分配法和计划成本分配法等。

（1）直接分配法。直接分配法是不考虑辅助生产车间内部相互提供的产品或劳务量，而是直接将各辅助生产车间发生的费用分配给辅助生产以外的各个受益单位或产品的方法。计算公式如下：

$$\text{辅助生产的单位成本}=\frac{\text{辅助生产费用总额}}{\text{辅助生产产品或劳务总量（不包括为辅助生产各车间提供的产品或劳务量）}}$$

$$\text{各受益车间、产品或各部门应分配的费用}=\text{辅助生产的单位成本}\times\text{该车间、产品或部门的耗用量}$$

［例 8-5］

某企业有供水和供电两个辅助生产车间，主要为企业基本生产车间和行政管理部门提供服务。20××年9月供电车间本月发生的费用为7 100元，供水车间本月发生的费用为32 361元。该企业辅助生产车间发生的间接费用直接记入“辅助生产成本”账户，各辅助生产车间提供的劳务及其消耗情况见表8-5。

表 8-5　辅助生产车间提供的劳务统计表

受益单位		供电数量（度）	供水数量（m^3）
辅助生产车间	供电车间		1 350
	供水车间	3 200	
基本生产车间		16 150	8 594
行政管理部门		1 600	652
合计		20 950	10 596

根据表8-5的资料，首先计算辅助生产车间费用的分配率。由于辅助生产车间内部相互提供的劳务不分配费用，在计算费用分配率时须将其他辅助生产车间的劳务耗用量从总供应量中扣除。

$$\text{电费分配率}=\frac{7\ 100}{20\ 950-3\ 200}=0.4\text{（元/度）}$$

$$\text{水费分配率}=\frac{32\ 361}{10\ 596-1\ 350}=3.5\text{（元/}m^3\text{）}$$

其次，编制辅助生产费用分配表，如表8-6所示。

表 8-6　辅助生产费用分配表

20××年9月

项目	供电车间	供水车间	合计
待分配辅助生产费用（元）	7 100	32 361	39 461
供应辅助生产以外的劳务量	17 750（度）	9 246（m^3）	—
费用分配率（单位成本）	0.40（元/度）	3.5（元/m^3）	—

续表

项目		供电车间	供水车间	合计
基本生产车间	耗用数量	16 150（度）	8 594（m^3）	—
	分配金额（元）	6 460	30 079	36 539
行政管理部门	耗用数量	1 600（度）	652（m^3）	—
	分配金额（元）	640	2 282	2 922
合计（元）		7 100	32 361	39 461

采用直接分配法时，由于各辅助生产费用只对外分配，计算较为简单。但当辅助生产车间相互提供产品或劳务数量较大时，这种方法会影响分配结果的正确性。因此，这种方法只适用于辅助生产单位内部相互提供产品或劳务不多的企业。

（2）交互分配法。交互分配法是指先将辅助生产车间发生的费用在相互提供劳务的各辅助生产车间之间进行分配（对内分配），然后再将各辅助生产车间交互分配后的实际费用在辅助生产车间以外的各受益单位之间进行分配（对外分配）。采用交互分配法计算分配率时，对内分配和对外分配的分配率计算如下：

$$\begin{matrix}\text{对内(交互)分配率}\\\text{(单位成本)}\end{matrix}=\frac{\text{待分配的辅助生产费用总额}}{\text{辅助生产供应总量}}$$

$$\begin{matrix}\text{对外分配率}\\\text{(单位成本)}\end{matrix}=\frac{\begin{matrix}\text{待分配的辅助}\\\text{生产费用总额}\end{matrix}+\begin{matrix}\text{交互分配}\\\text{转入的费用}\end{matrix}-\begin{matrix}\text{交互分配}\\\text{转出的费用}\end{matrix}}{\text{辅助生产供应总量}-\text{辅助生产车间内部劳务耗用量}}$$

[例 8-6]

以例 8-5 的资料为例，按交互分配法进行辅助生产费用的分配。

首先，计算交互分配率。

对内（交互）分配率计算如下：

$$\text{电费分配率}=\frac{7\,100}{20\,950}=0.338\,9(\text{元/度})$$

$$\text{水费分配率}=\frac{32\,361}{10\,596}=3.054(\text{元/m}^3)$$

对外分配率计算如下：

$$\begin{matrix}\text{电费分配率}\\\text{(单位成本)}\end{matrix}=\frac{7\,100+1\,350\times3.054-3\,200\times0.338\,9}{20\,950-3\,200}=0.571\,2(\text{元/度})$$

$$\begin{matrix}\text{水费分配率}\\\text{(单位成本)}\end{matrix}=\frac{32\,361+3\,200\times0.338\,9-1\,350\times3.054}{10\,596-1\,350}=3.171\,38(\text{元/m}^3)$$

其次，编制辅助生产费用分配表，如表 8-7 所示。

表8-7 辅助生产费用分配表

20××年9月

项目				交互分配			对外分配		
辅助生产车间名称				供电	供水	合计	供电	供水	合计
待分配费用（元）				7 100	32 361	39 461			
劳务供应量				20 950（度）	10 596（m³）				
费用分配率（单位成本）				0.338 9（元/度）	3.054（元/m³）				
辅助车间耗用	辅助生产成本	供电车间	数量		1 350（m³）				
			金额（元）		4 122.9	4 122.9			
		供水车间	数量	3 200（度）					
			金额（元）	1 084.48		1 084.48			
		金额小计（元）				5 207.38			
基本车间	制造费用		数量				16 150（度）	8 594（m³）	
			金额（元）				9 224.53	27 254.84	36 479.37
管理部门	管理费用		数量				1 600（度）	652（m³）	
			金额（元）				913.89	2 067.74	2 981.63
分配金额合计（元）							10 138.42	29 322.58	39 461

交互分配法将辅助生产车间内部相互提供的劳务全部进行了分配，提高了分配结果的正确性，但增加了工作量。另外，由于交互分配的费用分配率是根据交互分配前的待分配费用而不是该辅助生产单位的实际单位成本进行计算的，分配结果不是非常准确。因此，在各月辅助生产费用水平相差不大的情况下，为简化计算工作量，可将上月的辅助生产单位成本作为本月交互分配的单位成本。

（3）计划成本分配法。计划成本分配法是按照辅助生产车间提供劳务的计划单位成本计算分配辅助生产费用的方法。采用计划成本分配法分配时需要分两步进行：首先将各辅助生产车间待分配的劳务费用按计划成本进行分配；然后将各辅助生产车间的实际成本（包括交互分配转入的费用）与按计划单位成本分配转出的费用之间的差额（辅助生产成本差异）追加分配给辅助生产车间以外的单位或全部计入管理费用。

[例8-7]

以例8-5的资料为例，采用计划成本分配法进行辅助生产费用的分配。

假设每度电的计划成本为 0.6 元，每立方米水的计划成本为 3 元，辅助生产成本差异全部计入管理费用。

根据上述资料编制的辅助生产费用分配表如表 8－8 所示。

表 8－8　辅助生产费用分配表

20××年 9 月

项目			供电车间		供水车间		合计（元）
			数量（度）	金额（元）	数量（m^3）	金额（元）	
待分配费用				7 100		32 361	39 461
劳务供应量			20 950		10 596		
按计划成本分配	计划单位成本			0.6（元/度）		3（元/m^3）	
	辅助生产车间	供电			1 350	4 050	4 050
		供水	3 200	1 920			1 920
		小计		1 920		4 050	5 970
	基本生产车间		16 150	9 690	8 594	25 782	35 472
	管理部门		1 600	960	652	1 956	2 916
	计划成本合计			12 570		31 788	44 358
辅助生产成本实际额				11 150		34 281	45 431
辅助生产成本差异				−1 420		2 493	1 073

注：表中供电车间生产成本实际额＝7 100＋4 050＝11 150（元），供水车间生产成本实际额＝32 361＋1 920＝34 281（元）。

采用计划成本分配法时，由于按预先确定的计划单位成本进行分配，因此能够反映辅助生产成本计划的执行情况，便于分析和考核各受益单位的成本以及分清企业内部各单位的经济责任。但是，计划单位成本的确定必须相对准确。该方法适合有准确计划成本的单位使用。

通过对辅助生产费用的归集与分配，应计入本月产品成本的生产费用已全部汇集在“基本生产成本”和“制造费用”账户之中。

8.3　生产成本在完工产品和在产品之间的归集和分配

通过对上述各项费用的归集和分配，基本生产车间在生产过程中发生的各项费用，已经集中反映在“生产成本——基本生产成本”科目及其明细账中，这些费用都是本月发生的产品成本，还要将本月发生的生产费用，加上月初在产品成本，在本月完工产品和月末在产品之间进行分配，以求得本月产成品成本。

本月发生的生产费用和月初、月末在产品及本月完工产品成本四项费用的关系可用下列公式表述：

$$\text{月初在产品成本}+\text{本月发生生产费用}=\text{本月完工产品成本}+\text{月末在产品成本}$$

或

$$\text{月初在产品成本}+\text{本月发生生产费用}-\text{月末在产品成本}=\text{本月完工产品成本}$$

由于公式中前两项是已知数，所以，在本月完工产品与月末在产品之间分配费用的方法有两种：一是将前两项之和按一定比例在后两项之间进行分配，从而求得本月完工产品与月末在产品的成本；二是先确定月末在产品成本，再计算求得本月完工产品的成本。但无论采用哪一种方法，都必须取得在产品数量的计算资料。

8.3.1 在产品收发结存的计算

企业的在产品是指没有完成全部生产过程、不能作为商品销售的产品，包括正在车间加工的在产品和已经完成一个或几个生产步骤，还需继续加工的半成品两部分。对外销售的自制半成品属于商品产品，验收入库后不应列入在产品。以上在产品是从广义或者就整个企业来说的在产品。从狭义或者就某一车间或某一生产步骤来说，在产品只包括该车间或该生产步骤正在加工的那部分在产品，车间或生产步骤完工的半成品不包括在内。

在产品结存的数量同其他材料物资结存的数量一样，应同时具备账面计算资料和实际盘点资料。企业一方面要做好在产品收发结存的日常核算工作，另一方面要做好在产品的清查工作。做好这两项工作，可以从账面上随时掌握在产品成本，加强生产资金管理以及保护财产，对保证账实相符有重要意义。

车间对在产品收发结存的日常核算，通常是通过在产品收发结存账进行的。在实际工作中，这种账簿也叫在产品台账，应分车间并且按照产品的品种和在产品名称（如零部件的名称）设立，以便用来反映车间各种在产品的转入、转出和结存的数量。各车间应认真做好在产品的计量、验收和交接工作，并在此基础上根据领料凭证、在产品内部转移凭证、产成品检验凭证和产品交库凭证，及时登记在产品收发结存账。该账簿由车间核算人员登记。

为了核实在产品的数量，保证在产品的安全完整，企业必须认真做好在产品的清查工作。在产品应定期清查，也可以不定期轮流清查。有的车间若没有建立在产品的日常收发核算制度，则每月末都必须清查一次在产品，以便取得在产品的实际盘存资料。清查后，应根据盘点结果和账面资料编制在产品盘点表，填明在产品的账面数、实存数和盘存盈亏数，以及盈亏的原因和处理意见。对于报废和毁损的在产品，还要登记残值。

8.3.2　完工产品与在产品之间费用的分配方法

生产费用在完工产品与在产品之间的分配，在成本计算工作中是一个重要而又比较复杂的问题。企业应当根据产品的生产特点，如在产品数量的多少、各月在产品数量变化的大小、各项费用比重的大小，以及企业定额管理基础扎实与否等具体条件，选择既合理又简便的分配方法。常用的方法有以下六种：

1. *不计算在产品成本（即在产品成本为零）的方法*

这种方法适用于月末在产品数量很小的情况，算不算在产品成本对完工产品成本影响不大。为了简化计算工作，可以不计算在产品成本，即在产品成本是零。本月发生的产品生产费用就是完工产品的成本。通常采掘企业等可采用此方法。

2. *在产品成本按年初数固定计算的方法*

这种方法适用于月末在产品数量很小，或者在产品数量虽大但各月之间在产品数量变动不大，月初、月末在产品成本的差额对完工产品成本影响不大的情况。为简化计算工作，各月在产品成本可以固定按年初数计算。采用这种方法时，某种产品本月发生的生产费用就是本月完工产品的成本。年终时，根据实地盘点的在产品数量，重新计算在产品成本，以避免在产品成本与实际出入过大，影响成本计算的正确性。例如，由于高炉和化学反应装置的容积固定，冶炼化工企业的在产品成本就可采用此种方法。

3. *在产品成本按其所耗用的原材料费用计算的方法*

采用这种方法时，将在产品成本按所耗用的原材料费用计算，其他费用全部由完工产品负担。这种方法适合在原材料费用在产品成本中所占比重较大，而且原材料在生产开始时就一次全部投入的情况下使用。为了简化计算工作，月末在产品可以只计算原材料费用，其他费用全部由完工产品负担。纺织、造纸和酿酒等企业的产品都可以采用这种方法。

4. *约当产量法*

所谓约当产量，是指将在产品按其完工程度折合成完工产品的产量。约当产量法，就是将月末结存的在产品按其完工程度折合成约当产量，然后再将产品应负担的全部生产费用按完工产品产量和在产品约当产量的比例进行分配的一种方法。这种方法的适用范围比较广泛，特别是当月末在产品数量较大，且月末在产品结存数量不稳定、变化较大，其他方法受限制、不宜采用时尤为适合。

具体的计算公式如下：

$$\text{在产品约当产量}=\text{在产品数量}\times\text{完工程度}$$

$$\text{费用分配率}=\frac{\text{月初在产品成本}+\text{本月发生生产费用}}{\text{产成品产量}+\text{月末在产品约当产量}}$$

产成品成本＝费用分配率×产成品产量

月末在产品成本＝费用分配率×月末在产品约当产量

[例8-8]

某产品本月完工750件，月末在产品150件，在产品完工程度60%；发生的工资费用21 000元，分配结果如下：

$$分配率=\frac{21\,000}{750+150\times 60\%}=25(元/件)$$

完工产品应负担的工资费用＝750×25＝18 750(元)

在产品应负担的工资费用＝150×60%×25＝2 250(元)

采用约当产量法的关键在于在产品完工程度的确定。一般是根据月末在产品的数量，用技术测定或其他方法计算在产品的完工程度。另外，由于各工序内部的在产品加工程度不同，有的正在加工，有的已加工完毕，有的还尚未加工，在各工序的加工量都差不多的情况下，后面各工序在产品多加工的程度可以抵补前面各工序少加工的程度。为了简化计算，这种情况下在计算各工序内在产品完工程度时，按平均完工50%计算。

[例8-9]

甲产品单位工时定额20小时，经两道工序制成。各工序单位工时定额为：第一道工序4小时，第二道工序16小时。在产品完工程度计算结果如下：

$$第一道工序：\frac{4\times 50\%}{20}\times 100\%=10\%$$

$$第二道工序：\frac{4+16\times 50\%}{20}\times 100\%=60\%$$

在很多企业生产中，原材料是在生产开始时一次投入的。这时，在产品无论完工程度如何，都应和完工产品一样负担材料费用，因而不需要计算在产品的约当产量。如果原材料是随着生产过程陆续投入的，则应按照各工序投入的材料费用在全部材料费用中所占的比例计算在产品的约当产量。

[例8-10]

某种产品需两道工序制成，原材料消耗定额为500千克，其中，第一道工序原材料消耗定额为240千克，第二道工序原材料消耗定额为260千克。月末在产品数量情况为：第一道工序200件，第二道工序150件。完工产品为241件，月初在产品和本月发生的原材料费用共计38 400元。

材料费用分配计算如下：

$$第一道工序的约当产量=\frac{240\times 50\%}{500}\times 200=48(件)$$

$$第二道工序的约当产量=\frac{240+260\times50\%}{500}\times150=111(件)$$

$$原材料费用分配率=\frac{38\,400}{241+(48+111)}=\frac{38\,400}{241+159}=96(元/件)$$

完工产品原材料费用：241×96=23 136(元)

在产品原材料费用：159×96=15 264(元)

5. *在产品成本按定额成本计算的方法*

这种方法是指事先经过调查研究、技术测定或按定额资料，对各个加工阶段的在产品直接确定一个定额单位成本，月终将在产品数量分别乘以各项定额单位成本，即可计算出月末在产品的定额成本。将月初在产品成本加上本月发生费用，减去月末在产品的定额成本，就可算出产成品的总成本。产成品总成本除以产成品产量，即产成品单位成本。这种方法的计算公式如下：

月末在产品成本=月末在产品数量×在产品定额单位成本

产成品总成本=(月初在产品成本+本月发生费用)−月末在产品成本

$$产成品单位成本=\frac{产成品总成本}{产成品产量}$$

6. *按定额比例分配完工产品和月末在产品成本的方法（定额比例法）*

如果各月末在产品数量变动较大，但制定了比较准确的消耗定额，则生产费用可以在完工产品和月末在产品之间用定额消耗量或定额费用按比例分配。通常，材料费用按定额消耗量比例分配，而其他费用按定额工时比例分配。

计算公式如下（以按定额成本比例分配为例）：

$$材料费用分配率=\frac{月初在产品实际材料成本+本月投入的实际材料成本}{完工产品定额消耗量+月末在产品定额消耗量}$$

完工产品应分配的材料成本=完工产品定额消耗量×材料费用分配率

月末在产品应分配的材料成本=月末在产品定额消耗量×材料费用分配率

企业的完工产品包括产成品、自制材料及自制工具、模型等低值易耗品，以及为在建工程生产的专用设备和提供的修理劳务等。本月完工产品的成本应从“基本生产成本”或“辅助生产成本”科目的贷方转入有关科目：完工入库的产成品的成本，转入“产成品”科目；完工自制材料、工具、模型等的成本，转入“原材料”等科目；为企业在建工程提供的劳务费用，月末不论是否完工，都应将其实际成本转入“在建工程”科目。“基本生产成本”科目的月末余额就是基本生产车间在产品的成本。

8.4 期间费用的计算

8.4.1 期间费用的特点

期间费用是指不能直接归属于某个特定产品成本的费用。它是随着时间推移发生的，与当期产品的管理和产品销售相关，而与产品的产量、制造过程无直接关系的费用。其特点是：容易确定其发生的期间，而难以判别其所应归属的产品，因而不能列入产品制造成本，在发生当期从损益中扣除。期间费用包括销售费用、管理费用、财务费用。

期间费用与产品成本的区别：

（1）与会计期间的关系不同。期间费用只与费用发生的当期有关，不影响或不分摊到以后的会计期间。而产品中当期完工部分当期转为产成品，未完工部分转入下一期继续加工，与前后会计期间都有联系。

（2）与生产产品的关系不同。期间费用是为生产产品提供正常的条件，加强对生产经营和销售的管理而发生的，与产品的生产本身并无直接关系。而产品成本是指与生产产品有关的直接生产费用和间接生产费用，它们直接计入或分配计入产品中。

（3）与会计报表的关系不同。期间费用直接列入当期利润表，抵扣当期损益。而产品成本中只有完工并且已经销售部分作为主营业务成本，列入当期利润表，未销售的产成品和未完工的在产品则列入资产负债表。

8.4.2 销售费用的计算

销售费用是指企业在销售商品过程中发生的各项费用以及为销售企业商品而专设的销售机构（含销售网点、售后服务网点等）的经营费用。按现行制度规定，其内容一般包括产品自销费用（包装费、运输费、装卸费等）、产品促销费（展览费、广告费等）、销售部门的费用（销售网点、售后服务网点的职工工资及福利费等）和进货费用等。

为了计算在销售商品过程中发生的各项费用，企业应当设置“销售费用”科目。该科目归集和反映企业在销售商品过程中发生的各项费用，并在期末转入“本年利润”科目。“销售费用”科目结转“本年利润”后，期末应无余额。

8.4.3 管理费用的计算

管理费用是指企业为组织和管理生产经营活动所发生的各种费用。包括公司经费、工会经费、职工教育费、劳动保险费、待业保险费、聘请中介机构费、咨询费、诉讼费、业务招待费、房产税、车船税、城镇土地使用税、存货跌价准备等。

为了计算企业为组织和管理生产经营所发生的管理费用，应当设置“管理费用”科目。该科目归集管理部门为组织和管理企业所发生的各项管理费用，以及期末转入“本年利润”科目的管理费用。“管理费用”科目结转“本年利润”后，期末应无余额。

8.4.4　财务费用的计算

财务费用是指企业为筹集生产经营所需资金等而发生的费用，包括利息支出（减利息收入）、汇兑损失（减汇兑收益）以及相关的手续费等。

为正确核算财务费用，必须合理划分资本化利息和费用化利息。划分的基本原则是：购建固定资产的借款利息应当资本化，生产经营的借款利息应当费用化。在实际工作中往往会遇到比较复杂的情况，必须根据具体情况分析处理。

企业发生的各项财务费用通过“财务费用”科目计算。该科目归集的本期实际发生的财务费用转入“本年利润”科目后，期末应无余额。

思考题

1. 从成本内容角度来说，成本是如何分类的？这种分类的结果是如何体现在会计报表中的？

2. 成本计算必须正确划分哪些费用界限？为什么？

3. 采用品种法进行成本计算时的基本程序是什么？

4. 生产费用在完工产品与在产品之间分配的常用方法有哪几种？各自的适用范围是什么？

5. 什么是约当产量法？该方法的适用范围有哪些？

6. 成本分配标准应能反映被分配费用的特点，对不同费用而言，可供选择的分配标准有哪些？选择的依据是什么？

7. 有人说：成本管理的任务就是降低成本、节约费用，对此你是怎么理解的？

练习题

1. 企业 A 产品的原材料费用在产品成本中所占比重较大，月末在产品只计算原材料费用。A产品月初在产品原材料费用为5 300元，本月发生的原材料费用为31 100元，原材料是在生产过程中陆续投入的；职工薪酬等其他费用为1 600元。本月完工产品300件，月末在产品100件。

要求：请采用适当的方法将费用在完工产品和在产品之间进行分配，并计算完工产品成本和在产品成本。

2. 某企业有供水和供电两个辅助生产车间，这两个车间辅助生产明细账归集的费用分别是供电车间10 375元、供水车间23 000元，两个辅助生产车间供应产品及劳务的情况如表1所示。

表1　辅助车间供应产品及劳务情况

受益单位		供电数量（度）	供水数量（m^3）
辅助生产车间	供电车间		560
	供水车间	3 100	
基本生产车间		17 150	4 538
行政管理部门		5 054	652
合计		25 304	5 750

要求：采用直接分配法分配辅助生产车间的生产费用。

3. 甲产品由两道工序加工完成，原材料随生产过程陆续投入。第一道工序的原材料消耗定额为300千克、工时定额为8小时；第二道工序原材料消耗定额为200千克，工时为12小时。本月完工产品261件，第一道工序在产品50件，第二道工序在产品180件。月初在产品的原材料费用和本月发生的原材料费用为12 000元、直接人工为7 600元、制造费用为4 800元。

要求：计算本月完工产品和期末在产品的生产成本。

4. 某企业生产的D产品分两道工序制成，原材料在生产开始时一次投入。月初加本月生产费用为：原材料37 800元，工资14 208元，制造费用10 248元。本月完工130件，月末在产品50件，完工程度为36%。

要求：采用约当产量法分配计算完工产品和月末在产品费用。

5. 企业生产A，B两种产品，原材料在生产开始时一次投入，采用品种法计算产品成本。假定两种产品未单独领用原材料，也未单独耗用直接人工。A，B两种产品共同耗用的材料按定额消耗量比例分配，直接人工和制造费用按实际工时比例分配。其他资料如下：

(1) A产品期初无在产品；B产品期初在产品成本为：直接材料13 200元，直接人工4 600元，制造费用1 200元。

(2) A产品原材料的定额消耗量为2 500千克，B产品为4 000千克，两种产品耗用原材料的实际成本为66 300元；A产品实际工时为16 000小时，B产品实际工时为26 000小时；两种产品耗用的直接人工合计16 800元，制造费用合计6 300元。

(3) A 产品完工产品 1 000 件，无期末在产品；B 产品除直接材料之外的其他费用按约当产量法在完工产品与在产品之间进行分配，本月完工 2 100 件，期末在产品 1 500 件（完工程度为 60%）。

要求：

(1) 编制各种费用的分配表。

(2) 编制 A，B 产品的成本计算单，计算完工产品的总成本和单位成本。

第9章

成本计算方法

要想正确计算产品成本，必须按照产品的生产特点和企业管理要求采用适当的方法。企业产品的生产特点和管理要求不同，成本计算方法也有所不同。企业选择成本计算方法时，首先要明确成本计算对象（如产品的品种、批别、加工步骤等），此外还要确定生产费用的归集和计入产品成本的程序、成本的计算期及生产费用在完工产品和在产品间的分配方法。

9.1 品种法

9.1.1 品种法的适用范围

产品成本计算的品种法是以产品品种为成本计算对象计算成本的一种方法。它适用于大量大批单步骤生产的企业。在这种类型的生产中，产品的生产过程不能划分为几个生产步骤（如企业或车间的规模较小，或者车间是封闭式的，也就是说，从原材料投入到产品出产的全部生产过程都是在一个车间内进行的），或者生产是按流水线组织的，管理上不要求按照生产步骤计算产品成本，可以按品种法计算产品成本。

9.1.2 品种法的主要特点

（1）成本计算对象是产品品种。如果企业只生产一种产品，全部生产费用都是直接费用，可直接记入该产品成本明细账的有关成本项目中，不存在各成本计算对象之间分配费用的问题。如果是生产多种产品，则间接费用要采用适当的方法在各成本计算对象之间进行分配。

（2）一般定期（每月月末）计算产品成本。

（3）如果企业月末有在产品，要将生产费用在完工产品和在产品之间进行分配。

9.1.3 品种法的成本计算程序

按照产品的品种计算成本，是成本管理对成本计算最一般的要求，成本计算的一般程序也就是品种法的成本计算程序（见图 9-1）。

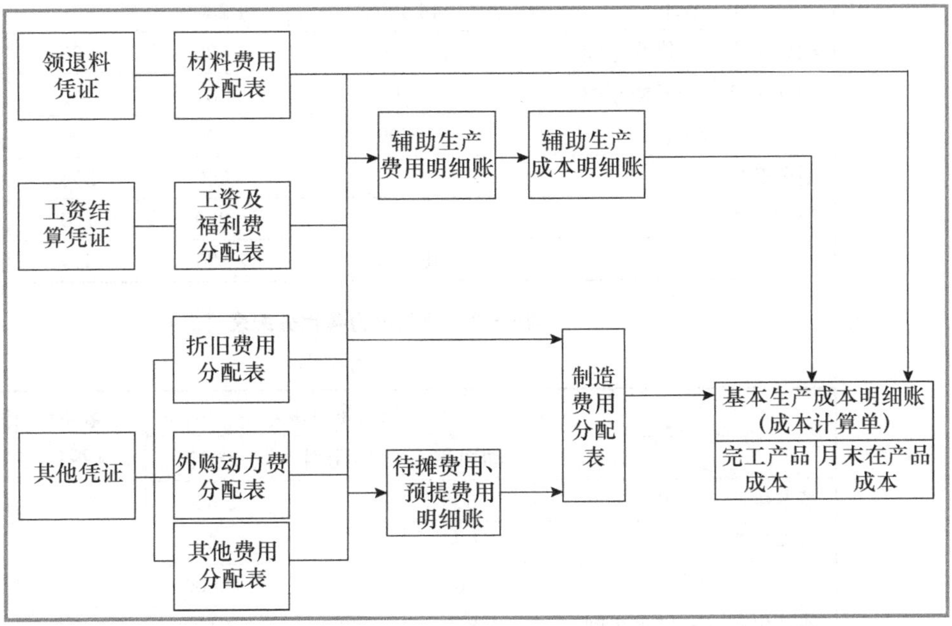

图 9-1 品种法的成本计算程序

各种成本计算方法除了在成本计算单的开设和计算方法上有所不同以外，其他计算程序基本相同。图 9-1 中所举的例子就是按照品种法的成本计算程序来说明的。

9.1.4 品种法举例

［例 9-1］

某企业有一个基本生产车间，单步骤大量生产甲、乙两种产品。此外还有供水和机修两个辅助生产车间。该企业 2018 年 4 月有关资料为：甲产品月末在产品 40 件，加工程度为 50%，本月完工甲产品 200 件；乙产品月末无在产品，本月完工产品 300 件。甲、乙产品均为开工时一次投入原料，工、料费用的发生随加工程度增加。该企业产品成本计算如下。

1. 各要素费用的发生和分配

根据原始凭证及有关资料，可以按用途和部门编制各种费用分配表（表 9-1 至表 9-7），进行要素费用的归集和初次分配。

表 9-1　材料费用分配表（一）

2018 年 4 月　　　　单位：元

应记科目	原材料及主要材料	辅助材料	燃料	合计
基本生产——甲产品	26 000	400		26 400
基本生产——乙产品	22 000	800		22 800
小计	48 000	1 200		49 200
辅助生产——供水车间	400	120	60	580
辅助生产——机修车间	300	80	40	420
小计	700	200	100	1 000
制造费用		600	304	904
管理费用		220	110	330
合计	48 700	2 220	514	51 434

表 9-2　外购电力费用分配表（二）

2018 年 4 月

应记科目	耗用量（度）			单价（元）	金额（元）
	动力用	照明用	合计		
基本生产——甲产品	5 600		5 600	0.3	1 680
基本生产——乙产品	4 000		4 000	0.3	1 200
小计	9 600		9 600		2 880
辅助生产——供水车间	2 800	360	3 160	0.3	948
辅助生产——机修车间	2 200	360	2 560	0.3	768
小计	5 000	720	5 720		1 716
制造费用		960	960	0.3	288
管理费用		520	520	0.3	156
合计	14 600	2 200	16 800		5 040

表 9-3　工资和提取的职工福利费分配表（三）

2018 年 4 月　　　　单位：元

应记科目	基本工资及补助	职工福利费	合计
基本生产——甲产品	24 360	2 880	27 240
基本生产——乙产品	21 204	2 440	23 644
小计	45 564	5 320	50 884
辅助生产——供水车间	3 780	456	4 236
辅助生产——机修车间	4 620	532	5 152
小计	8 400	988	9 388
制造费用	2 000	250	2 250
管理费用	1 616	212	1 828
合计	57 580	6 770	64 350

表 9－4　折旧和提取的大修理费用分配表（四）

2018 年 4 月　　单位：元

应记科目	基本生产车间	辅助生产车间		管理费用	合计
		供水	机修		
折旧	920	330	420	456	2 126
大修理费用	460	184	240	246	1 130

表 9－5　其他费用分配表（五）

2018 年 4 月　　单位：元

应记科目	差旅费	办公费	运输费	合计
基本生产	232			232
辅助生产——供水		36		36
辅助生产——机修			44	44
管理部门		112		112
合计	232	148	44	424

表 9－6　预提费用分配表（六）

2018 年 4 月

应记科目	金额（元）
财务费用（利息支出）	380

表 9－7　待摊费用分配表（七）

2018 年 4 月

应记科目	金额（元）
制造费用——基本生产车间（低值易耗品）	624

表 9－1 至表 9－7 清楚地展示了各要素费用的发生情况（如按用途和部门进行的费用归集），从而为下一步的费用分配奠定了基础。

2. 辅助生产费用的归集和分配

将上述费用分配表中归集的应记入“辅助生产”科目的各项辅助生产费用汇总反映在“辅助生产明细账”（见表 9－8 和表 9－9）中。

表 9－8　辅助生产明细账

单位：供水车间　　2018 年 4 月　　单位：元

2018 年		凭证号	摘要	直接材料费	工资及福利费	制造费用	结转	金额
月	日							
4	30		根据分配表（一）	520		60		
4	30		根据分配表（二）	840		108		
4	30		根据分配表（三）		4 236			

续表

2018年		凭证号	摘要	直接材料费	工资及福利费	制造费用	结转	金额
月	日							
4	30		根据分配表（四）			330		
4	30		根据分配表（四）			184		
4	30		根据分配表（五）			36		
4	30		待分配费用小计	1 360	4 236	718		6 314
4	30		根据分配表（八）				6 314	
4	30		合计	1 360	4 236	718	6 314	

表9-9 辅助生产明细账

单位：机修车间　　　　2018年4月　　　　单位：元

2018年		凭证号	摘要	直接材料费	工资及福利费	制造费用	结转	金额
月	日							
4	30		根据分配表（一）	380		40		
4	30		根据分配表（二）	660		108		
4	30		根据分配表（三）		5 152			
4	30		根据分配表（四）			420		
4	30		根据分配表（四）			240		
4	30		根据分配表（五）			44		
4	30		待分配费用小计	1 040	5 152	852		7 044
4	30		根据分配表（八）				7 044	
4	30		合计	1 040	5 152	852	7 044	

对汇总反映在“辅助生产明细账”（见表9-8和表9-9）中的辅助生产费用，再按一定的方法（本例采用直接分配法）在各受益对象之间进行分配（见表9-10），从而形成产品成本计算的依据。

表9-10 辅助生产费用分配表（直接分配法）（八）

2018年4月

辅助生产		基本生产成本			制造费用（基本生产车间）	管理费用	合计
		甲产品	乙产品	小计			
供水车间	耗电量（吨）	17 000	12 000	29 000	1 900	670	31 570
	分配率（元/吨）						(6 314/31 570) 0.2
	金额（元）	3 400	2 400	5 800	380	134	6 314

续表

辅助生产		基本生产成本			制造费用（基本生产车间）	管理费用	合计
		甲产品	乙产品	小计			
机修车间	耗电量（小时）	1 100	1 100	2 200	685	285	3 170
	分配率（元/小时）						（7 044/3 170）2.22
	金额（元）	2 444	2 444	4 888	1 520.7	635.3	7 044
合计		5 844	4 844	10 688	1 900.7	769.3	13 358

3. 基本生产车间的制造费用的归集和分配

根据上述分配表归集属于基本生产车间的制造费用（见表 9－11）。

表 9－11　制造费用明细账

单位：基本生产车间　　2018 年 4 月　　单位：元

2018 年		摘要	工资福利费	折旧费	大修理费	机物料消耗	劳保费	水电费	其他	结转
月	日									
4	30	根据分配表（一）				904				
4	30	根据分配表（二）						288		
4	30	根据分配表（三）	2 250							
4	30	根据分配表（四）		920	460					
4	30	根据分配表（五）							232	
4	30	根据分配表（七）					624			
4	30	根据分配表（八）							1 900.7	
4	30	费用小计	2 250	920	460	904	624	288		
4	30	根据分配表（九）								7 578.7
4	30	合计	2 250	920	460	904	624	288	2 132.7	7 578.7

对汇总反映在“制造费用明细表”（见表 9－11）中的制造费用，再按一定的标准（本例以基本生产车间机器工时为分配标准）在甲、乙两种产品间分配（见表 9－12），从而形成产品成本计算的依据。

表 9－12　基本生产车间制造费用分配表（九）

应记科目	生产工时	分配金额（元）
基本生产成本——甲	1 950	4 089.15
基本生产成本——乙	1 664	3 489.55
合计	3 614	7 578.7

4. 汇总、计算产品成本

企业在产品生产过程中所发生的各项费用经过以上归集和分配，最终汇总到各产品的名下，这些费用还要在完工产品和月末在产品之间进行分配（采用约当产量法分配）才能最终计算完工产品的总成本和单位成本（见表 9－13 和表 9－14）。

表 9－13　产品成本计算单一

产品名称：甲产品　　　　单位：元

2018年		凭证号	摘要	成本项目			合计
月	日			直接材料	直接人工	制造费用	
4	1		月初在产品费用	7 850	3 670	1 124	12 644
4	30		根据分配表（一）	26 400			26 400
4	30		根据分配表（二）	1 680			1 680
4	30		根据分配表（三）		27 240		27 240
4	30		根据分配表（八）			5 844	5 844
4	30		根据分配表（九）			4 089.15	4 089.15
4	30		本月生产费用小计	28 080	27 240	9 933.15	65 253.15
4	30		生产费用合计	35 930	30 910	11 057.15	77 897.15
4	30		结转完工产品成本	29 940	28 100	10 052	68 092
4	30		单位成本	149.7	140.5	50.26	340.46
4	30		月末在产品成本	5 990	2 810	1 005.15	9 805.15

表 9－14　产品成本计算单二

产品名称：乙产品　　　　单位：元

2018年		凭证号	摘要	成本项目			合计
月	日			直接材料	直接人工	制造费用	
4	1		月初在产品费用	2 922	780	228	3 930
4	30		根据分配表（一）	22 800			22 800
4	30		根据分配表（二）	1 200			1 200
4	30		根据分配表（三）		23 644		23 644
4	30		根据分配表（八）			4 844	4 844
4	30		根据分配表（九）			3 489.55	3 489.55
4	30		本月生产费用小计	24 000	23 644	8 333.55	55 977.55
4	30		生产费用合计	26 922	24 424	8 561.55	59 907.55
4	30		结转完工产品成本	26 922	24 424	8 561.55	59 907.55
4	30		单位成本	89.74	81.41	28.54	199.69

根据上述成本计算单（亦称基本生产成本明细账）的结果可知：甲产品的单位成本是 340.46 元，而乙产品的单位成本是 199.69 元。

9.2　分批法

9.2.1　分批法的适用范围

产品成本计算的分批法，是按照产品生产批别计算产品成本的一种方法。这种方法适用于小批、单件、复杂生产的企业或生产车间，如重型机械、精密仪器、专用设备和船舶制造等企业，也适用于企业新产品试制、实验性生产或自制设备、工具、模具的生产等。

9.2.2　分批法的主要特点

（1）成本计算对象是产品的批别。由于产品的批别大多是根据销货订单确定的，因此，这种方法又称为订单法。

（2）产品成本的计算是与生产任务通知单的签发和结束紧密配合的，因此产品成本计算是不定期的。成本计算期与产品生产周期基本一致，而与核算报告期不一致。

（3）由于成本计算期与产品的生产周期基本一致，因而在计算月末产品成本时，一般不存在完工产品与在产品之间分配费用的问题。

9.2.3　分批法的成本计算程序

采用分批法计算产品成本，应以各批产品作为成本计算对象。如果在一张订单中订购的产品不止一种，还必须按批内不同的品种划分生产费用，计算产品成本。如果在一张订单中只有一种产品，但数量较大，不便于一次投产，或者购货单位要求分批交货，也可以分为数批来组织生产并计算成本。如果是单件生产（一张订单只订购一件产品），但这件产品属于大型复杂的产品（如大型船舶），也可以按产品不同的组成部分分批组织生产，也可合为一批组织生产并计算成本。

为了计算各批产品的实际成本，产品投产时应根据订单或工作令号，为每批产品开设成本明细账。每月发生的生产费用，根据有关凭证直接记入各批产品成本明细账的有关科目中。制造费用等间接费用应另设明细账归集，月末再按一定标准分配计入各批产品成本。

分批法是以产品的生产周期作为成本计算期的。如果是单件生产，产品完工前全部是在产品成本，产品完工时全部是完工产品成本，因而不存在完工产品和在产品之间分配费用的问题。如果是小批生产，批内产品通常都能同时完工，但也存在批内产品跨月陆续完工的情况。这时就要选择一定的方法，在完工产品和在产品之间分配费用，以便计算完工产品成本和月末在产品成本。

9.2.4 分批法举例

[例9-2]

某企业按照购货单位的要求，小批生产某些产品，采用分批法计算产品成本。该企业5月份投产丙产品10件，批号为501，6月份全部完工；6月份投产丁产品60件，批号为601。截至6月底，产品成本计算单见表9-15和表9-16。各种费用的归集和分配过程省略。

表9-15 产品成本计算单一

批号：501　　产品名称：丙产品　　开工日期：5月15日

委托单位：新浪公司　　批量：10件　　完工日期：6月20日

项目	直接材料费	直接人工费	制造费用	合计
5月末余额	12 000	900	3 400	16 300
6月发生费用				
据材料费用分配表	4 600			4 600
据工资费用分配表		1 700		1 700
据制造费用分配表			8 000	8 000
合计	16 600	2 600	11 400	30 600
结转产成品（10件）成本	16 600	2 600	11 400	30 600
单位成本	1 660	260	1 140	3 060

表9-16 产品成本计算单二

批号：601　　产品名称：丁产品　　开工日期：6月5日

委托单位：佳华公司　　批量：60件　　完工日期：

项目	直接材料费	直接人工费	制造费用	合计
6月发生费用				
据材料费用分配表	18 000			18 000
据工资费用分配表		1 650		1 650
据制造费用分配表			4 800	4 800
合计	18 000	1 650	4 800	24 450
结转产成品（40件）成本	12 000	1 320	3 840	17 160
单位成本	300	33	96	429
月末在产品成本	6 000	330	960	7 290

例9-2中，501批产品6月份全部完工，所以发生的产品生产费用合计即完工产品总成本。601批产品月末部分完工，而且完工产品数量占总指标的比重较大，应采用适当的方法将产品生产费用在完工产品与在产品之间进行分配。本例由于原材料费用在生产开始时一次投入，所以原材料费用按完工产品

和在产品的实际数量做比例分配，其他费用则按约当产量法进行分配。

1. 材料费用按完工产品产量和在产品数量做比例分配

$$材料费用分配比例=\frac{18\,000}{40+20}=300$$

完工产品应负担的材料费用=300×40=12 000(元)

在产品应负担的材料费用=300×20=6 000(元)

2. 其他费用按约当产量法分配

(1) 计算 601 批丁产品的约当产量，如表 9-17 所示。

表 9-17　丁产品约当产量计算表

工序	完工程度	在产品（件）		完工产品（件）	产量合计（件）
	①	②	③=①×②	④	⑤=③+④
1	15%	4	0.6		
2	25%	4	1		
3	70%	12	8.4		
合计	—	20	10	40	50

(2) 直接人工费用按约当产量法分配：

$$直接人工费用分配比例=\frac{1\,650}{40+10}=33$$

完工产品应负担的直接人工费用=33×40=1 320(元)

在产品应负担的直接人工费用=33×10=330(元)

(3) 制造费用按约当产量法分配：

$$制造费用分配比例=\frac{4\,800}{40+10}=96$$

完工产品应负担的制造费用=96×40=3 840(元)

在产品应负担的制造费用=96×10=960(元)

将各项费用分配结果记入 601 批丁产品成本计算单（见表 9-16）即可计算出丁产品的完工产品成本和月末在产品成本。

9.3 分步法

9.3.1 分步法的适用范围

产品成本计算的分步法是按照产品的生产步骤计算产品成本的一种方法。

它适用于大量大批多步骤生产的企业，如纺织、造纸、冶金和机械制造等企业。在这类企业中，产品生产可以分为若干步骤，在成本管理中不仅要求按照产品品种计算成本，而且要求按照生产步骤计算成本，以便为分析和考核各种产品及各生产步骤的成本计划的执行情况提供资料。

9.3.2 分步法的主要特点

（1）成本计算对象是各种产品的生产步骤。

（2）月末计算完工产品成本时，需要将归集在生产成本明细账中的生产费用在完工产品和在产品之间进行分配。

（3）除了按品种计算和结转产品成本，还需要计算和结转产品的各步骤成本。成本计算对象是各种产品及其经过的各个加工步骤。如果企业只生产一种产品，成本计算对象就是该产品及其经过的各个生产步骤。成本计算期是固定的（一般是在月末），与产品生产周期不一致。

9.3.3 分步法的成本计算程序

在实际工作中，根据成本管理对各生产步骤成本资料的不同要求（是否要求计算半成品成本）和简化核算的要求，各生产步骤成本的计算和结转一般采用逐步结转和平行结转两种方法，称为逐步结转分步法和平行结转分步法。

1. *逐步结转分步法*

逐步结转分步法是按照产品加工的顺序，逐步计算并结转半成品成本，直到最后加工步骤才能计算产成品成本的一种方法。它是按照产品加工顺序先计算第一个加工步骤的半成品成本，然后结转给第二个加工步骤，这时，把第一个步骤转来的半成品成本加上第二个步骤耗用的材料和加工费用，求得第二个加工步骤的半成品成本，依此顺序逐步转移累计，直到最后一个加工步骤计算出产成品成本。逐步结转分步法就是为了分步计算半成品成本而采用的一种方法，也称计算半成品成本分步法。

（1）逐步结转分步法的特点。逐步结转分步法在完工产品与在产品之间分配费用，是指各步骤完工产品与在产品之间的分配。其优点有：能提供各生产步骤的半成品成本资料；为各生产步骤的在产品实物管理及资金管理提供资料；能够全面地反映各生产步骤的生产耗费水平，更好地满足各生产步骤成本管理的要求。其缺点有：成本结转工作量较大，各生产步骤的半成品成本如果采用逐步综合结转方法，还要进行成本还原，核算的工作量会增加。

这种方法适用于大量大批、连续式复杂生产的企业。有的企业不仅将产成品作为商品对外销售，而且将生产的半成品作为商品对外销售，例如，钢铁厂的生铁、钢锭，纺织厂的棉纱等，因而需要计算半成品成本。

逐步结转分步法按照成本在下一步骤成本计算单中的反映方式，可以分为综合结转和分项结转两种方法。下面仅介绍综合结转。

(2) 逐步综合结转分步法。综合结转法是指上一步骤转入下一步骤的半成品成本，以“直接材料”或专设的“半成品”项目综合列入下一步骤的成本计算单。如果半成品通过半成品库收发，由于各月所生产的半成品的单位成本不同，因而所耗半成品的单位成本可以如同材料核算一样，采用先进先出或加权平均等方法计算。综合结转可以按照半成品的实际成本结转，也可以按照半成品的计划成本结转。这里仅就按实际成本综合结转举例说明。

[例 9-3]

某企业 A 产品的生产分两个步骤，分别在两个车间进行。第一车间生产的半成品交半成品库验收，第二车间按所需数量向半成品库领用。第二车间所耗半成品费用按全月一次加权平均单位成本计算。两个车间月末的在产品均按定额成本计价。其成本计算程序及计算过程如下。

第一，根据各种费用分配表、半成品产量月报和第一车间在产品定额成本资料（这些费用的归集、分配与品种法相同，故省略过程）登记 A 产品第一车间（半成品）的成本计算单，如表 9-18 所示。

表 9-18　A 产品（半成品）成本计算单

第一车间　　20××年 6 月　　单位：元

项目	产量（件）	直接材料	直接人工	制造费用	合计
月初在产品定额成本		12 040	3 500	4 200	19 740
本月生产费用		41 400	14 720	20 400	76 520
合计		53 440	18 220	24 600	96 260
完工半成品转出	400	36 240	13 220	18 600	68 060
月末在产品定额成本		17 200	5 000	6 000	28 200

第二，根据第一车间 A 产品（半成品）成本计算单、半成品入库单和第二车间领用半成品的领用单登记半成品明细账，如表 9-19 所示。

表 9-19　半成品明细账

单位：元

月份	月初余额		本月增加		合计			本月减少	
	数量（件）	实际成本	数量（件）	实际成本	数量（件）	实际成本	单位成本	数量（件）	实际成本
6	180	28 800	400	68 060	580	96 860	167	400	66 800
7	180	30 060							

第三，根据各种费用分配表、产成品产量月报和第二车间在产品定额成本资料（这些费用的归集和分配与品种法相同）登记 A 产品第二车间（产成品）成本计算单，如表 9-20 所示。

表9-20　A产品（产成品）成本计算单

第二车间　　20××年6月　　单位：元

项目	产量（件）	直接材料	直接人工	制造费用	合计
月初在产品定额成本		32 000	7 000	8 000	47 000
本月生产费用		66 800	16 800	17 600	101 200
合计		98 800	23 800	25 600	148 200
产成品转出	500	82 800	20 300	21 600	124 700
单位成本		165.6	40.6	43.2	249.4
月末在产品定额成本		16 000	3 500	4 000	23 500

采用综合结转法结转半成品成本，各步骤所耗半成品的成本是以“直接材料”项目综合反映的，这样计算出的产品成本不能提供按原始成本项目反映的成本资料。通过上面第二车间产品成本明细账的资料可以看出，逐步综合结转半成品成本以后，表现在产成品成本中的绝大部分费用是最后一个步骤所耗半成品的费用，直接人工和制造费用只是最后一个步骤发生的费用，在产品成本中所占比重很小，这显然不符合产品成本构成的实际情况，不能据以从整个企业角度分析和考核产品成本的构成和水平。因此，从整个企业角度分析和考核产品成本的构成和水平时，还应将逐步综合结转计算出的产成品成本进行成本还原。

（3）成本还原。成本还原就是把各步骤所耗半成品的综合成本逐步分解还原为“直接材料”“直接人工”“制造费用”等项目，以便提供按原始成本项目反映的产品成本资料。成本还原一般采用逆序法，即从最后一个步骤开始，将各加工步骤完工产品成本中所耗上一加工步骤所产半成品的综合成本按成本还原率逐步分解，还原为直接材料、直接人工和制造费用等成本项目，以求得按原始成本项目反映的产品成本资料。成本还原率的计算公式如下：

$$\text{成本还原率}=\frac{\text{本月产成品所耗上一步骤半成品费用}}{\text{上一步骤本月所产该种半成品成本合计}}$$

以成本还原率分别乘以上一步骤本月所产各种半成品各个成本项目的费用，就可将本月产成品所耗该种半成品的综合费用进行分解、还原；然后将还原前的产成品成本与产成品成本中半成品费用的还原值按照成本项目相加即可，还原后产成品的单位成本等于还原后产成品的总成本除以产品产量。

[例9-4]

依例9-3，要求对产品成本进行成本还原。

首先，计算成本还原率。

$$\text{成本还原率}=\frac{82\ 800}{68\ 060}=1.216\ 6$$

产成品所耗半成品费用中的直接材料=36 240×1.2166=44 089.58(元)

产成品所耗半成品费用中的直接人工=13 220×1.2166=16 083.45(元)

产成品所耗半成品费用中的制造费用=82 800−44 089.58−16 083.45
=22 626.97(元)

其次，编制成本还原计算表，如表 9-21 所示。

表 9-21　成本还原计算表

产品名称：A 产品　　　　产量：500 件　　　　单位：元

项目	还原前产品总成本	上步骤本月完工半成品成本	成本还原率	产成品成本中半成品成本	还原后产成品总成本	还原后产成品单位成本
	①	②	③	④	⑤=①+④	⑥=⑤/总产量
半成品	82 800		1.216 6	−82 800		
直接材料		36 240		44 089.58	44 089.58	88.18
直接人工	20 300	13 220		16 083.45	36 383.45	72.77
制造费用	21 600	18 600		22 626.97*	44 226.97	88.45
合计	124 700	68 060			124 700	249.4

* 产成品所耗半成品费用中的“制造费用”项目按本月产成品所耗上一步骤半成品费用减去还原出的直接材料和直接人工计算求得，是为了避免由于分配率保留小数位不同可能造成的还原项目之和与还原前费用总和之间形成的差额。

由表 9-21 可以看出，将成本还原后，产成品的成本构成与表 9-20 有很大不同，通过成本还原将产成品的成本构成恢复到实际的状况。

2. 平行结转分步法

平行结转分步法是指在计算各步骤成本时，不计算各步骤生产半成品的成本，也不计算各步骤所耗上一步骤的半成品成本，而只计算本步骤发生的其他各项费用，以及这些费用中应计入产成品成本的份额，将相同产品的各步骤成本明细账中的这些份额平行结转、汇总，即可计算出该种产品的产成品成本。这种结转各步骤成本的方法称为平行结转分步法，也称不计算半成品成本分步法。

(1) 成本计算对象和成本结转程序。采用平行结转分步法的成本计算对象是各种产成品及其经过的各生产步骤中的成本“份额”。而各步骤的产品生产费用并不随着半成品实物的转移而结转。成本结转程序见图 9-2。

从图 9-2 中可以看出，各生产步骤不计算本步骤的半成品成本，尽管半成品的实物转入下一生产步骤继续加工，但其成本并不结转到下一生产步骤的成本计算单中，只是在产品最后完工入产成品库时，才将各步骤费用中应由完工产品负担的份额从各步骤成本计算单中转出，平行汇总计算产成品的成本。

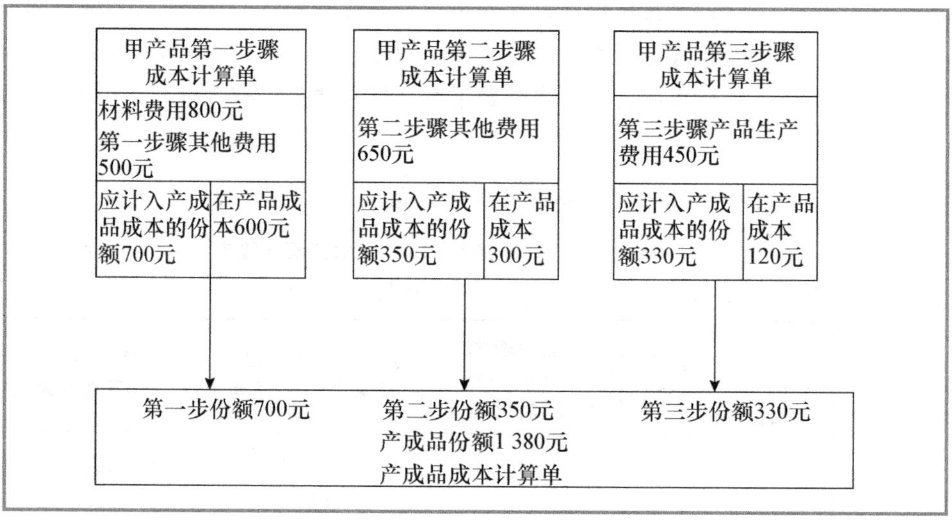

图 9-2　平行结转分步法的成本结转程序

(2) 产品生产费用在完工产品和在产品之间的分配。采用平行结转分步法，每一生产步骤的生产费用也要在完工产品与月末在产品之间进行分配。但这里的完工产品是指企业最后完工的产成品；这里的在产品是指各步骤尚未加工完成的在产品和各步骤已完工但尚未最终完成的产品。

[例 9-5]

某企业生产甲产品，生产分两步在两个车间内进行，第一车间为第二车间提供半成品，第二车间加工为产成品。各种生产费用归集与分配过程省略，数字在各成本计算单中列示。产成品和月末在产品之间分配费用的方法是定额比例法：材料费用按定额材料费用比例分配，其他费用按定额工时比例分配。

第一，有关甲产品的定额资料详见表 9-22。

第二，根据甲产品的定额资料、各种生产费用分配表和产成品交库单，登记第一、第二车间的产品成本明细账，详见表 9-23 和表 9-24。

表 9-22　甲产品的定额资料

车间份额	月初在产品		本月投入		本月产成品				
					单件定额		产量（件）	定额原材料费用（元）	定额工时
	定额原材料费用（元）	定额工时	定额原材料费用（元）	定额工时	原材料费用（元）	工时			
第一车间份额	10 560	4 880	6 400	2 800	50	30	200	10 000	6 000
第二车间份额		2 600		6 910		40	200		8 000
合计	10 560	7 480	6 400	9 710	50	70	200	10 000	14 000

表 9－23 产品成本计算单一

第一车间　　甲产品　　单位：元

摘要	产成品产量（件）	原材料		定额工时	工资及福利费	制造费用	成本合计
		定额	实际				
月初在产品		10 560	11 210	4 880	5 020	9 810	26 040
本月生产费用		6 400	7 446	2 800	4 196	6 318	17 960
合计		16 960	18 656	7 680	9 216	16 128	44 000
费用分配率			1.1		1.2	2.1	
产成品成本中本步骤份额	200	10 000	11 000	6 000	7 200	12 600	30 800
月末在产品		6 960	7 656	1 680	2 016	3 528	13 200

(1) 定额原材料费用和定额工时，根据前列甲产品定额资料计算登记。月末没有盘点在产品，月末在产品定额资料是根据月初在产品定额资料、本月投入定额资料和产成品定额资料，采用倒挤的方法计算求得的。

表 9－24 产品成本计算单二

第二车间　　甲产品　　单位：元

摘要	产成品产量（件）	原材料		定额工时	工资及福利费	制造费用	成本合计
		定额	实际				
月初在产品				2 600	2 910	4 870	7 780
本月生产费用				6 910	7 551	7 493	15 044
合计				9 510	10 461	12 363	22 824
费用分配率					1.1	1.3	
产成品成本中本步骤份额	200			8 000	8 800	10 400	19 200
月末在产品				1 510	1 661	1 963	3 624

(2) 本月生产费用即本步骤为生产甲产品所发生的各项生产费用，应根据各种生产费用分配表登记。由于原材料是在生产开始时一次投入的，采用平行结转分步法在各生产步骤间不结转半成品成本，因此，只有第一车间有原材料费用（定额和实际），第二车间则没有本月耗用的半成品费用。

(3) 费用分配率计算。采用定额比例法在产成品与在产品之间分配费用，应首先计算费用分配率，其中材料费用按定额材料费用比例分配；其他各项费用均按定额工时比例分配。

第三，将第一、第二车间产品成本明细账中应计入产成品成本的份额，平行汇总记入甲产品成本汇总表，详见表 9－25。

表 9-25 甲产品成本汇总表

20××年6月　　单位：元

车间份额	产量（件）	原材料	工资及福利费	制造费用	成本合计
第一车间份额	200	11 000	7 200	12 600	30 800
第二车间份额	200		8 800	10 400	19 200
合计	200	11 000	16 000	23 000	50 000
单位成本	200	55	80	115	250

平行结转分步的优点是：各步骤可以同时计算产品成本，平行汇总计入产成品成本，不必逐步结转半成品成本；能够直接提供按原始成本项目反映的产品成本资料，不必进行成本还原，因而能够简化和加速成本计算工作。缺点是：不能提供各该步骤的半成品成本资料；在产品的费用在产品最后完成以前，不随实物转出而转出，即不按其所在的地点登记，而按其发生的地点登记，因而不能为各该生产步骤在产品的实物和资金管理提供资料；各生产步骤的产品成本不包括所耗半成品费用，因而不能全面地反映各该步骤产品的生产耗费水平（第一步除外），不能更好地满足这些步骤成本管理的要求。

思考题

1. 什么是成本计算的品种法？品种法是否适用于所有企业和所有情况？它有哪些特点？
2. 什么是成本计算的分批法？分批法的适用范围是什么？它有哪些特点？
3. 什么是成本计算的分步法？分步法的适用范围是什么？它有哪些特点？
4. 什么是综合结转分步法？它有哪些优缺点？
5. 为什么要进行成本还原？怎样进行成本还原？
6. 什么是平行结转分步法？它有哪些优缺点？

练习题

甲产品生产分两个步骤在两个车间进行，第一车间为第二车间提供半成品，半成品收发通过半成品库进行，两个车间的期末在产品均按定额成本计价。甲产品的有关资料如表1所示。月初半成品300件，实际成本119 400元，月末半成品720件。

表 1　甲产品相关情况　　单位：元

摘要	车间	直接材料	直接人工	制造费用	合计
月初在产品成本	一车间	122 000	14 000	10 800	146 800
	二车间	37 400	1 000	1 100	39 500
本期生产费用	一车间	427 000	48 800	42 700	518 500
	二车间	400 000	15 000	15 000	430 000
月末在产品成本	一车间	61 000	7 000	5 400	73 400
	二车间	48 620	1 300	1 430	51 350

要求：

(1) 用逐步综合结转分步法编制分车间的成本计算单，计算甲产品成本。

(2) 进行成本还原。

第10章

作业成本计算与管理

10.1 作业成本法与决策有用性

10.1.1 作业成本法

作业成本法简称ABC法，是以作业为基础的成本计算方法。作业成本法认为，企业的全部经营活动是由一系列相互关联的作业组成的，企业每进行一项作业都要耗用一定的资源；而企业生产的产品（包括提供的服务）需要通过一系列的作业来完成。因而，产品成本实际上就是企业为生产该产品的全部作业所消耗资源的总和。

于是，生产导致作业发生，产品耗用作业，作业耗用资源，从而导致成本发生。因此，在计算成本时，首先按经营活动中发生的各项作业来归集成本，计算作业成本；然后再按各项作业成本与成本对象（产品或服务）之间的因果关系，将作业成本追溯到成本对象，最终完成成本计算过程。

10.1.2 决策有用性

决策有用性是指基于作业计算出的成本信息能够满足企业生产经营决策多方面的需要。

现代企业对成本信息的需求是多方面的，主要包括：1）成本信息应有助于相对准确地确定期末存货的价值，从而有助于提供企业的财务状况信息；2）成本信息应有助于相对准确地确定已销商品成本，从而有助于核定企业的期间损益；3）在企业按照不同需求层次组织多品种产品生产时，成本信息应有助于确定某些特殊用户订购产品的价格；4）成本信息应有助于考核企业的业绩，衡量企业在各个制造环节的耗费并为降低产品成本提供依据。

在不断变化的环境下，传统成本计算往往扭曲成本信息甚至使成本信息完全丧失决策有用性，主要体现在以下几个方面：

(1) 在将间接费用计入最终产品或服务方面采用单一的标准，并假定间接费用的支出有助于生产，这种情况在现代制造业中已发生改变。

(2) 将间接费用按直接人工工时或机器工时分配给最终产品或服务，必然会导致生产数量多的产品要负担较多的间接费用，而生产数量少、批量小的产品则负担较少的间接费用。显然，这种分配方式在假定间接费用随产量变动而变动的前提下是合适的。而在现代制造业中，产量只是引起间接费用发生的一个原因而不是唯一原因，甚至不再是主要原因。

(3) 传统成本计算以企业为主体、以产品为对象来反映企业整体业绩（尽管某些企业也以步骤或批别为对象，但最终目的仍是反映企业整体业绩），却无法反映对内部不同责任单位（如不同部门、不同过程、不同工序和环节）的系统化、对象化的考核要求。在竞争日趋激烈的今天，企业不仅要更多地组织、协调产品的生产，而且要使内部不同工序和环节紧密相扣、适时相接，这势必会发生更多的资源耗费，增加企业的间接费用。这一切都要求成本管理深入到作业层次，把企业生产工序和环节视为对最终产品提供服务的作业，把企业看成为最终满足顾客需要而设计的一系列作业的集合。

综上所述，获取决策有用性高的成本信息是作业成本法得以产生的理论依据，也是作业成本法的理论基点。

10.1.3　案例与思考——问题的提出

甲公司生产 A，B，C 三种主要产品。其中 B 产品是公司产量最高的产品，让 CEO（首席执行官）纳闷的是，竞争对手 B 产品的价格似乎总比本公司的低。CEO 感慨道：“不知为何，竞争对手总可以压低 B 产品的价格，让我们处于被动。按理说，我们的生产效率未必比竞争对手低，何况我们刚上了一套计算机控制的制造系统。”

此外，C 产品是公司获利的重要来源，“但从市场情况看，我们已经多次提高了 C 产品的价格，客户依然络绎不绝！难道竞争对手对这个市场不感兴趣?”

整个市场形势让人感到迷惑不解：B 产品产量大，价格却上不去；C 产品的价格已经很高了，但好像还有提价的空间。

公司新上任的 CFO（首席财务官）通过数周的工作，终于解开了这个谜：由于公司以产量为标准分配间接成本，因而高估了产量高但工艺相对简单的 B 产品的成本，却大大低估了产量低但工艺相对复杂的 C 产品的成本。

工艺简单、产量高的 B 产品承担了过多的成本份额，而工艺复杂、产量低的 C 产品却没有承担应该承担的成本份额。

CFO解释道："显然，我们在制定价格的过程中依据了错误的成本信息！公司将B产品的价格定得偏高，而C产品的价格则偏低。这样一来，竞争对手总是可以把产品价格压得很低；与此相反，由于公司对C产品的成本估计偏低，所以竞争对手没有太多的生存空间，基于低成本制定的低价格让C产品在市场上异常火爆。"

该公司不是按照三种产品进行区分和归集，单独计算每种产品的间接费用，而是把生产部门整体当作成本中心来归集间接费用，每种产品负担的间接费用是基于公司整体的生产能力（即产量）平均分配的。

CFO强调："这就是问题所在！我们被扭曲的成本信息误导，实际上是在用C产品的盈利来弥补B产品的亏损。"

通过分析，CFO建议："我们已经建立了ERP系统，完全有条件在更细致的层面对产品成本进行归集，以得到更加准确的成本信息。"

10.1.4 作业成本法的计算步骤

作业成本法是把企业消耗的资源按资源动因分配给作业以及把作业归集的作业成本按作业动因分配给成本对象的核算与管理方法。作业成本核算的基础是成本驱动因素理论：生产导致作业的发生，作业消耗资源并导致成本的发生，产品消耗作业。由此可见，作业成本的实质就是在资源耗费和产品耗费之间借助作业来分离、归纳、组合，然后形成各种成本计算对象（如产品成本）的成本。

因此，在作业成本法下，成本计算程序分为两大阶段。第一阶段是将各种资源耗费形成的费用分配到相同性质的作业成本库中，计算每一个成本库的分配率（即单位作业成本）；第二阶段是按作业成本库的分配率，把费用分摊到成本计算对象（如产品）上去，计算成本计算对象的成本。其实际操作步骤如下：

（1）定义和识别作业。

（2）归集资源费用到同质成本库。

（3）选择成本动因。选择合理、有效的成本动因作为计算成本库的分配率的基准。

成本计量要考虑成本动因材料是否易于获得；成本动因和消耗资源之间相关程度越高，成本被歪曲的可能性就越小。

（4）计算成本库的分配率。

（5）计算成本计算对象的成本。把成本库中的费用分配到成本计算对象（如产品、部门等）上去，就可以计算成本计算对象的成本。以甲产品为例，

$$\text{甲产品成本}=\sum \text{甲产品消耗的作业}\times\text{该种作业的数量}\times\text{该种作业的单位成本}$$

10.2　作业的确认与分类

10.2.1　作业的确认

作业是作业成本计算和管理的第一对象。资源耗费是成本被汇集到各个作业中去的原因，而作业是汇集资源耗费的对象。

从技术或管理角度看，作业是企业生产过程中的各个工序和环节；但从作业成本计算角度看，作业是基于一定的目的、以人为主体、消耗一定资源的特定范围内的工作。

作业应具备如下特征：

（1）作业是以人为主体的一项工作。尽管现代制造业机械化、自动化程度很高，但仍然需要人的参与，人能掌握并且操纵各种机器设备，仍然是现代制造业中各项具体生产工作的主体，也就是作业的主体。

（2）作业消耗一定的资源。作业以人为主体，至少要消耗一定的人力资源；作业是人力作用于物的工作，因而也要消耗一定的物质资源。

（3）区分不同作业的标志是作业目的。在完备的制造业中，现代化程度越高，生产程序的设计和人员分工越合理，企业经营过程的可区分性也就越强。因此，可以把企业制造过程按照每一部分工作的特定目的区分为若干作业，每个作业负责该作业职权范围内的每一项工作，这些作业互补并且互斥，构成了完整的经营过程。作业目的不同于某一具体工作的目的，如采购作业负责适时为生产提供材料，但从该作业内部看，仍然包括若干项具体工作：有人负责与供应商建立固定联系，有人处理款项结算与材料交接，有人负责材料运输等。之所以把这些工作确定为一项作业是有深层次原因的，这个原因就是作业动因，因为这些具体工作都因该作业动因而发生。

（4）对于一个生产程序不尽合理的企业而言，作业可以区分为增值作业（该增值作业可以进一步分为低增值作业和高增值作业）和不增值作业。不增值作业虽然也消耗资源，但并不是合理消耗，对于制造产品的目的本身并不直接做出贡献。如企业内部产品的搬运作业，以搬运距离作为其动因消耗资源，但作业成本法认为，这种搬运作业可以采用缩短搬运距离即紧凑经营过程的方式逐步消除。

在上述分析中可以看出，作业作为成本计算对象，不仅有利于相对准确地计算产品成本，还有利于成本考核和分析工作。既然作业吸纳了资源，那么，搞清作业状况，就搞清了资源耗费状况；减少作业，就堵塞了资源消耗的渠道，这都为降低产品成本提供了基本依据。

10.2.2 作业的分类

1. 按是否增加价值区分

作业按是否增加价值分为增值作业和不增值作业，其中，增值作业是指能给顾客带来附加价值因而能给企业带来利润的作业，而不增值作业是指不能给顾客带来附加价值的作业。例如车间领用钢材 10 吨，其中 6 吨加工为产品对外销售，4 吨退回仓库。此时，6 吨钢材的领用就是增值作业，4 吨钢材的领退就是不增值作业。

增值作业和不增值作业划分的立足点是从用户的角度看作业的效果，即是否令用户满意以及在多大程度上令用户满意。从用户的视角来分析作业实际上就是用户满意的思想在作业成本管理模式中的体现，是作业成本管理的重点。

按作业的增值能力进一步把作业分为低增值作业和高增值作业是作业成本管理的延伸，相对来说，低增值作业具有改善的必要性和急迫性，高增值作业在短期内不必急于改善。例如，某企业的对外销售产品是用自营车队运输的，由于车辆空驶返回，利用率只有 50%，此时的车辆使用属于低增值作业；而如果将自营车辆卖掉，资金用于生产，对外销售的产品由社会上的运输公司运输，即使单程运输费用比自营贵 30%，也比自营节约 20%，此时，外包属于高增值作业。

既要考虑改善作业的必要性，也要考虑改善作业的可能性，这才是作业改善的现实思路。低增值作业是否一定要削减呢？例如，员工培训计划对于产品制造而言是不增值作业，但是对企业长期的战略发展具有非常重要的意义，不具有削减的余地，因此就应该和可以直接削减的其他不增值作业进行区分。所以，作业本身的合理性会影响按增值观点来区分作业的做法，应该作为一个参考因素。

2. 按与产品联系的紧密程度区分

按与产品联系的紧密程度可以将作业分为以下四类：

（1）产品单位层次的作业，即能使单位产品受益的作业。这种作业的成本往往与产品的产量或销售量呈线性关系（即成比例变动），如机器的折旧及动力等。

（2）产品批量层次的作业，即能使一批产品受益的作业。这种作业的成本往往与产品的批别成正比例变动，如对每批产品的检视、机器准备、原料处理、批量采购、设备调试、订单处理等。

（3）产品种类层次的作业，即能使某种产品的每个单位都受益的作业。这种作业的成本和产品的产量或批次无关，但与产品项目成正比例变动，例如，产品设计开发、生产流程的确定、对每一种产品编制数控规划及材料清单等。

(4) 产品工序层次的作业，也叫过程作业，是为制造产品和提供服务做出贡献，但和产品或服务的数量无关的作业成本。

前三个层次的作业成本向最终的成本对象的归集，是由其所处的层次所决定的。因此，认识作业的层次也是作业成本计算的一个基本要求。

3. 其他分类

基于不同的情况和研究目的，许多学者对作业进行了不同的分类，这对深入研究和把握作业成本计算法起到了促进作用。

特尼教授认为：小型公司的作业可分为两类：(1) 目标作业，即使产品或顾客受益的作业。为顾客提供技术服务是一个典型的目标作业。(2) 维持性作业，即使某个机构或某个部门受益的作业，它与产品的种类和某种产品的多少无关。

而詹姆斯·A. 布林逊将作业分成三类：(1) 重复性作业和不重复作业。前者是以连续性为基础，在作业会计系统内不断维持投入、产出和处理过程的作业；后者是一次性作业，主要用于一次性工程。(2) 基础作业和派生作业。前者是指一个部门或一个组织单位的基本职责，例如，工程部门的基本作业是产品设计和制模；后者是支持组织基本作业的作业，例如，支持整个组织或组织中某个部门的基本作业的派生作业有：行政管理、监督、训练、秘书工作等。(3) 必需的作业和任意作业。前者是一个组织必不可少的作业；后者是可以根据管理者的判断进行任意选择的作业。

10.3 成本动因

成本动因是指导致成本变动的原因。无论是成本计算还是成本管理都应首先确定成本动因，如此才能进行正确的成本计算和有效的成本管理。

10.3.1 作业成本动因

作业成本动因是指在微观层次就某一特定的作业而言导致成本变动的原因。传统上往往把业务量（如产量、销售量）看作成本变动的唯一动因（自变量），认为它对成本分配起着决定性的制约作用，而忽略其他因素（动因）。按照这一成本动因思想，企业的成本分为变动成本和固定成本两大类，并形成了量本利分析以及依存于产量的弹性预算的具体应用。

然而，业务量并不是驱动成本的唯一因素。例如，在企业成本管理中可以考虑通过实现适度经营规模来有效地控制成本，因为通常较大规模比较小规模更有利于降低单位产品成本。再如，采购费用支出不单纯受采购数量制约，还与采购次数有关，大量采购能降低单位采购成本；营销费用支出不单纯受销售数量制约，还与销售批次有关，大量销售能降低单位产品负担的营销费用。对这类问题，若能分析出各动因（自变量）与成本（因变量）之间的关系，建立起成本函数的具体模型，即可进一步运用数学方法确定最优经济规模。最优订购批量决策模型就是一个具体的例子。

在确定成本动因时应注意以下两点：

（1）成本动因的选择不必求全，但应该找到最重要的、与主要成本支出相关的关键因子。试图找出与所有成本耗费均相关的成本动因往往是不可能的，因为在一个独立的作业中不可能所有的耗费都与同一个成本动因成正比。正确的做法是先选择出相对独立的、对产品的形成影响较大的主要作业，然后再确定作业中与主要的成本耗费相关性较大的成本动因。

（2）成本动因的选择应采取多元化的方式，并注意与传统成本核算系统相结合。事实上，在将更多的间接费用直接化的过程中，作业成本法往往可以在解决传统成本方法存在的问题的基础上推动传统成本方法的发展，有助于提高成本核算的准确性和合理性。

10.3.2 案例与思考——问题的解决①

波特兰电力公司（Portland Power Company，PPC）为公用事业公司，公司开单部为两类主要客户——居民户和商业户提供账户查询和账单打印服务，目前有120 000个居民户和20 000个商业户。

现有两个因素影响公司的获利：一是行业竞争加剧，收费降低，要想获利必须降低成本；二是市场规模扩大，预计居民户将上升50%，商业户将上升10%。

公司目前正在满负荷运转，要获得更多的盈利需有良策应对。良策一：通过投资，扩大规模，增加利润。良策二：通过外包，调整品种，增加利润。

某地方劳务局愿按每户3.5美元的价格（不分客户类型）接受PPC公司的客户，并为客户提供账户查询和账单打印服务。

PPC公司经分析认为，通过投资扩大规模有两个不确定因素：一是增加的市场规模中本公司所占有的份额；二是增加的产能是否能达到保本点的要求。公司最终决定通过外包，调整品种，增加利润。

PPC公司对两类客户的自营单位成本进行了计算（见图10-1）。

以查询次数为分配基础进行两类客户单位成本的计算，结果如表10-1所示。

① 查尔斯·亨格论. 管理会计教程：第10版. 许秉岩，史向东，译. 北京：华夏出版社，1999.

表 10－1　客户单位成本计算　　单位：美元

客户	成本/查询次数 565 340/23 000	查询次数	总成本	账户数	总成本/账户数
	(1)	(2)	(1)×(2)	(3)	(1)×(2)÷(3)
居民户	24.58	18 000	442 440	120 000	3.69
商业户	24.58	5 000	122 900	20 000	6.15

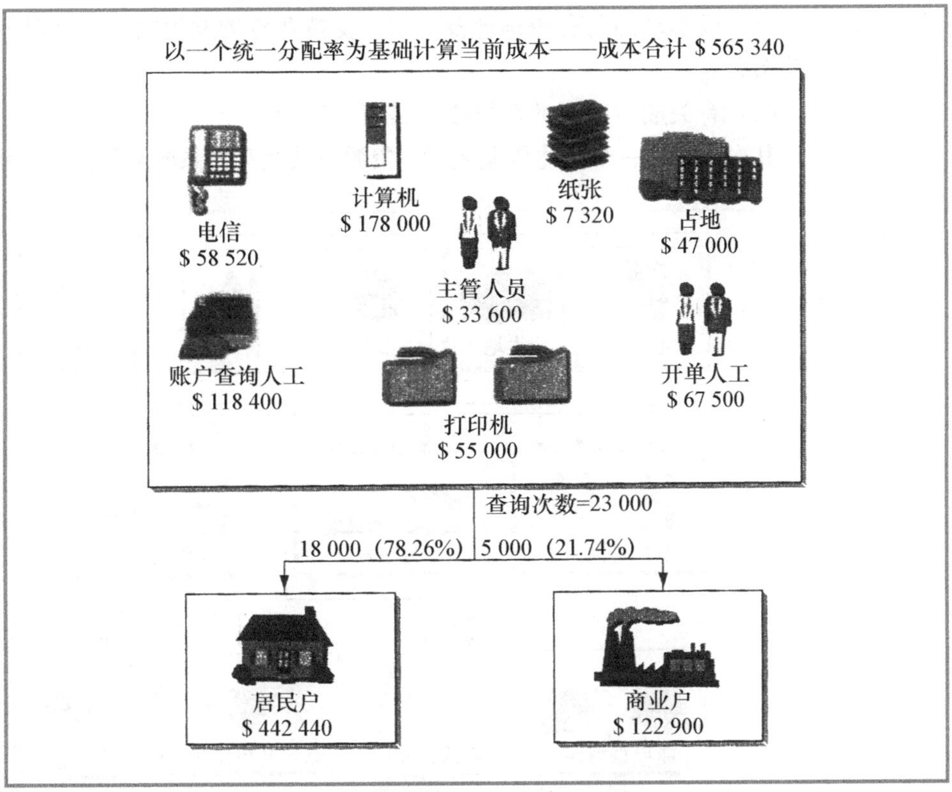

图 10－1　两类客户自营单位成本计算

管理当局认为上述计算结果存在问题。一是按此结果进行决策时，由于两类客户的自营单位成本均高于地方劳务局的出价，因而将两类客户全部移交给地方劳务局将使公司获得最大利益，但公司经营将空心化。二是管理当局认为，由于业务的复杂性，商业户实际消耗的支持资源远远高于 21.74%。如商业户平均每张账单有 50 行，而居民户平均每张只有 12 行。

因此，管理当局认为应提高成本信息的决策有用性，采用作业成本法。

首先，管理当局为开单部确定了四个作业，并确定了相关成本动因（见表 10－2）。

表 10-2　作业及相关成本动因

作业	成本动因
账户开单	行数
单据审核	账户数
账户查询	人工小时数
通信	发信数量

成本动因必须按两个标准选择：

（1）成本动因与资源消耗及（或）支持业务的发生之间必须具有合理的因果关系。

（2）有关成本动因的数据必须是可获得的。

其次，制作一个描述作业流程、资源及其相互关系的流程图（见图 10-2）。

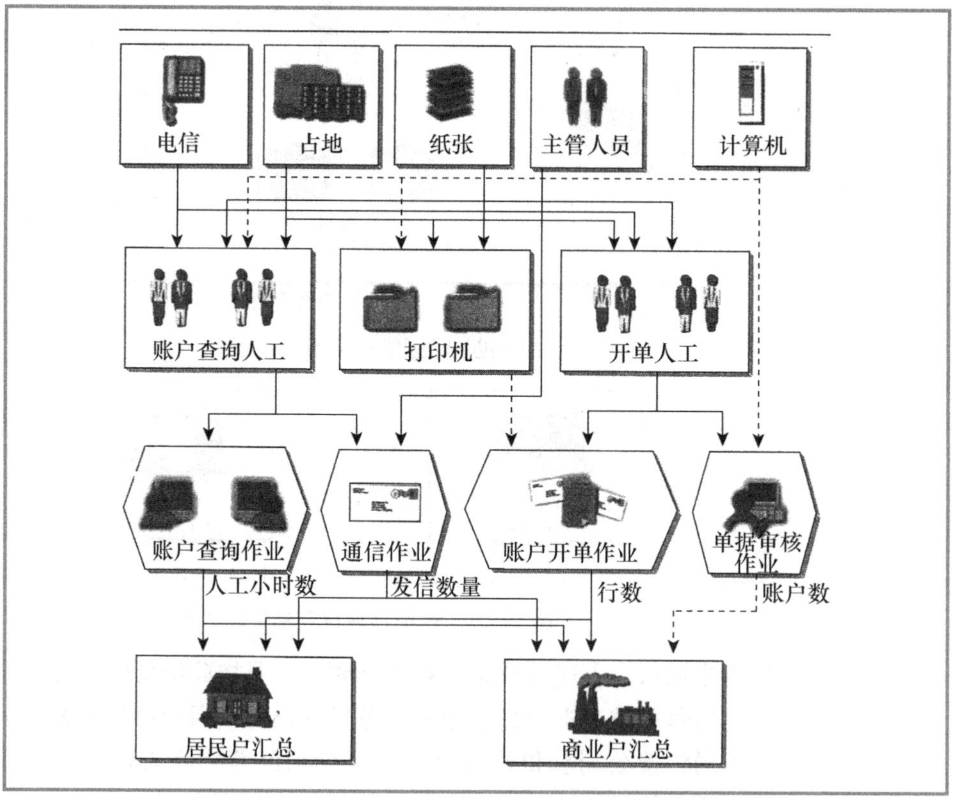

图 10-2　作业流程、资源及其相互关系的流程图

最后，收集成本和成本动因的资源和作业实物流量的相关数据。

各作业成本收集情况如图 10-3 所示（其中只对商业户进行单据审核）。每一作业所收集的成本数据包括可追溯成本和成本动因实物流量。在图 10-3 中，账户开单作业的可追溯成本为 235 777 美元，包括打印机成本（55 000 美元）和支持开单活动的其他资源成本（纸张、占地、计算机、开单人工）。可追溯成本总额为 565 340（205 332＋35 384＋235 777＋88 847）美元，等于图 10－1 中的成本合计。

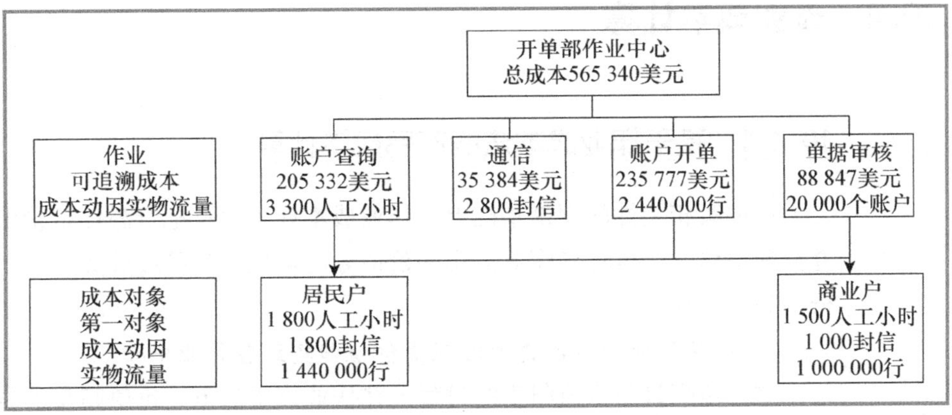

图 10－3　各作业成本收集情况

通过对成本的重分类和计算，形成了作业成本计算的关键结果（见表 10－3 和表 10－4）。

表 10－3　成本重分类和成本计算

作业（成本动因）	可追溯成本（美元）	成本动因总实物流量	单位动因成本
账户查询（人工小时数）	205 332	3 300	62.221 8
通信（发信数量）	35 384	2 800	12.637 1
账户开单（行数）	235 777	2 440 000	0.096 63
单据审核（账户数）	88 847	20 000	4.442 35

表 10－4　不同成本计算结果比较

	单位动因成本	居民户		商业户	
		成本动因实物流量	成本（美元）	成本动因实物流量	成本（美元）
账户查询（人工小时数）	62.221 8	1 800	111 999	1 500	93 333
通信（发信数量）	12.637 1	1 800	22 747	1 000	12 637
账户开单（行数）	0.096 63	1 440 000	139 147	1 000 000	96 630
单据审核（账户数）	4.442 35	0		20 000	88 847
成本总额			273 893		291 447
账户数量			120 000		20 000
单位账户成本			2.28		14.57
传统单位账户成本			3.69		6.15

从表 10－3 和表 10－4 中可以看出：居民户单位账户成本 2.28 美元比传统单位账户成本 3.69 美元低 1.41 美元，而商业户单位账户成本 14.57 美元比传统单位账户成本 6.15 美元高 8.42 美元。管理当局认为传统方法低估了商业

户成本的想法得到了证实。

10.4 作业成本计算

10.4.1 基于作业成本法的产品成本计算

在决策相关性的理论基础上，作业成本计算就是把资源耗费价值予以分解并分配给作业，再将各作业汇集的价值分配给最终产品或服务。这一过程可以分为三个步骤。

1. 确认作业中心，将资源耗费价值归集到各作业中心

这一步骤只是价值归集的过程。在作业成本法下，价值归集的方向受两方面的限制：一是资源种类；二是作业中心种类。在实务操作中，对某制造中心的每个作业中心都要按资源类别设立资源库，把该制造中心所耗资源价值归集到各资源库中去。如对圆珠笔生产这个制造中心，分别对制芯和制壳这两个作业中心设立材料费、动力费、折旧费、办公费等资源库，这样，就可以从资源耗费的最初形态上把握各种资源归集到各作业中心的状况。

2. 确认作业，将作业中心汇集的资源耗费价值予以分解并分配到各作业成本库中

作业确认后，一般不轻易变动。这样，在对资源库资源耗费价值进行分配时，面临的就是已确定的作业种类。我们为每项作业设立了一个成本库，于是成本计算步骤就演化为如何将资源库价值结转到作业成本库。要解决这一问题，需遵循作业成本计算的基本规则：作业量决定资源的耗用量，资源耗用量的高低与最终的产出量没有直接关系。专家们把这种资源量与作业量的关系描述为资源动因。所谓资源动因，通俗地讲，是指资源被各作业消耗的方式和原因。资源动因反映了作业对资源的消耗状况，因而是把资源户价值分解到各作业户的依据。

确立资源动因的原则是：第一，如果某一项资源能直观地确定为某一特定产品所消耗，则应直接计入该特定产品成本中，此时资源动因也是作业动因，该动因可以认为是“终结耗费”，材料费往往适用该原则。第二，如果某项资源耗费可以从发生领域区划为各作业所耗，则可以直接计入各作业成本库，此时资源动因可以认为是“作业专属耗费”，各作业发生的办公费适用这种原则，各作业按实付工资额核定应负担的工资费也适用这一原则。第三，如果某项资源耗费在最初呈混合耗费形态，则需要选择合适的量化依据将资源分解并分配到各作业，这个量化依据就是资源动因，如动力费一般按各作业耗电度数分配等。

在成本分配过程中，各资源库价值要根据资源动因逐项分配到各作业中去。于是，可以为每个作业成本库按资源类别设立作业资源要素，将每个作业成本库各作业资源要素价值相加就形成了作业成本库价值。

3. 将各作业成本库的价值分配计入最终产品成本计算单相应项目，计算完工产品成本

与传统成本计算一样，我们为制造中心投产的每一种（或批）产品设立成本计算单。在每一张成本计算单中，还应按该产品生产所涉及的作业种类设立作业成本项目。这时的成本计算步骤就是把各作业成本库的价值结转到各产品成本计算单上，这一步骤反映的作业成本计算规则是：产出量决定作业的耗用量。专家们将这种作业耗用量与产出量之间的关系描述为作业动因。所谓作业动因，是指各作业被最终产品或服务消耗的方式和原因。

可见，作业动因是将作业成本库价值分配到产品或服务中去的标准，也是作业耗费与最终产出相沟通的中介。既然作业是依据作业动因确认的，就每一项作业而言，其动因也就已经确立，成本计算在这一步骤并无障碍。如果订单作业是一种批别动因作业，只需将该作业成本除以当期订单份数即可得到分配率；将此分配率乘以某批产品所用订单份数即可得到应计入该批产品成本计算单上“订单”这个成本项目的价值。

在把作业成本库价值计入各产品成本计算单以后，如何得出完工产品成本就是一个简单的问题了。如果把作业成本法应用于财务会计，则期末有必要在完工产品与在产品之间分配成本（此问题将在后面结合实例说明）。如果认为作业成本法只是一种管理会计手段，则用成本计算单追踪到产品全面完工即可。

10.4.2 基于作业成本法的产品成本计算举例

1. 资料

某服装厂现有定编员工 50 人，按缝纫、平整两个中心组织生产。缝纫中心每月可提供 4 000 工时，平整中心每月可提供 2 000 工时。

假设该厂生产规划作业资料如表 10－5 至表 10－8 所示。

表 10－5 本月生产作业规划

产品批别	名称	件数	单位材料（主料）定额（元）	需用工时定额		完工状况
				缝纫	平整	
001	衬衣	4 000	40	1	0.5	本月完工 3 000 件
002	纯毛大衣	10	500	6	3	本月完工

表 10－6 本月资源耗费计算表

	材料		工资费	动力费	折旧费	办公费	合计
	主料	辅料					
金额（元）	170 000	10 000	40 000	7 000	50 000	18 000	295 000

表 10-7　主要参数及专属费用表

	订单	生产规划	采购	剪裁	缝纫	平整	生产协调	厂部	编外	合计
定编人员数	4	6	3	2	10	8	7	8	2	50
耗电度数	400	1 000	100	1 000	2 500	3 000	500	1 500		10 000
001 批未完工状态					200	800				1 000
未完工产品本作业完工率（%）					0	0				
折旧费（元）	2 000	5 000	1 000	5 000	14 000	10 000	6 000	7 000		50 000
办公费（元）	3 000	3 000	2 000	1 000	500	500	2 500	5 500		18 000
材料费（元）	本月实耗主料 170 000 元；实耗辅料 10 000 元，其中，专属 001 批 9 500 元，专属 002 批 500 元									

表 10-8　作业衡量参数表（作业动因量化表）

作业名称	量化单位（作业动因）	衡量参数	产品消耗		
			001 批	002 批	其他批
订单	订单份数	40	1	1	38
生产规划	规划次数	30	1	1	28
采购	采购次数	82	80	2	0
剪裁	剪裁次数	82	80	2	0
缝纫	缝纫工时（定额）	3 860	3 800	60	0
平整	平整工时（定额）	1 530	1 500	30	0
生产协调	协调次数	50	30	20	0
厂部	价值				

2. 用作业成本法计算产品成本

（1）将本月资源耗费分别计入各资源户。即将本月所耗各类资源（材料费 180 000 元，工资费 40 000 元，动力费 7 000 元，折旧费 50 000 元，办公费 18 000 元）分别计入各该资源户。

（2）将各资源户归集的价值按资源动因分配计入各作业户。

1）材料费用的分配。由于材料直接用于特定产品，因而按各产品定额耗费价值计入各产品成本户，材料费用超定额差异计入期间费用。分配计算表如表 10-9 所示。

表 10-9　材料费用分配计算表　　单位：元

资源项目 作业户	材料费用	
	主料	辅料
生产成本——001	40×4 000=160 000	9 500
——002	500×10=5 000	500
期间费用	170 000−165 000=5 000	
合计	170 000	10 000

2）其他费用的分配。其他费用按资源动因分配计入各作业户，其中工资

费按定编人员数分配计算，动力费按各单位耗电度数分配计算，折旧费、办公费按前述表中所列专属费用计入。分配计算表如表 10－10 所示。

表 10－10　其他资源耗费分配计算表　　单位：元

资源项目	总耗费额	分配率	订单	生产规划	采购	剪裁	缝纫	平整	生产协调	厂部	期间费用
工资费	40 000	800 元/人	3 200	4 800	2 400	1 600	8 000	6 400	5 600	6 400	1 600
动力费	7 000	0.7 元/度	280	700	70	700	1 750	2 100	350	1 050	
折旧费	50 000	专属	2 000	5 000	1 000	5 000	14 000	10 000	6 000	7 000	
办公费	18 000	专属	3 000	3 000	2 000	1 000	500	500	2 500	5 500	
合计	115 000		8 480	13 500	5 470	8 300	24 250	19 000	14 450	19 950	1 600

在表 10－10 中，工资费按定编人员数分配是假定每人工资一样，由于该厂有两名编外人员，作业成本法认为这两人的工资费用属于非增值资源耗费，应计入期间费用，而不计入产品成本。其他资源耗费如有类似情况也应类似处理。

（3）将各作业汇集费用分配计入各批别产品的成本户。

1）订单作业。订单作业的作业动因是订单份数，本月该作业争取到 40 份订单，则每份订单取得成本为：

$$每份订单成本=\frac{8\,480}{40}=212(元/份)$$

于是，　计入生产成本——001 户的费用＝212×1＝212(元)

计入生产成本——002 户的费用＝212×1＝212(元)

计入生产成本——其他批别的费用＝212×38＝8 056(元)

至于生产规划、采购、剪裁、生产协调等作业均可比照订单作业的原理计算和分配有关费用。

2）缝纫作业。由于在做生产规划时为每批产品确定了单件产品缝纫工时定额，在自动化作业条件下，这种规划可以做得很准确。因而，应按此定额确定各批产品实耗工时数。

001 批产品在缝纫作业中有 200 件未完工，且完全未经缝纫作业处理，共耗用工时数为：

(4 000－200)×1＝3 800(工时)

002 批产品全部经由该作业处理，共耗用工时数为：

10×6＝60(工时)

由于该作业实际生产能力为 4 000 工时，有理由认为有 4 000－3 800－60＝140（工时）是未使用资源耗费工时，据此，

$$分配率=\frac{24\,250}{4\,000}=6.062\,5(元/工时)$$

应计入 001 批产品成本＝3 800×6.062 5＝23 037.5(元)

应计入002批产品成本＝60×6.062 5＝363.75(元)

应计入期间费用的耗费＝140×6.062 5＝848.75(元)

3）平整作业。同样，平整作业也是该服装厂的主要作业，生产规划部门为每批产品设定了单件工时定额。

001批产品定额消耗工时为：

(4 000－200－800)×0.5＝1 500(工时)

002批产品定额消耗工时为：

10×3＝30(工时)

平整中心可供工时为2 000，未使用工时为2 000－1 500－30＝470，据此，

$$分配率=\frac{19\ 000}{2\ 000}=9.5(元/工时)$$

应计入001批产品成本＝9.5×1 500＝14 250(元)

应计入002批产品成本＝30×9.5＝285(元)

应计入期间费用的耗费＝470×9.5＝4 465(元)

4）厂部作业。厂部作为一项作业，进行的是价值管理，对可控范围内的费用开支负责。对于本厂所产产品而言，已纳入生产规划的定额材料费用投入可认为是厂部不可控费用，其他费用均可认为是可控费用，其价值投入均与厂部管理有关。根据前面的计算，每批产品成本和期间费用厂部可控部分分别为：

001批产品成本＝212＋450＋5 336＋8 080＋23 037.5＋14 250＋8 670
＝60 035.5(元)

002批产品成本＝212＋450＋134＋220＋363.75＋285＋5 780
＝7 444.75(元)

其他批别产品成本＝8 056＋12 600＝20 656(元)

期间费用＝5 000＋848.75＋1 600＋4 465＝11 913.75(元)

$$厂部费用分配率=\frac{19\ 950}{60\ 035.5+7\ 444.75+20\ 656+11\ 913.75}=0.199\ 4$$

应计入001批产品成本的厂部费用＝0.199 4×600 35.5
＝11 971.08(元)

应计入002批产品成本的厂部费用＝0.199 4×7 444.75
＝1 484.48(元)

应计入其他批别产品成本的厂部费用＝0.199 4×20 656＝4 118.81(元)

应计入期间费用的厂部费用＝19 950－11 971.08－1 484.48－4 118.81
＝2 375.63(元)

(4) 列示各批别产品及期间费用成本计算单。根据上述计算，各批别产品的成本项目按作业列示，成本计算单如表10－11所示。

表 10 - 11　成本计算单

单位：元

	材料		订单	生产规划	采购	剪裁	缝纫	平整	生产协调	厂部	其他	合计
	主料	辅料										
001 批	160 000	9 500	212	450	5 336	8 080	23 037.5	14 250	8 670	11 971.08		241 506.58
002 批	5 000	500	212	450	134	220	363.75	285	5 780	1 484.48		14 429.23
其他批别			8 056	12 600						4 118.81		24 774.81
期间费用	5 000						848.75	4 465		2 375.63	1 600	14 289.38
合计	170 000	10 000	8 480	13 500	5 470	8 300	24 250	19 000	14 450	19 950	1 600	295 000

（5）期末将成本在在产品与完工产品之间进行分配，计算完工产品成本。

1）001批产品。001批产品本月没有全部完工，按照表10－5、表10－7的资料，有200件产品滞留缝纫作业，且完全未经由缝纫作业；有800件产品滞留平整作业，也完全未经由平整作业。据此，不考虑材料投入，有4 000件产品经由订单、生产规划、采购、剪裁作业；有3 800件产品经由缝纫作业；有3 000件产品经由平整、生产协调作业。

$$\text{完工的3 000件的作业成本总计}=(212+450+5\,336+8\,080)\times 3\,000\div 4\,000+23\,037.5\times 3\,000\div 3\,800+(14\,250+8\,670)\times 3\,000\div 3\,000=51\,666(\text{元})$$

$$\text{未完工产品作业成本}=(212+450+5\,336+8\,080)\times\frac{1\,000}{4\,000}+23\,037.5\times\frac{800}{3\,800}=8\,369.5(\text{元})$$

由于厂部成本属于价值管理费用，因而要在完工产品和在产品之间进行分配：

$$\text{分配率}=\frac{11\,971.08}{51\,666+8\,369.5}=0.199\,4$$

$$\text{完工产品应负担费用}=51\,666\times 0.199\,4=10\,302.2(\text{元})$$

$$\text{在产品应负担费用}=8\,369.5\times 0.199\,4=1\,668.88(\text{元})$$

于是，材料费用（主料及辅料）为：

$$\text{完工产品总成本}=51\,666+10\,302.2+9\,500+3\,000\times 40=191\,468.2(\text{元})$$

$$\text{在产品总成本}=8\,369.5+1\,668.88+1\,000\times 40=50\,038.38(\text{元})$$

2）002批产品。由于002批产品本月全部完工，因此生产成本明细账中归集的费用14 429.23元均为完工产品成本。

3）其他批别产品。由于只对已投产产品开设成本计算单，在以后的成本计算期，对已投产产品应于投产时将相关成本按作业成本项目从其他批别明细账转入各自成本计算单；如果某产品经研究不投产，则相关成本应转入“期间费用”账户。

4）期间费用。期间费用于月末直接转入“本年利润”账户的借方，用当期利润予以补偿。

思考题

1. 决策有用性对成本信息的需求主要包括哪些内容？

2. 什么是作业？作业的基本特征是什么？

3. 按照对价值的贡献，你认为作业的基本分类应该有哪些？它们之间是什么关系？

4. 什么是成本动因？在确定成本动因时应注意哪些问题？

5. 什么是资源动因？确立资源动因的原则是什么？

6. 资源动因与成本动因之间是什么关系？

7. 作业成本计算的基本程序是什么？可以分为哪几个步骤？

8. 作业成本法是如何将成本计算与成本管理相结合，从而达到为管理服务的目的的？

练习题

1. 某企业专门制造和销售 X110 型打印机，采用作业成本法核算成本，其产品成本由直接成本（直接材料）和四个作业中心成本构成。这四个作业中心的作业动因资料如表 1 所示。A 公司从该企业订购了 50 台 X110 型打印机，每台机器直接材料成本为2 500 元，需要 50 个部件、10 个机器小时、16 个装配小时和 5 个检验小时。

表 1　四个作业中心的作业动因资料

作业中心	作业动因	分配率
材料管理	部件数量	10 元/个
机械制造	机器小时数	65 元/小时
组装	装配小时数	80 元/小时
检验	检验小时数	105 元/小时

要求：计算 A 公司订购的 X110 型打印机的总成本和单位成本。

2. 某企业为客户定制产品，企业现有员工 40 人，按加工和装配两个中心组织生产，加工中心月生产能力 1 000 小时，装配中心月生产能力 1 200 小时。企业本月生产作业规划等资料如表 2 至表 5 所示。

表 2　本月生产作业规划

名称	数量（件）	单位材料定额（元）	需用工时定额		完工状况
			加工	装配	
产品 A	120	50	2.5	3	完工
产品 B	20	300	30	40	完工

表3　本月资源耗费计算表

	材料费	工资费	动力费	折旧费	办公费	合计
金额（元）	12 500	12 000	500	4 000	3 000	32 000

表4　主要参数及专属费用表

	订单	计划	采购	加工	装配	搬运	厂部	合计
人员定编	2	2	4	12	12	2	6	40
耗电度数	20	50	30	400	200	200	100	1 000
折旧费（元）	200	300	500	900	900	600	600	4 000
办公费（元）	200	300	400	500	400	200	1 000	3 000

表5　作业衡量参数表

作业名称	作业动因	衡量参数	产品消耗		
			A产品	B产品	其他
订单	订单份数	10	1	1	8
计划	计划次数	5	1	1	3
采购	采购次数	20	16	4	0
加工	加工小时	900	300	600	0
装配	装配小时	1 160	360	800	0
搬运	搬运次数	20	10	10	0
厂部	价值				

要求：

（1）将各资源户归集的价值按资源动因分配计入各作业户。

（2）将各作业汇集费用分配计入各批别产品的成本户。

（3）列示各批别产品及期间费用成本计算单。

（4）期末将成本在在产品与完工产品之间进行分配，计算A产品和B产品的总成本和单位成本。

第 11 章

成本报表与成本分析

11.1 成本报表的种类

成本报表是根据日常成本核算资料及其他相关资料编制的，用以反映企业一定期间成本水平及构成情况的会计报表。

根据我国会计制度的规定，成本报表不作为企业向外报送的会计报表，主要用来满足企业内部管理需要，属于内部报表。因此，企业可以根据生产特点和管理要求，在成本报表的设置种类、格式、指标项目、编制时间和报送范围方面自行决定，具有较大的灵活性和多样性。

常见的成本报表主要有：商品产品成本表、主要产品单位成本表、制造费用明细表、管理费用明细表、财务费用明细表、营业费用明细表以及其他成本报表等。

11.1.1 商品产品成本表

商品产品成本表是反映企业在报告期内生产的全部商品产品总成本的报表。该表一般分为两种：一种是按成本项目反映，另一种是按产品种类反映。

1. 按成本项目反映的商品产品成本表

按成本项目反映的商品产品成本表是按成本项目汇总反映企业在报告期内发生的全部生产费用以及商品产品生产总成本的报表，其格式如表 11－1 所示。

该表可以反映报告期内全部商品产品生产费用的支出情况和各种费用的构成情况，通过该表可以对企业的生产费用进行一般评价。将该表本年累计实际

表11－1　商品产品成本表（按成本项目反映）

××企业　　　　　　　　　　××年××月　　　　　　　　　　单位：元

项目	上年实际	本年计划	本月实际	本年累计实际
生产费用				
直接材料费用	422 520	406 460	42 132	413 500
直接人工费用	172 450	192 370	16 300	182 600
制造费用	278 360	248 330	23 500	263 000
生产费用合计	873 330	847 160	81 932	859 100
加：在产品、自制半成品期初余额	41 100	38 520	35 170	31 100
减：在产品、自制半成品期末余额	30 400	31 600	40 200	40 200
商品产品生产成本合计	884 030	854 080	76 902	850 000

生产费用与本年计划数、上年实际数相比较，可以分析和考核年度生产费用计划的执行情况，以及本年生产费用相对于上年的升降情况。将该表本年累计实际生产成本与本年计划数、上年实际数相比较，还可以分析和考核年度商品产品总成本计划的执行结果，以及本年商品产品生产总成本相对于上年的升降情况，据以分析影响成本升降的各项因素。

2. 按产品种类反映的商品产品成本表

按产品种类反映的商品产品成本表是按产品种类汇总反映企业在报告期内生产的全部商品产品的单位成本和总成本的报表，其格式如表11－2所示。

表11－2　全部商品产品成本表（按产品种类反映）

××企业　　　　　　　　　　××年××月　　　　　　　　　　单位：元

产品名称	计量单位	产量		单位成本				本月总成本			本年总成本		
		本月①	本年累计②	上年实际平均③	本年计划④	本月实际⑤	本年累计实际平均⑥	按上年实际平均单位成本计算⑦	按本年计划单位成本计算⑧	本月实际⑨	按上年实际平均单位成本计算⑩	按本年计划单位成本计算	本年实际
一、可比产品													
甲	件	50	500	84	82	83	81	4 200	4 100	4 150	42 000	41 000	40 500
乙	件	20	300	760	750	735	763	15 200	15 000	14 700	228 000	225 000	228 900
小计								19 400	19 100	18 850	270 000	266 000	269 400
二、不可比产品													
丙	件	8	70		125	128	126		1 000	1 024		8 750	8 820
丁	件	3	40		370	365	374		1 110	1 095		14 800	14 960
小计									2 110	2 119		23 550	23 780
全部商品产品成本									21 210	20 969		289 550	293 180

通过该表可以分析、考核各类产品和全部商品产品本月和本年累计成本计划的执行结果，并对各类产品成本和全部商品产品成本的节约或超支情况进行

一般评价；也可以分析和考核各种可比产品和全部可比产品本月和本年累计成本相对于上年的升降情况；还可以了解哪些产品成本节约较多，哪些产品成本超支较多，为进一步进行产品单位成本分析指明方向；对于规定有可比产品成本降低计划的产品，可以分析和考核可比产品成本降低计划的执行情况，促使企业采取措施，不断降低产品成本。

11.1.2　主要产品单位成本表

主要产品单位成本表是反映企业在报告期内生产各种主要产品的单位成本的构成及其变动情况的会计报表。该表应按主要产品分别编制，是全部商品产品成本表（按产品种类反映）中某些主要产品成本的进一步反映。其格式如表 11-3 所示。

表 11-3　主要产品单位成本表

××年××月

××企业　　　　产品销售单价：450 元
产品名称：甲　　　　本月实际产量：110 件
产品规格：××　　　　本年累计实际产量：1 200 件
计量单位：件　　　　单位：元

成本项目	历史先进水平	上年实际平均	本年计划	本月实际	本年累计实际平均
直接材料	235	237	234	231	232
直接人工	74	75	76.50	79.50	80
制造费用	26	28	26.50	25.50	24.50
生产成本	335	340	337	336	336.50
材料耗用量					
1. 主要材料（千克）	8.2	8.1	8	7.4	7.5
2. ……					

通过该表可以按照成本项目考核主要产品单位成本计划的执行结果，分析各项单位成本计划的执行结果，分析各项单位成本节约或者超支的原因；也可以按照成本项目将本月实际单位成本和本年累计实际平均单位成本与上年实际平均单位成本和历史先进单位成本进行对比，了解本年相对于上年的升降情况，与历史先进水平是否有差距，据此分析单位成本的变化发展趋势；还可以分析和考核主要产品的主要经济技术指标的执行情况。

11.1.3　制造费用明细表

制造费用明细表是反映企业在报告期内发生的全部制造费用及其构成情况的报表，其格式如表 11-4 所示。

表 11-4　制造费用明细表

××企业　　　　　　　　　　　　××年××月　　　　　　　　　　　　单位：元

费用项目	本年计划	上年同期实际	本月实际	本年累计实际
工资及福利费	61 500	4 880	4 800	65 870
折旧费	40 800	3 300	3 080	31 090
修理费	27 510	2 400	2 020	25 700
办公费	31 000	2 230	1 940	24 000
水电费	36 500	2 580	3 160	30 800
机物料消耗	21 400	2 160	2 680	22 180
保险费	31 200	2 875	2 430	30 160
在产品盘亏、毁损		1 455		13 750
停工损失		1 900		4 100
其他	38 420	3 800	3 390	15 350
合计	288 330	27 580	23 500	263 000

11.1.4　管理费用明细表、财务费用明细表和营业费用明细表

管理费用明细表、财务费用明细表和营业费用明细表分别反映企业在报告期内发生的全部管理费用、财务费用和营业费用及其构成情况。其格式分别如表 11-5、表 11-6 和表 11-7 所示。

表 11-5　管理费用明细表

××企业　　　　　　　　　　　　××年××月　　　　　　　　　　　　单位：元

费用项目	本年计划	上年同期实际	本月实际	本年累计实际
工资及福利费	49 412	4 800	5 000	49 000
折旧费	21 800	3 500	3 400	19 800
坏账损失	24 000	8 000	5 000	28 400
修理费	13 700	1 000	800	12 300
租赁费	12 400	1 200	1 500	12 000
保险费	14 600	2 400	2 300	14 000
机物料消耗	12 000	1 000	1 200	12 500
低值易耗品摊销	11 400	9 500	6 400	13 600
办公费	11 000	3 400	3 000	10 000
水电费	18 000	5 000	4 000	21 000
差旅费	13 200	3 000	2 000	12 000
工会经费	20 000	3 800	3 500	19 800
教育经费	31 000	3 500	2 800	32 000

续表

费用项目	本年计划	上年同期实际	本月实际	本年累计实际
税金	37 000	2 500	2 800	36 700
无形资产摊销	25 000	5 800	4 900	25 400
保险费	24 000	1 200	1 000	23 900
材料、产成品盘亏和毁损		800	1 200	21 500
其他	28 200	2 500	3 000	27 800
合计	366 712	62 900	53 800	391 700

表 11-6 财务费用明细表

××企业　　××年××月　　单位：元

费用项目	本年计划	上年同期实际	本月实际	本年累计实际
利息支出（减利息收入）	51 200	4 200	4 560	49 800
汇兑损失（减汇兑收益）	37 800	3 580	3 720	38 400
金融机构手续费	35 200	3 200	2 960	34 100
其他	21 200	1 820	1 710	19 900
合计	145 400	12 800	12 950	142 200

表 11-7 营业费用明细表

××企业　　××年××月　　单位：元

费用项目	本年计划	上年同期实际	本月实际	本年累计实际
工资及福利费	20 800	7 880	7 600	21 030
折旧费	18 200	3 300	3 250	17 800
修理费	25 800	2 940	3 200	24 500
租赁费	34 800	3 100	2 950	34 000
保险费	21 200	1 800	2 000	20 800
包装费	27 300	2 860	2 800	27 800
展览费	28 100	2 280	2 500	27 900
广告费	35 800	3 560	3 450	35 600
差旅费	22 500	3 750	3 800	22 300
运输费	32 500	3 980	4 180	31 000
办公费	22 700	3 400	3 100	22 000
水电费	21 700	4 840	5 200	22 500
销售服务费	31 800	3 400	3 150	30 200
其他	14 500	1 380	1 500	14 300
合计	357 700	48 470	48 680	351 730

制造费用明细表、管理费用明细表、财务费用明细表以及营业费用明细表所采用的分析方法基本相同，都可以采用对比分析法，按费用项目将本期费用和上期费用进行对比，了解费用的增减变化情况；也可以了解本期费用计划的执行情况，分析超支和节约的原因；还可以采用结构分析法分析各项费用的构成是否合理，并比较各项费用比重的增减变化，对所占比重较大以及增减变化较大的费用进行重点分析，找出其增减变化的深刻原因，以便采取措施，降低费用。

11.1.5 其他成本报表

除了以上常见的几种成本报表，企业还可以根据生产特点和成本管理的具体要求，编制其他一些成本报表，如责任成本报表、生产情况表、材料耗用成本表和人工成本考核表。它们的基本格式分别如表 11－8、表 11－9、表 11－10 和表 11－11 所示。

表 11－8 责任成本报表

单位： ××年××月 单位：元

项目	预算	调整预算	实际	业务量差异	耗费、效率差异
	(1)	(2)	(3)	(4)＝(2)－(1)	(5)＝(3)－(2)
直接材料：A 钢材					
材料耗用量差异					
直接人工					
效率差异					
工资率差异					
变动制造费用					
效率差异					
费用率差异					
变动成本合计					
可控固定成本					
管理人员工资					
折旧					
合计					
车间成本合计					
实物数据					
甲产品（件）					
A 钢材（千克）					
直接工时（工时）					

表 11-9　生产情况表

××车间　　××产品　　××年××月

日期	摘要	生产数量				直接材料	直接人工	制造费用	其他	合计
		投产数	完工入库数	在产品数	废品数					

表 11-10　材料耗用成本表

××年××月××日至××年××月××日

部门	实际成本（实际用量×计划单价）	标准成本（标准用量×计划单价）	差异数	差异率
一车间				
二车间				
合计				

表 11-11　人工成本考核表

××年××月××日

工人姓名或工号	实际使用工时	完成定额工时	工作效率

11.2　成本分析的方法

企业在进行成本分析时可采用多种方法，也可以根据自身管理需要和生产经营的特点，将不同的成本分析方法结合起来使用。企业常见的成本分析方法主要有比较分析法、比率分析法、趋势分析法、结构分析法、连环替代法、差额计算法等。

11.2.1　比较分析法

比较分析法又称对比分析法，它是通过将某项经济指标实际数与基数进行对比来确定数量差异的成本分析方法。根据分析目的的不同，比较的基数可以选择计划数、定额数、标准数、上年数以及本企业历史最高水平和国内同行业先进水平等。

需要注意的是，比较分析法只适用于同质指标，即对比的指标所采用的计量单位、计价标准、时间单位和计算方法等都应具备可比的条件和基础。比较分析法可以采用绝对数比较，也可以采用相对数比较。

11.2.2 比率分析法

比率分析法是通过计算成本与相关指标的比值来反映不同规模、不同性质的企业的成本水平和经济效益状况的成本分析法。比率分析法常用的比率有成本利润率和销售收入成本率。

（1）成本利润率。成本利润率是反映成本与利润之间关系的一个指标。用公式可表示为：

$$成本利润率=\frac{利润}{成本}\times 100\%$$

单从指标本身来说，该比率越高越好。比率越高，说明企业的经济效益越好；比率越低，说明企业的经济效益越差。企业可以用该指标与同行业先进水平相比，找出产生差距的原因。企业也可以用该指标与其他行业相比，来衡量本行业的经济效益。

（2）销售收入成本率。销售收入成本率是反映销售收入与成本之间关系的一个指标。用公式可表示为：

$$销售收入成本率=\frac{成本}{销售收入}\times 100\%$$

该比率越低越好。比率越低，说明企业的销售毛利率越高；比率越高，说明企业的销售毛利率越低。同样，企业可将该指标与任何基数相对比，以衡量企业经济效益的好坏或成本水平的高低。

11.2.3 趋势分析法

趋势分析法使用历史资料将各连续期间某一成本指标进行对比，通过观察分析该指标的变化趋势（如上升、下降或稳定不变），发现问题，并对企业未来指标做出预测。趋势分析法有定比分析和环比分析两种。定比分析是以某时期为基数，其他各期均与该期进行对比；环比分析是以上一期为基数，下一期与上一期的基数进行对比。

11.2.4 结构分析法

结构分析法是反映某项指标的各个组成部分占总体比重的一种分析方法，也称比重分析法。成本分析中常见的比重有产品成本的构成比重、制造费用的构成比重、管理费用和营业费用的构成比重等。通过这种比重分析可以了解产品成本或其他各项综合费用的构成是否合理。

如产品成本的构成比重，可用公式表示如下：

$$直接材料费用比重=\frac{直接材料费用}{产品成本}\times100\%$$

$$直接人工费用比重=\frac{直接人工费用}{产品成本}\times100\%$$

$$燃料及动力费用比重=\frac{燃料及动力费用}{产品成本}\times100\%$$

$$制造费用比重=\frac{制造费用}{产品成本}\times100\%$$

$$废品损失比重=\frac{废品损失}{产品成本}\times100\%$$

$$停工损失比重=\frac{停工损失}{产品成本}\times100\%$$

11.2.5 连环替代法

连环替代法是因素分析法的基本形式。它是依据分析指标与其影响因素之间的关系，按照一定的程序和方法，确定各因素对分析指标的影响程度的一种分析方法。它的名称源于其分析程序的特点。为正确理解连环替代法，首先应明确连环替代法的一般步骤。

（1）确定分析指标与其影响因素之间的关系。通常会采用指标分解法，即将经济指标在计算公式的基础上进行分解或扩展，从而得出各影响因素与分析指标之间的关系式。比如对于材料费用指标，要确定它与影响因素之间的关系，可按下式进行分解：

$$\begin{aligned}材料费用&=产品产量\times单位产品材料费用\\&=产品产量\times材料单耗\times材料单价\end{aligned}$$

分析指标与影响因素之间的关系式，既能说明哪些因素影响分析指标，又能说明这些因素与分析指标之间的关系及因素的排列顺序。如上式中影响材料费用的有产品产量、材料单耗和材料单价三个因素；它们都与材料费用成正比；它们的排列顺序依次是：产品产量、材料单耗和材料单价。

（2）根据分析指标的报告期数值与基期数值列出两个关系式或指标体系，确定分析对象。比如对于材料费用而言，两个指标体系是：

$$基期材料费用=基期产品产量\times基期材料单耗\times基期材料单价$$

$$实际材料费用=实际产品产量\times实际材料单耗\times实际材料单价$$

（3）连环顺序替代，计算替代结果。连环顺序替代就是以基期指标体系为计算基础，用实际指标体系中的每一因素的实际数按顺序替代相应的基期数，每次替代一个因素，替代后的因素被保留下来。计算替代结果是指在每次替代后，按关系式计算结果。有几个因素就替代几次，并相应确定计算结果。

（4）比较各因素的替代结果，确定各因素对分析指标的影响程度。比较替代结果是连环进行的，即将每次替代所计算的结果与这一因素被替代前的结果进行对比，二者的差额就是替代因素对分析对象的影响程度。

[例 11－1]

某企业 2017 年和 2018 年有关材料费用、产品产量、材料单耗和材料单价的资料见表 11－12。请分析各因素变动对材料费用的影响程度。

表 11－12　基础数据表

指标	2017 年	2018 年
材料费用（元）	40 000	46 200
产品产量（件）	1 000	1 100
材料单耗（千克）	8	7
材料单价（元）	5	6

根据连环替代法的步骤和上述对材料费用的因素分解式，可得出

实际指标体系：1 100×7×6＝46 200(元)

基期指标体系：1 000×8×5＝40 000(元)

分析对象：46 200－40 000＝＋6 200(元)

在此基础上，按照第三步的做法进行连环顺序替代，并计算每次替代后的结果：

基期指标体系：1 000×8×5＝40 000(元)

替代第一因素：1 100×8×5＝44 000(元)

替代第二因素：1 100×7×5＝38 500(元)

替代第三因素：1 100×7×6＝46 200(元)

根据第四步，确定各因素对材料费用的影响程度：

产品产量的影响：44 000－40 000＝＋4 000(元)

材料单耗的影响：38 500－44 000＝－5 500(元)

材料单价的影响：46 200－38 500＝＋7 700(元)

最后检验分析结果：＋4 000－5 500＋7 700＝6 200(元)

从上述计算步骤可以看出，这一分析方法具有以下特点：

（1）计算步骤的连环性。上述计算是严格按照各因素的排列顺序，逐次以一个因素的实际数替换其基期数。除第一次替换外，每个因素的替换都是在前一个因素替换的基础上进行的。

（2）因素替换的顺序性。运用这一方法要正确确定各因素的替换顺序（即

排列顺序)。另外，在分析相同的问题时一定要按照同一替换顺序进行，这样计算结果才具有可比性。如果改变各因素的排列顺序，考察同一因素变动的影响时，所依据的其他因素的条件发生了变化，会得出不同的计算结果。通常确定各因素的替换顺序的做法是：在分析的因素中，如果既有数量指标又有质量指标，应先查明数量指标的变动影响，再查明质量指标的变动影响；如果既有实物量指标又有价值量指标，一般先替换实物量指标，再替换价值量指标；如果有几个数量指标和质量指标，要分清哪个是基本因素，哪个是次要因素，然后根据它们的相互依存关系确定替换顺序。

(3) 计算条件的假定性。运用这一方法测定某一因素变动的影响时，是以假定其他因素不变为条件的。因此，计算结果只能说明在某种假定条件下得到的结果。这种科学的抽象分析方法在确定事物内部各种因素的影响程度时必不可少。

11.2.6　差额计算法

差额计算法是连环替代法的一种简化形式。运用这一方法时，先要确定各因素实际数与计划数之间的差异，然后按照各因素的排列顺序，依次求出各因素变动的影响程度。可见，这一方法的原理与连环替代法一样，只是计算步骤不同。沿用例 11－1 中的资料，以差额计算法测定各因素的影响程度：

分析对象：46 200－40 000＝＋6 200(元)

因素分析：

产品产量的影响：(1 100－1 000)×8×5＝＋4 000(元)

材料单耗的影响：1 100×(7－8)×5＝－5 500(元)

材料单价的影响：11 00×7×(6－5)＝＋7 700(元)

最后检验分析结果：＋4 000－5 500＋7 700＝＋6 200(元)

应当指出，运用连环替代法时应注意的问题，在运用差额计算法时同样要注意。除此之外还应注意的是，并非所有连环替代法都可用差额计算法进行简化。特别是在各影响因素之间不是连乘的情况下，运用差额计算法必须慎重。

11.3　全部商品产品成本及主要产品单位成本分析

11.3.1　全部商品产品成本分析

全部商品产品包括可比产品和不可比产品。对全部商品产品成本进行分析，首先应对全部商品产品的计划完成情况进行了解与评价；然后对可比产品计划成本的升降情况进行分析，并找出原因。

某公司全部商品产品成本资料如表 11－13 所示。

表 11－13　全部商品产品成本表

企业名称：　　　　　　　　　　20××年度　　　　　　　　　　单位：元

产品名称	计量单位	产量		单位成本			成本计划（计划产量）		本年总成本（实际产量）		
		计划	实际	上年实际	本年计划	本年实际	按上年实际平均单位成本计算	按本年计划单位成本计算	按上年实际平均单位成本计算	按本年计划单位成本计算	本年实际
		(1)	(2)	(3)	(4)	(5)	(6)	(7)	(8)	(9)	(10)
一、可比产品											
甲	件	400	500	84	82	81	33 600	32 800	42 000	41 000	40 500
乙	件	200	300	760	750	763	152 000	150 000	228 000	225 000	228 900
小计		600	800	844	832	844	185 600	182 800	270 000	266 000	269 400
二、不可比产品											
丙	件	70	70	×	125	126	×	8 750	×	8 750	8 820
小计		70	70	×	125	126	×	8 750	×	8 750	8 820
全部商品产品成本		×	×	×	×	×	185 600	191 550	270 000	274 750	278 220

从表 11－13 中可以看出，全部商品产品的实际成本比计划成本上升了 3 470（278 220－274 750）元，其降低率为 1.26%$\left(\frac{278\ 220-274\ 750}{274\ 750}\times 100\%\right)$。其中，可比产品实际成本比计划成本上升了 3 400（269 400－266 000）元，不可比产品实际成本比计划成本上升了 70（8 820－8 750）元。由于可比产品是企业长期生产的主要产品，对其成本升降的原因进一步分析，可找出影响成本升降的因素及其影响程度。至于不可比产品，由于本期刚开始生产，因而无法对其进行因素分析。但是，如果不可比产品占全部商品产品的比重较大，或实际成本与计划成本相差较大，应进一步查明超支的原因。

1. *可比产品成本降低情况的分析*

企业通常在制定成本计划时，规定了可比产品成本比上年成本降低的任务，即计划降低额和计划降低率。因此，进行可比产品成本的分析，首先要计算出实际降低额和实际降低率，以便与计划降低额和计划降低率相比较，从而了解可比产品成本降低的情况。计划降低额、计划降低率、实际降低额和实际降低率的计算公式如下：

$$\text{计划降低额}=\sum\left(\text{全部可比产品计划产量}\times\text{上年平均单位成本}\right)-\sum\left(\text{全部可比产品计划产量}\times\text{本年计划单位成本}\right)$$

$$\text{计划降低率}=\frac{\text{计划降低额}}{\sum\left(\text{全部可比产品计划产量}\times\text{上年平均单位成本}\right)}\times 100\%$$

$$实际降低额=\sum\left(\begin{matrix}全部可比产品\\实际产量\end{matrix}\times\begin{matrix}上年平均\\单位成本\end{matrix}\right)-\sum\left(\begin{matrix}全部可比产品\\实际产量\end{matrix}\times\begin{matrix}本年实际\\单位成本\end{matrix}\right)$$

$$实际降低率=\frac{实际降低额}{\sum\left(\begin{matrix}全部可比产品\\实际产量\end{matrix}\times\begin{matrix}上年平均\\单位成本\end{matrix}\right)}\times 100\%$$

根据上述公式及表 11－13 中的相关数据，可比产品成本降低情况如下：

$$计划降低额=(6)-(7)=185\ 600-182\ 800=2\ 800(元)$$

$$计划降低率=\frac{2\ 800}{185\ 600}\times 100\%=1.508\ 6\%$$

$$实际降低额=(8)-(10)=270\ 000-269\ 400=600(元)$$

$$实际降低率=\frac{600}{270\ 000}\times 100\%=0.222\ 2\%$$

实际与计划比较：

	计划	实际	差异
降低额	2 800 元	600 元	－2 200
降低率	1.508 6％	0.222 2％	－1.286 4％

由此可知，企业可比产品成本实际降低额和实际降低率都没有完成计划，其中，实际降低额比计划少降低 2 200 元。

2. 影响可比产品成本降低的因素分析

影响可比产品成本的主要因素有三个：产品产量、产品品种结构和产品单位成本。由于可比产品的计划降低额是根据各种产品的计划产量确定的，可比产品的实际降低额是根据各种产品的实际产量确定的，在产品品种结构和产品单位成本不变的情况下，产品产量变动将会使成本降低额发生同比例变动。由于成本降低率的分子是成本降低额，分母是按上年实际单位成本计算的本年累计总成本，该数额也会因产量变动发生同比例变动。由于分子、分母同时发生同比例变动，因而产量变动将不会影响成本降低率的变动。此外，由于各种产品的成本降低幅度不同，因而产品品种比重变动将会使成本降低额与成本降低率同时发生变动。成本降低幅度大的产品的比重加大，会使成本降低额增加，降低率上升，否则相反。最后，产品单位成本降低会使成本降低额增加，成本降低率上升，否则相反。因此，影响成本降低额的因素有三个：产品产量变动、产品品种结构变动和产品单位成本变动；影响成本降低率的因素有两个：产品品种结构变动和产品单位成本变动。

（1）产品产量变动的影响。产量变动是指从计划产量变为实际产量的增加数或减少数。产量变动只影响降低额，不影响降低率。产量变动的影响程度可用下列公式计算：

$$\text{产量变动后实际降低额}=\text{成本计划降低率}\times\sum\left(\text{全部可比产品实际产量}\times\text{上年平均单位成本}\right)$$

$$\text{产量变动对成本降低额的影响}=\text{产量变动后实际降低额}-\text{产量变动前计划降低额}$$

以表 11－13 中的数据为例：

产量变动后实际降低额＝270 000×1.508 6%＝4 073.22(元)

产量变动对成本降低额的影响＝4 073.22－2 800＝1 273.22(元)

(2) 产品品种结构变动的影响。产品品种结构变动是指产品各品种在总产量中所占比重的变动。这种变动不仅影响降低额，而且影响降低率。产品品种结构变动的影响程度可用下列公式计算：

$$\text{产品品种结构变动后实际降低额}=\sum\left(\text{全部可比产品实际产量}\times\text{上年平均单位成本}\right)-\sum\left(\text{全部可比产品实际产量}\times\text{本年计划单位成本}\right)$$

$$\text{产品品种结构变动对成本降低额的影响}=\text{产品品种结构变动后实际降低额}-\text{产量变动后实际降低额}$$

$$\text{产品品种结构变动对成本降低率的影响}=\frac{\text{产品品种结构变动对成本降低额的影响}}{\sum\left(\text{全部可比产品实际产量}\times\text{上年平均单位成本}\right)}\times 100\%$$

根据表 11－13 中的数据计算如下：

产品品种结构变动后实际降低额＝270 000－266 000＝4 000(元)

产品品种结构变动对成本降低额的影响＝4 000－4 073.22＝－73.22(元)

$$\text{产品品种结构变动对成本降低率的影响}=\frac{-73.22}{270\ 000}\times 100\%=-0.027\ 1\%$$

(3) 产品单位成本变动的影响。单位成本变动就是实际单位成本高于或低于计划单位成本的数额。单位成本的变动既会影响到计划成本降低额，也会影响到计划成本降低率。单位成本变动的影响程度可用下列公式计算：

$$\text{单位成本变动后实际降低额}=\sum\left(\text{全部可比产品实际产量}\times\text{上年平均单位成本}\right)-\sum\left(\text{全部可比产品实际产量}\times\text{本年实际单位成本}\right)$$

$$\text{单位成本变动对成本降低额的影响}=\text{单位成本变动后实际降低额}-\text{产品品种结构变动后实际降低额}$$

$$\text{单位成本变动对成本降低率的影响}=\frac{\text{单位成本变动对成本降低额的影响}}{\sum\left(\text{全部可比产品实际产量}\times\text{上年平均单位成本}\right)}\times 100\%$$

根据表 11－13 中的数据计算如下：

单位成本变动后实际降低额＝270 000－269 400＝600(元)

单位成本变动对成本降低额的影响＝600－4 000＝－3 400(元)

$$单位成本变动对成本降低率的影响=\frac{-3\,400}{270\,000}\times 100\%=-1.259\,3\%$$

经上述计算和分析可知，企业未完成可比产品成本降低计划，实际比计划少降低 2 200 元，其原因是：

产量变动对成本降低额的影响	1 273.22 元
产品品种结构变动对成本降低额的影响	－73.22 元
单位成本变动对成本降低额的影响	－3 400 元
合计	－2 200 元

实际成本降低率比计划成本降低率低 1.286 4%的原因是：

产品品种结构变动对成本降低率的影响	－0.027 1%
单位成本变动对成本降低率的影响	－1.259 3%
合计	－1.286 4%

11.3.2　主要产品单位成本分析

主要产品单位成本分析包括两方面的内容：首先是主要产品单位成本的基本分析，其次是主要技术经济指标变动对成本影响的分析。

1. *主要产品单位成本的基本分析*

主要产品单位成本的基本分析是根据产品单位成本表中的有关数据资料以及其他有关资料，首先分析本期单位成本实际数与上期、与同行其他企业以及与历史先进水平等的差异，确定是超支还是节约；然后按成本项目分别进行比较分析，考察每个成本项目的变动情况，确定引起成本项目变动的原因。主要产品单位成本表见 11－14。

表 11－14　主要产品单位成本表

20××年××月

产品名称：甲　　计量单位：件　　本月计划产量：18 件

产品规格：××　　销售单价：860 元　　本月实际产量：20 件

本年累计计划产量：200 件

本年累计实际产量：300 件

成本项目	历史先进水平	上年实际平均	本年计划	本月实际	本年累计实际平均
原材料费用	470	480	480	475	482
燃料及动力费用	37	52	48	40	53
工资及福利费	81	86	82	75	78

续表

成本项目		历史先进水平	上年实际平均	本年计划	本月实际	本年累计实际平均
制造费用		140	142	140	145	150
产品单位成本		728	760	750	735	763
材料耗用量	计量单位					
A材料	千克	19	21	20	18	18
B材料	千克	32	33	32	30	34

从表11-14中可看出，该企业甲产品本月实际单位成本比计划、比上年实际、比本年累计实际平均都降低了，虽然未达到历史最好水平，但总的情况是好的。从成本项目对比中可以看出，产品单位成本的降低主要是由于原材料费用、燃料及动力费用、工资及福利费的节约，说明企业在降低甲产品原材料、燃料及动力消耗方面，在改进甲产品的生产组织和劳动组织、提高劳动生产率方面采取了措施，取得了成绩。但是，也要看到制造费用本月比计划、比上年实际都超支了，说明还存在薄弱环节。为了查明产品单位成本及其成本项目变动的原因，还须进一步对各个成本项目，特别是重点项目（即变动影响大的项目）做具体分析。

（1）原材料费用的分析。原材料费用的变动主要受单位产品原材料消耗数量和原材料价格两个因素的变动影响。

假定甲产品除主要材料外，未消耗其他材料，对原材料费用的因素分析见表11-15。

表11-15　甲产品原材料费用分析表

原材料名称	耗用量（千克）		单价（元）		原材料费用（元）		差异	
	计划	实际	计划	实际	计划	实际	数量（千克）	金额（元）
A	20	18	13.50	14	270	252	−2	−18
B	32	30	8.75	9	280	270	−2	−10
合计					550	522		−28
减：废料回收价值（元）					70	47		−23
合计					480	475		−5

从表11-15中可以看出，单位产品的原材料费用实际比计划降低了28元，其中：

$$\text{原材料耗用量变动的影响}=(-2)\times 13.50+(-2)\times 8.75=-44.50(\text{元})$$

原材料价格变动的影响＝0.5×18＋0.25×30＝16.5(元)

两因素影响程度合计＝(－44.50)＋16.5＝－28(元)

从以上分析可以看出，虽然该种产品的原材料费用节约了 28 元，但分析结果表明：材料消耗量节约（量差）使材料费用减少 44.50 元；材料价格的提高（价差）使材料费用增加 16.50 元。由此可见，该种产品材料消耗量的节约掩盖了材料价格提高引起的材料费用超支。对于材料价格的提高，要看是市场价格上涨或者国家上调价格等客观原因引起的，还是材料采购人员不得力致使材料买价偏高或材料运杂费增加导致的。

(2) 工资及福利费的分析。分析产品单位成本中的工资费用，必须按照不同的工资制度来进行。在计件工资制下，计件单价不变，单位成本中的工资费用一般也不变，除非生产工艺或劳动组织方面有所改变，或者出现了问题。在计时工资制下，如果企业生产多种产品，产品成本中的工资费用一般是按生产工时比例分配计入的。这时产品单位成本中工资费用的多少，取决于生产单位产品的工时消耗和小时工资率两个因素。生产单位产品消耗的工时越少，成本中分摊的工资费用也越少，而小时工资率的变动受计时工资总额和生产工时总数的影响，其变动原因要通过这两个因素去查明。为此，分析单位成本中的工资费用时应结合生产技术、工艺和劳动组织等方面的情况，重点查明单位产品生产工时和小时工资率变动的原因。

假定某企业采用的是计时工资制，甲产品单位工时耗费资料如表 11－16 所示。

表 11－16　甲产品单位工时耗费

项目	单位产品所耗工时（小时）	每小时工资费用（元）	直接人工费用（元）
本年计划	10	8.2	82
本月实际	9.6	7.812	75
直接人工费用差异	－0.4	－0.388	－7

从表 11－16 中可以看出，该单位产品的工资及福利费本月实际比本年计划降低了 7 元，其中：

单位产品所耗工时变动的影响＝(－0.4)×8.2＝－3.28(元)

每小时工资费用变动的影响＝(－0.388)×9.6＝－3.72(元)

两因素影响程度合计＝(－3.28)＋(－3.72)＝－7(元)

从计算结果看，甲产品的工资及福利费降低 7 元，是产品单位工时和每小时工资费用共同节约的结果。单位产品所耗工时的节约，一般是生产工人提高劳动熟练程度，从而提高劳动生产率的结果，但也不排除可能是偷工减料造成的。应该查明节约工时是否影响了产品的质量。

每小时工资费用是以生产工资总额除以生产工时总额计算得出的。工资总额控制得好，生产工资总额将减少，从而节约每小时工资费用，否则会使每小时工资费用超支。在工资总额固定的情况下，非生产工时控制得好，可减少非生产工时，增加生产工时总额，从而节约每小时工资费用，否则会使每小时工资费用超支。因此，除了要查明每小时工资费用变动的原因，还应对生产工时的利用情况进行分析研究。

（3）制造费用的分析。制造费用是一种综合费用，其构成复杂，对它的分析不像原材料费用分析和工资及福利费分析那样直接。对制造费用进行分析，应先对其构成进行分析，对所占比重较大的费用进行重点分析，并找出成本动因。对于与材料消耗相关的制造费用，可以比照直接材料费用的分析进行；对于与人工小时相关的费用，则可以比照直接人工费用的分析进行。

2. 主要经济技术指标变动对成本影响的分析

经济技术指标分析主要考察经济技术指标的变动对单位产品成本的影响。主要经济技术指标（如材料利用率、劳动生产率、设备利用率、产量增长率、产品合格率等）的提高反映了劳动生产率的提高，会直接或间接影响到产品成本。结合经济技术指标进行成本分析，不仅可以研究这些指标对产品成本的影响程度，而且可以促使企业改进各项指标，寻找降低产品成本的途径。不同行业有不同的经济技术指标，下面就制造业常见的一些经济技术指标的分析方法进行说明。

（1）材料利用率变动对产品成本的影响。材料是产品成本的重要组成部分。材料比重变动、采用代用材料和材料利用率变动都会影响产品成本。这里就材料利用率变动进行重点说明。材料利用率就是单位产品材料的消耗率。提高材料利用率就是通过降低单位产品材料的消耗率，降低产品成本中的材料成本，从而降低产品的单位成本。材料利用率变动对产品成本的影响可用下列公式表达：

$$\begin{array}{c}\text{材料利用率变动的影响}\\ \text{（单位产品成本降低率）}\end{array}=\frac{\begin{array}{c}\text{本年实际}\\ \text{材料利用率}\end{array}-\begin{array}{c}\text{上年实际}\\ \text{材料利用率}\end{array}}{\text{本年实际材料利用率}}\times\begin{array}{c}\text{上年材料成本占单位产品}\\ \text{成本的比重}\end{array}$$

下面举例说明。某产品改进原材料加工方法前后的有关资料详见表11-17。

表11-17　原材料利用率分析表　　产量：50件

项目	单位	改进前	改进后
原材料消耗总量	千克	12 500	11 800
原材料平均单价	元/千克	20	20
原材料总成本	元	250 000	236 000
加工后产品净重	千克	11 250	10 856
单位产品原材料成本	元	5 000	4 720

$$改进前原材料利用率=\frac{11\,250}{12\,500}\times100\%=90\%$$

$$改进后原材料利用率=\frac{10\,856}{11\,800}\times100\%=92\%$$

$$\begin{matrix}原材料利用率变动\\对单位产品成本的影响\end{matrix}=\frac{92\%-90\%}{92\%}\times5\,000=108.70(元)(降低)$$

（2）劳动生产率变动对产品成本的影响。劳动生产率提高意味着生产单位产品所耗用的时间比以前减少。这一方面会使单位产品所负担的工资成本减少，另一方面会因工资率的增长使单位产品成本提高。因此，要降低产品成本，必须使劳动生产率的提高大于工资率的提高。它们之间的关系可用下列公式表示：

$$\begin{matrix}劳动生产率变动的影响\\(单位产品成本降低率)\end{matrix}=\left(1-\frac{1+平均工资增长率}{1+劳动生产率增长率}\right)\times\begin{matrix}上年生产工人工资占单位\\产品成本的比重\end{matrix}$$

由于平均工资增长率与小时平均工资率成正比，因此上述公式中的平均工资增长率也可用小时平均工资率来代替。

（3）产品质量变动对产品成本的影响。在生产消耗水平不变的前提下，产品质量提高必然会使单位产品成本降低。衡量质量优劣的指标很多，如合格品率、废品率和等级品率等。这里以合格品率为例说明其对单位产品成本的影响。

合格品率对单位产品成本的影响可用下列公式表示：

$$\begin{matrix}合格品率变动的影响\\(单位产品成本降低率)\end{matrix}=\left(1-\frac{上年实际合格品率}{本年实际合格品率}\right)\times100\%$$

下面举例说明（见表11-18）。

表11-18　合格品率变动对单位产品成本的影响　　单位：元

指标	上年实际	本年实际
材料、工资等变动成本	764 500	764 500
产量（合格品）（件）	910	960
合格品率	93.8%	99%
单位产品成本	840	796

$$\begin{matrix}合格品率变动的影响\\(单位产品成本降低率)\end{matrix}=\left(1-\frac{93.8\%}{99\%}\right)\times100\%=5.25\%$$

上述计算还可复核如下：

$$\frac{840-796}{840}\times100\%=5.24\%$$①

① 由于四舍五入，计算结果有误差。

11.4 期间费用的分析

期间费用的分析包括各种费用计划完成情况的分析和各种费用增减变动情况的分析两方面内容。

11.4.1 各种费用计划完成情况的分析

各种费用计划完成情况的分析，是根据前述各种费用明细表中的资料，将本年实际数与本年计划数相比较，确定实际与计划的差异，并分析产生差异的原因。

由于各种费用所包括的内容具有不同的经济性质和用途，为了具体分析各种费用的增减变化和计划执行情况及其原因，应按各个费用项目分别进行分析，对超支或节约数额较大或者费用比重较大的项目应重点分析。分析时应注意，不能孤立检查某项费用控制计划的完成情况，以防止一些费用项目的节约掩盖另一些费用项目的超支。在分析时还应注意不同费用支出的特点，对具体问题做具体分析，不能简单地将所有超出计划的费用支出都视为不合理。比如对于企业某些适销对路的产品，在超额完成其产量计划且固定资产利用率不断提高的情况下，相应增加机物料消耗、设备维修费用等支出就是合理的。反之，不能将一切费用支出的减少都视为企业的成绩。比如制造费用中的劳动保护费、修理费、试验检验费，以及管理费用中的员工教育经费等费用的减少，不一定都是企业的成绩，因为这些费用的减少有可能导致企业劳动生产率和产品质量下降，甚至影响企业的安全生产。

11.4.2 各种费用增减变动情况的分析

对期间费用增减变动情况进行分析时，首先需要计算各个费用具体项目的构成情况，以判断各项费用中应重点关注的项目。

根据各种费用明细表中的资料，将本月实际数与上年同期实际数进行对比，可以揭示本月实际数的增减变化，以便动态地观察、比较各项费用，特别是一些主要的、重点的费用项目的变动情况和变动趋势。在进行分析时应注意前后期费用指标的口径是否一致，如果不一致，应按照基期或报告期的口径进行调整，调整后再进行比较分析。

在对管理费用、财务费用和营业费用进行分析时，对于变动费用项目，还应考虑业务量的变动，计算相对的节约或超支；对于固定费用项目，可以用实际数与基数相比较，直接确定绝对差异，即节约或超支；对于某些支出和损失项目，应结合其抵销数进行分析。

总之，通过上述分析，企业应不断总结经验，改进生产经营管理，有效控制各种费用支出，最终提高经济效益。

下面举例说明销售费用计划完成情况及各项目增减变动的情况，相关资料如表 11－19 所示。

表 11－19　销售费用计划完成情况分析表　　单位：元

项目	本年计划数	本年实际数	实际比计划		各项目占总体比重（%）	
			增减金额	变动率（%）	计划数	实际数
运输费	36 000	35 000	－1 000	－2.78	8.23	7.78
装卸费	2 500	2 600	100	4	0.57	0.58
包装费	20 000	19 000	－1 000	－5	4.57	4.22
折旧费	50 000	50 000	0	0	11.43	11.11
修理费	6 000	5 800	－200	－3.33	1.37	1.29
办公费	10 000	9 800	－200	2	2.29	2.18
保险费	12 000	12 000	0	0	2.74	2.67
广告费	100 000	95 000	－5 000	－5	22.86	21.11
展览费	30 000	32 000	2 000	6.67	6.86	7.11
租赁费	28 000	28 000	0	0	6.4	6.22
机物料消耗	3 000	2 800	－200	－6.67	0.69	0.62
专设销售机构经费	60 000	58 000	－2 000	－3.33	13.71	12.89
其他	80 000	100 000	20 000	25	18.29	22.22
销售费用合计	437 500	450 000	12 500	2.86	100	100

从表 11－19 中可以看出，企业的销售费用从整体上看并未完成计划，而是超支 12 500 元，超支率为 2.86%。从各项目的计划执行情况看，运输费、包装费、广告费、专设销售机构经费均比计划大幅减少，超额完成了计划；但展览费和其他销售费用大幅超支。企业需要结合销售收入的计划和实际数额进行分析，正常情况下，运输费、包装费等应和销售收入成比例变化。如果企业的销售收入完成了计划，则这两项费用的减少值得肯定，但如果由于广告费和专设销售机构经费的减少导致销售收入未完成计划，此时运输费和包装费的节约应引起企业深入思考。另外，企业需要分析展览费超支的原因，并与广告费的分析结合起来，因为二者对企业产品的销售作用相同。最后，占计划和实际总额比重都很大的其他销售费用超支 20 000 元，超支率达 25%，应详细分析其他销售费用的构成，分析其明细项目的变动情况，找出导致其超支的主要原因，采取措施予以纠正。

11.5 成本考核

11.5.1 成本考核的作用和原则

1. 成本考核的作用

成本考核就是通过定期对比成本指标，对目标成本的实现情况和成本计划指标的完成结果进行全面的审核和评价，是成本会计职能的重要组成部分。为了监督和评价各部门、各单位成本计划的完成情况，促使其履行有关的经济责任，保证目标成本的实现，应建立定期的成本考核制度。成本考核作为成本会计的重要职能之一，对于降低成本、促进成本管理水平的提高具有十分重要的意义。成本考核的具体作用如下：

（1）评价企业成本计划和目标利润的完成情况。市场经济决定了企业经营的目的，即生产适销对路的产品，获得尽可能多的利润。在以销定产的条件下，成本计划的完成标志着目标成本的实现，也意味着目标利润的实现。因此，评价成本计划的完成情况也是评价目标利润的完成情况。

（2）评价有关法规和管理制度的执行情况。成本管理过程实际上也是贯彻和执行国家有关法规和企业制度的过程。比如，企业应严格执行成本开支范围和费用开支标准等方面的规定。通过成本考核，可以检查有关法规和管理制度的执行情况，保证成本管理的合法性。

（3）调动责任中心与全体员工的积极性。责任中心是指与企业经营决策密切相关，责权利相结合的部门。通过成本考核，可以评价各责任中心对当期经济效益的贡献，使企业树立成本管理意识，使各责任单位和责任人从成本考核的奖惩制度中看到自身的经济利益，增强降低成本的责任心和积极性，为增收节支做出更大的贡献。

2. 成本考核的原则

在进行成本考核时，应遵循以下几条原则：

（1）以国家的有关政策法令为依据。国家的有关政策法令给人们提供了按客观经济规律办事的行为规范。因此，在对企业进行考核时，必须把国家的政策法令放在首位，对企业的经营活动及目标成本管理情况进行全面的考核和评价。

（2）以成本目标为标准。企业的成本目标是根据市场经济需要并结合企业的实际情况制定的。它不仅是企业全体员工奋斗的目标，也是衡量各部门工作好坏的标准。因此，对企业及企业内部进行成本考核时，必须以成本目标为标准。

（3）以完整可靠的资料、指标为基础。在成本考核前，必须对成本考核资料及其指标进行详细的检查和审计，以做出恰如其分的评价。

（4）以提高经济效益为目的。目标成本管理的最终目的是最大限度地提高企业的经济效益，因此，对企业进行成本考核时必须把提高经济效益放在首位。

11.5.2　成本中心

在实行成本责任制的企业，成本考核是评价各责任中心特别是成本中心业绩的主要手段。通过考核可以促使各责任中心控制和降低各项耗费，从而控制和降低各种产品的生产成本。

一个责任中心若不形成收入或者不对实现收入负责，而只对成本或费用负责，则这类责任中心称为成本中心。成本中心有广义和狭义之分。狭义的成本中心是对生产产品或提供劳务过程中的资源耗费承担责任的责任中心，一般指负责产品生产的生产部门及劳务提供部门。广义的成本中心范围较广，除了狭义的成本中心，还包括那些非生产性的以控制经营管理费用为主的责任中心，即费用中心。

通常，狭义的成本中心（以下成本中心均指狭义的成本中心）的典型代表是制造业工厂、车间、工段、班组等。在生产制造活动中，每个产品都可以有明确的原材料、人工和间接制造费用的数量标准和价格标准。实际上，任何一种重复性的活动都可以建立成本中心，只要这种活动能够计量产出的实际数量，并且能够说明投入与产出之间可达到的函数关系。

费用中心，适用于那些产出物不能用财务指标来衡量，或者投入和产出之间没有密切关系的单位。这些单位包括一般行政管理部门，如会计、人事、计划等部门；研究开发部门，如设备改造、新产品研制等部门；某些销售部门。一般行政管理部门的产出难以度量，研发和销售活动的投入量与产出量之间没有密切的联系。对于费用中心，唯一可以准确计量的是实际费用，但无法通过比较投入和产出来评价其效果和效率，从而限制无效费用的支出，因此，有人称之为“无限制的费用中心”。

11.5.3　成本中心的考核指标

一般来说，成本中心的考核指标是既定产品质量和数量条件下的标准成本。成本中心不需要做出价格决策、产量决策或产品结构决策，这些决策由上级管理部门做出，或授权销售单位做出。成本中心的设备和技术决策通常由职能管理部门而不是成本中心的管理人员做出。因此，成本中心不对生产能力的利用程度负责，而只对既定产量的投入量承担责任。如果采用金额成本法，那么成本中心不对闲置能力的差异负责，但仍要对固定成本的其他可控因素导致的成本差异承担责任。

要强调的是，如果成本中心的产品没有达到规定的质量，或没有按计划生产，则会对其他单位产生不利的影响。因此，成本中心必须按规定的质量、时间和计划产量来进行生产。这个要求是“硬性”的，很少有调整余地。完不成上述要求，成本中心要受到批评甚至惩罚。过高的产量、提前产出会造成产品积压，同样会给企业带来损失，也应视为未按计划进行生产。

确定费用中心的考核指标是一项难度较大的工作。由于缺少度量其产出的标准，并且投入和产出之间的关系不密切，运用传统的财务技术来评估这些中心的业绩非常困难。费用中心的业绩涉及预算、工作质量和服务水平，工作质量和服务水平难以量化，并且与费用支出关系密切。这正是费用中心与成本中心的主要差别。成本中心的产品质量和数量有良好的量化方法，如果能以低于预算水平的实际成本生产出相同的产品，则说明该中心业绩良好。费用中心则不然，一个费用中心的支出没有超过预算，可能说明该中心的工作质量和服务水平低于计划的要求。

通常使用费用预算来评价费用中心的成本控制业绩。由于很难依据一个费用中心的工作质量和服务水平来确定预算数额，一种解决办法是考察同行业类似职能的支出水平。例如，有的公司根据销售收入的一定百分比来制定研发费用预算。尽管很难解释为什么研发费用与销售额具有某种因果关系，但是百分比法使人们能够在同行业之间进行比较。另一种解决办法是零基预算法，即详尽分析支出的必要性及其取得的效果，以制定预算标准。还有许多企业依据历史经验来编制费用预算。这种方法虽然简单，但缺点也十分明显。管理人员为了在将来获得较多的预算，倾向于把能花的钱全部花掉。越是勤俭的管理人员越容易面临严峻的预算压力。预算的有利差异只能说明比过去少花了钱，既不表明达到了应有的节约程度，也不说明成本控制取得了应有的效果。因此，依据历史实际费用数额来编制预算并不是个好办法。从根本上讲，确定费用中心的预算水平有赖于了解情况的专业人员的判断。上级主管人员应信任费用中心的经理，并与他们密切配合，通过协商确定恰当的预算水平。在考核预算完成情况时，要由经验丰富的专业人员对该费用中心的工作质量和服务水平做出有根据的判断，只有这样才能对费用中心的控制业绩做出客观的评价。

11.5.4 责任成本及其计算

责任成本是责任中心负责的成本，只有在责任中心权力范围之内的成本才是责任中心负责的成本。也就是说，只有责任中心运用权力能够控制的成本（即可控成本）才是责任成本。

可控成本是相对于不可控成本而言的。责任中心能够控制的各种耗费为可控成本，不能控制的各种耗费则为不可控成本。一般而言，可控成本必须符合以下三个条件：(1) 成本中心事先知道将会发生什么性质的费用。(2) 成本中心能确切计量所发生的费用。(3) 成本中心有办法控制并调节费用。不符合上述三个条件的成本或费用即不可控成本。某成本中心的所有可控成本之和即该成本中心的责任成本。

由于成本中心只对可控成本负责，因此评价其实际业绩也应以可控成本为依据，不可控成本只能作为参考。这就决定了事先编制的责任预算、日常对责任中心成本的记录和计算以及最后编制的业绩报告都应以可控成本为限。因此，成本中心的目标就是在保质保量完成生产任务的同时，努力降低可控成本。不可控成本则非其能力所及，不能要求成本中心负责。

全面理解可控成本的概念时，必须注意可控成本是相对一定时期和特定责任中心而言的。因为有些耗费在一定时期内不可控，在另一时期内则是可控的。如固定资产折旧费、长期租赁费等，从短期来看是不可控的，从长期来看则是可控的。有些耗费对于一个责任中心是不可控的，对于另一个责任中心则是可控的。比如，原材料价格对于采购部门为可控成本，对于生产部门则为不可控成本。此外，某一耗费可控与否与责任中心的权力大小有关，对于基层部门不可控的成本，对于其上级部门则是可控的。比如，新产品试制成本对于生产部门是不可控的，对于生产计划部门则是可控的，因为它有权决定是否进行新产品试制及如何试制等。

责任成本与标准成本、目标成本既有区别又有密切联系。标准成本和目标成本主要强调事先的成本计算，而责任成本的重点是事后的计算、评价和考核，这些是责任会计的重要内容之一。标准成本在制定时是分产品进行的，事后对差异进行分析时才判别责任归属。目标成本管理要求在事先确定目标时就考虑责任归属，并按责任归属收集和处理实际数据。不管使用目标成本还是标准成本作为控制依据，事后的评价与考核都要求核算责任成本。

计算责任成本的关键是判别每一项成本费用的责任归属。

1. 判别成本费用责任归属的原则

通常，可以按以下原则确定责任中心的可控成本：

(1) 假如某责任中心能通过自己的行动有效地影响一项成本的数额，它就应对这项成本负责。

(2) 假如某责任中心有权决定是否使用某种资产或劳务，它就应对这些资产或劳务的成本负责。

(3) 某管理人员虽然不直接决定某项成本，但是上级要求他参与有关事项，从而对该项成本的支出施加了重要影响，他就应对该成本承担责任。

2. 制造费用的归属和分配方法

将发生的直接材料和人工费用归属于不同的责任中心通常比较容易，制造费用的归属则比较困难。为此，需要仔细研究各项消耗和责任中心的因果关系，采用不同的分配方法。一般按以下五个步骤来处理：

（1）直接计入责任中心。将可以直接判别责任归属的费用项目直接计入应负责的成本中心。例如，机物料消耗、低值易耗品的领用等，在发生时可判别耗用的成本中心，不需要采用其他标准进行分配。

（2）按责任基础分配。对不能直接归属于某个责任中心的费用，优先按责任基础分配。有些费用虽然不能直接归属于特定成本中心，但它们的数额受成本中心的控制，能找到合理依据来分配，如动力费、维修费等。如果成本中心能自己控制使用量，可以根据其用量来分配。分配时要使用固定的内部结算价格，防止供应部门的责任向使用部门转嫁。

（3）按受益基础分配。有些费用不是专属于某个责任中心的，不宜按责任基础分配，但因其与各中心的受益多少有关，所以可按受益基础分配，如按装机功率分配电费等。

（4）归入某一特定的责任中心。有些费用既不能按责任基础分配，也不能按受益基础分配，则应考虑有无可能将其归属于一个特定的责任中心。例如，车间的运输费用和试验检验费用难以分配到生产班组，不如建立专门的成本中心来控制此项成本，不向各班组分配。

（5）不能归属于任何责任中心的固定成本不进行分摊。例如，车间厂房的折旧是以前决策的结果，短期内无法改变，可暂时不加控制，作为不可控成本。

11.5.5 成本中心的业绩评价

对成本中心实际业绩的评价是通过编制业绩报告来完成的。在业绩报告中主要列示成本中心各项可控成本的实际数与预算数及两者的差异，并分析差异形成的原因。对于成本中心所发生的不可控成本，有两种不同的处理方式：（1）全部省略，不予列示，以便突出本中心业绩。（2）全额列示，作为评价本中心业绩的参考，使管理当局了解各成本中心在一定期间经营业绩的全貌。业绩报告中的差异是评价时的重要参考指标。若预算数大于实际数，则差异为有利差异，用（F）表示；反之则为不利差异，用（U）表示。此外，还可以在业绩报告中列示各种差异形成的原因分析，作为今后改进成本控制或修改预算的参考。某公司的业绩报告如表11－20所示。

表11－20　××公司甲车间（成本中心）业绩报告

20××年12月　　单位：元

摘要	实际	预算	差异	差异原因分析
可控成本：				
直接材料	4 000	3 800	200（U）	材料浪费过多

续表

摘要	实际	预算	差异	差异原因分析
直接人工	5 000	4 500	500（U）	工资政策改变
间接人工	4 500	4 600	100（F）	工时节约
管理人员工资	2 000	2 200	200（F）	工时节约
合计	15 500	15 100	400（U）	
不可控成本：				
设备折旧	600	700	100（F）	
其他责任中心转入成本	2 000	2 150	150（F）	
合计	2 600	2 850	250（F）	
总计	18 100	17 950	150（U）	

从该业绩报告中可以看出，该成本中心的业绩不太好，因为其可控成本不利差异大于有利差异，总差异为不利差异。通过差异分析可以看出，主要原因在于工资政策改变及材料浪费过多，这就为下一期成本控制提供了方向，即应从用料控制、工时控制等方面采取措施。另外，应巩固在间接人工和管理人员工资方面形成的成本节约。依据该业绩报告，本中心有关人员的经济利益会受到影响。

思考题

1. 什么是成本报表？它有哪些作用？
2. 如何编制全部商品产品成本表？
3. 如何编制主要产品单位成本表？
4. 成本报表分析的方法和标准各有哪些？
5. 比率分析法有哪几种具体的方法？
6. 因素分析法有哪些特点？
7. 影响产品成本的主要经济技术指标有哪些？它们对成本的影响如何计算？

练习题

1. 某公司按产品种类反映的全部商品产品成本表如表 1 所示。请在表 1 中空白的地方填上准确的数字。

表1　全部商品产品成本表（按产品种类反映）

201×年12月　　　　单位：元

产品名称	实际产量（件）		单位成本				本月总成本		
	本月	本年累计	上年实际平均	本年计划	本月实际	本年累计实际平均	按上年实际平均单位成本计算	按本年计划单位成本计算	本月实际
可比产品									
其中：A		4 000	80	70		72	40 000		37 500
B	200	3 000			53	52	13 000	11 000	
合计							53 000	46 000	48 100
不可比产品									
其中：C	60	400		100	90	110		6 000	5 400
D	80	800		200	205	210		16 000	16 400
合计								22 000	21 800
全部产品成本合计								68 000	69 900

2. 某企业201×年有关人工费用、产品产量、单位产品工时和小时工资率的计划和实际资料见表2。

要求：分析各因素变动对人工费用的影响程度。

表2　人工费用资料

指标	计划	实际
人工费用（元）	1 600 000	1 944 000
产品产量（双）	8 000	9 000
单位产品工时（小时）	20	18
小时工资率（元）	10	12

3. 某公司可比A产品和B产品本年的计划产量分别为6 000件和2 500件，其他资料如表1所示。

要求：分析可比产品成本降低计划的完成情况及其影响因素。

附录

附录一 复利终值系数表

n	i(%) 1	2	3	4	5	6	7	8	9	10	11	12	13	14	15	16	17	18	19	20	25	30
1	1.010	1.020	1.030	1.040	1.050	1.060	1.070	1.080	1.090	1.100	1.110	1.120	1.130	1.140	1.150	1.160	1.170	1.180	1.190	1.200	1.250	1.300
2	1.020	1.040	1.061	1.082	1.103	1.124	1.145	1.166	1.188	1.210	1.232	1.254	1.277	1.300	1.323	1.346	1.369	1.392	1.416	1.440	1.563	1.690
3	1.030	1.061	1.093	1.125	1.158	1.191	1.225	1.260	1.295	1.331	1.368	1.405	1.443	1.482	1.521	1.561	1.602	1.643	1.685	1.728	1.953	2.197
4	1.041	1.082	1.126	1.170	1.216	1.262	1.311	1.360	1.412	1.464	1.518	1.574	1.630	1.689	1.749	1.811	1.874	1.939	2.005	2.074	2.441	2.856
5	1.051	1.104	1.159	1.217	1.276	1.338	1.403	1.469	1.539	1.611	1.685	1.762	1.842	1.925	2.011	2.100	2.192	2.288	2.386	2.488	3.052	3.713
6	1.062	1.126	1.194	1.265	1.340	1.419	1.501	1.587	1.677	1.772	1.870	1.974	2.082	2.195	2.313	2.436	2.565	2.700	2.840	2.986	3.815	4.827
7	1.072	1.149	1.230	1.316	1.407	1.504	1.606	1.714	1.828	1.949	2.076	2.211	2.353	2.502	2.660	2.826	3.001	3.185	3.379	3.583	4.768	6.276
8	1.083	1.172	1.267	1.369	1.477	1.594	1.718	1.851	1.993	2.144	2.305	2.476	2.658	2.853	3.059	3.278	3.511	3.759	4.021	4.300	5.960	8.157
9	1.094	1.195	1.305	1.423	1.551	1.689	1.838	1.999	2.172	2.358	2.558	2.773	3.004	3.252	3.518	3.803	4.108	4.435	4.785	5.160	7.451	10.604
10	1.105	1.219	1.344	1.480	1.629	1.791	1.967	2.159	2.367	2.594	2.839	3.106	3.395	3.707	4.046	4.411	4.807	5.234	5.696	6.192	9.313	13.786
11	1.116	1.243	1.384	1.539	1.710	1.898	2.105	2.332	2.580	2.853	3.152	3.479	3.836	4.226	4.652	5.117	5.624	6.176	6.777	7.430	11.642	17.922
12	1.127	1.268	1.426	1.601	1.796	2.012	2.252	2.518	2.813	3.138	3.498	3.896	4.335	4.818	5.350	5.936	6.580	7.288	8.064	8.916	14.552	23.298
13	1.138	1.294	1.469	1.665	1.886	2.133	2.410	2.720	3.066	3.452	3.883	4.363	4.898	5.492	6.153	6.886	7.699	8.599	9.596	10.699	18.190	30.288
14	1.149	1.319	1.513	1.732	1.980	2.261	2.579	2.937	3.342	3.797	4.310	4.887	5.535	6.261	7.076	7.988	9.007	10.147	11.420	12.839	22.737	39.374
15	1.161	1.346	1.558	1.801	2.079	2.397	2.759	3.172	3.642	4.177	4.785	5.474	6.254	7.138	8.137	9.266	10.539	11.974	13.590	15.407	28.422	51.186
16	1.173	1.373	1.605	1.873	2.183	2.540	2.952	3.426	3.970	4.595	5.311	6.130	7.067	8.137	9.358	10.748	12.330	14.129	16.172	18.488	35.527	66.542
17	1.184	1.400	1.653	1.948	2.292	2.693	3.159	3.700	4.328	5.054	5.895	6.866	7.986	9.276	10.761	12.468	14.426	16.672	19.244	22.186	44.409	86.504
18	1.196	1.428	1.702	2.206	2.407	2.854	3.380	3.996	4.717	5.560	6.544	7.690	9.024	10.575	12.375	14.463	16.879	19.673	22.091	26.623	55.511	112.46
19	1.208	1.457	1.754	2.107	2.527	3.026	3.617	4.316	5.142	6.116	7.263	8.613	10.197	12.056	14.232	16.777	19.748	23.214	27.252	31.948	69.389	146.19
20	1.220	1.486	1.806	2.191	2.653	3.207	3.870	4.661	5.604	6.727	8.062	9.646	11.523	13.743	16.367	19.461	23.106	27.393	32.429	38.338	86.736	190.05
25	1.282	1.641	2.094	2.666	3.386	4.292	5.427	6.848	8.623	10.835	13.585	17.000	21.231	26.462	32.919	40.874	50.658	62.669	77.388	95.396	264.70	705.64
30	1.348	1.811	2.427	3.243	4.322	5.743	7.612	10.063	13.268	17.449	22.892	29.960	39.116	50.950	66.212	85.850	111.07	143.37	184.68	237.38	807.79	2 620.0

附录二　复利现值系数表

n	i(%)																								
	1	2	3	4	5	6	7	8	9	10	11	12	13	14	15	16	17	18	19	20	25	30	35	40	50
1	0.990	0.980	0.971	0.962	0.952	0.943	0.935	0.926	0.917	0.909	0.901	0.893	0.885	0.877	0.870	0.862	0.855	0.847	0.840	0.833	0.800	0.769	0.741	0.714	0.667
2	0.980	0.961	0.943	0.925	0.907	0.890	0.873	0.857	0.842	0.826	0.812	0.797	0.783	0.769	0.756	0.743	0.731	0.718	0.706	0.694	0.640	0.592	0.549	0.510	0.444
3	0.971	0.942	0.915	0.889	0.864	0.840	0.816	0.794	0.772	0.751	0.731	0.712	0.693	0.675	0.658	0.641	0.624	0.609	0.593	0.579	0.512	0.455	0.406	0.364	0.296
4	0.961	0.924	0.888	0.855	0.823	0.792	0.763	0.735	0.708	0.683	0.659	0.636	0.613	0.592	0.572	0.552	0.534	0.516	0.499	0.482	0.410	0.350	0.301	0.260	0.198
5	0.951	0.906	0.863	0.822	0.784	0.747	0.713	0.681	0.650	0.621	0.593	0.567	0.543	0.519	0.497	0.476	0.456	0.437	0.419	0.402	0.320	0.269	0.223	0.186	0.132
6	0.942	0.888	0.837	0.790	0.746	0.705	0.666	0.630	0.596	0.564	0.535	0.507	0.480	0.456	0.432	0.410	0.390	0.370	0.352	0.335	0.262	0.207	0.165	0.133	0.088
7	0.933	0.871	0.813	0.760	0.711	0.665	0.623	0.583	0.547	0.513	0.482	0.452	0.425	0.400	0.376	0.354	0.333	0.314	0.296	0.279	0.210	0.159	0.122	0.095	0.059
8	0.923	0.853	0.789	0.731	0.677	0.627	0.582	0.540	0.502	0.467	0.434	0.404	0.376	0.351	0.327	0.305	0.285	0.266	0.249	0.233	0.168	0.123	0.091	0.068	0.039
9	0.914	0.837	0.766	0.703	0.645	0.592	0.544	0.500	0.460	0.424	0.391	0.361	0.333	0.300	0.284	0.263	0.243	0.225	0.209	0.194	0.134	0.094	0.067	0.048	0.026
10	0.905	0.820	0.744	0.676	0.614	0.558	0.508	0.463	0.422	0.386	0.352	0.322	0.295	0.270	0.247	0.227	0.208	0.191	0.176	0.162	0.107	0.073	0.050	0.035	0.017
11	0.896	0.804	0.722	0.650	0.585	0.527	0.475	0.429	0.388	0.350	0.317	0.287	0.261	0.237	0.215	0.195	0.178	0.162	0.148	0.135	0.086	0.056	0.037	0.025	0.012
12	0.887	0.788	0.701	0.625	0.557	0.497	0.444	0.397	0.356	0.319	0.286	0.257	0.231	0.208	0.187	0.168	0.152	0.137	0.124	0.112	0.069	0.043	0.027	0.018	0.008
13	0.879	0.773	0.681	0.601	0.530	0.469	0.415	0.368	0.326	0.290	0.258	0.229	0.204	0.182	0.163	0.145	0.130	0.116	0.104	0.093	0.055	0.033	0.020	0.013	0.005
14	0.870	0.758	0.661	0.577	0.505	0.442	0.388	0.340	0.299	0.263	0.232	0.205	0.181	0.160	0.141	0.125	0.111	0.099	0.088	0.078	0.044	0.025	0.015	0.009	0.003
15	0.861	0.743	0.642	0.555	0.481	0.417	0.362	0.315	0.275	0.239	0.209	0.183	0.160	0.140	0.123	0.108	0.095	0.084	0.074	0.065	0.035	0.020	0.011	0.006	0.002
16	0.853	0.728	0.623	0.534	0.458	0.394	0.339	0.292	0.252	0.218	0.188	0.163	0.141	0.123	0.107	0.093	0.081	0.071	0.062	0.054	0.028	0.015	0.008	0.005	0.002
17	0.844	0.714	0.605	0.513	0.436	0.371	0.317	0.270	0.231	0.198	0.170	0.146	0.125	0.108	0.093	0.080	0.069	0.060	0.052	0.045	0.023	0.012	0.006	0.003	0.001
18	0.836	0.700	0.587	0.494	0.416	0.350	0.296	0.250	0.212	0.180	0.153	0.130	0.111	0.095	0.081	0.069	0.059	0.051	0.044	0.038	0.018	0.009	0.005	0.002	0.001
19	0.828	0.686	0.570	0.475	0.396	0.331	0.277	0.232	0.194	0.164	0.138	0.116	0.098	0.083	0.070	0.060	0.051	0.043	0.037	0.031	0.014	0.007	0.003	0.002	0
20	0.820	0.673	0.554	0.456	0.377	0.312	0.258	0.215	0.178	0.149	0.124	0.104	0.087	0.073	0.061	0.051	0.043	0.037	0.031	0.026	0.012	0.005	0.002	0.001	0
25	0.780	0.610	0.478	0.375	0.295	0.233	0.184	0.146	0.116	0.092	0.074	0.059	0.047	0.038	0.030	0.024	0.020	0.016	0.013	0.010	0.004	0.001	0.001	0	0
30	0.742	0.552	0.412	0.308	0.231	0.174	0.131	0.099	0.075	0.057	0.044	0.033	0.026	0.020	0.015	0.012	0.009	0.007	0.005	0.004	0.001	0	0	0	0
40	0.672	0.453	0.307	0.208	0.142	0.097	0.067	0.046	0.032	0.022	0.015	0.011	0.008	0.005	0.004	0.003	0.002	0.001	0.001	0.001	0	0	0	0	0
50	0.608	0.372	0.228	0.141	0.087	0.054	0.034	0.021	0.013	0.009	0.005	0.003	0.002	0.001	0.001	0.001	0	0	0	0	0	0	0	0	0

附录三　年金终值系数表

n	i(%) 1	2	3	4	5	6	7	8	9	10	11	12	13	14	15	16	17	18	19	20	25	30
1	1.000	1.000	1.000	1.000	1.000	1.000	1.000	1.000	1.000	1.000	1.000	1.000	1.000	1.000	1.000	1.000	1.000	1.000	1.000	1.000	1.000	1.000
2	2.010	2.020	2.030	2.040	2.050	2.060	2.070	2.080	2.090	2.100	2.110	2.120	2.130	2.140	2.150	2.160	2.170	2.180	2.190	2.200	2.250	2.300
3	3.030	3.060	3.091	3.122	3.153	3.184	3.215	3.246	3.278	3.310	3.342	2.374	3.407	3.440	3.473	3.506	3.539	3.572	3.606	3.640	3.813	3.990
4	4.060	4.122	4.184	4.246	4.310	4.375	4.440	4.506	4.573	4.641	4.710	4.779	4.850	4.921	4.993	5.066	5.141	5.215	5.291	5.368	5.766	6.187
5	5.101	5.204	5.309	5.416	5.526	5.637	5.751	5.867	5.985	6.105	6.228	6.353	6.480	6.610	6.742	6.877	7.014	7.154	7.297	7.442	8.207	9.043
6	6.152	6.308	6.468	6.633	6.802	6.975	7.153	7.336	7.523	7.716	7.913	8.115	8.323	8.536	8.754	8.977	9.207	9.442	9.683	9.930	11.259	12.756
7	7.214	7.434	7.662	7.898	8.142	8.394	8.654	8.923	9.200	9.487	9.783	10.089	10.405	10.730	11.067	11.414	11.772	12.142	12.523	12.916	15.073	17.583
8	8.286	8.583	8.892	9.214	9.549	9.897	10.260	10.637	11.028	11.436	11.859	12.300	12.757	13.233	13.727	14.240	14.773	15.327	15.902	16.499	19.842	23.858
9	9.369	9.755	10.159	10.583	11.027	11.491	11.978	12.488	13.021	13.579	14.164	14.776	15.416	16.085	16.786	17.519	18.285	19.086	19.923	20.799	25.802	32.015
10	10.462	10.950	11.464	12.006	12.578	13.181	13.816	14.487	15.193	15.937	16.722	17.549	18.420	19.337	20.304	21.321	22.393	23.521	24.701	25.959	33.253	42.619
11	11.567	12.169	12.808	13.486	14.207	14.972	15.784	16.645	17.560	18.531	19.561	20.655	21.814	23.045	24.349	25.733	27.200	28.755	30.404	32.150	42.566	56.405
12	12.683	13.412	14.192	15.026	15.917	16.870	17.888	18.977	20.141	21.384	22.713	24.133	25.650	27.271	29.002	30.850	32.824	34.931	37.180	39.581	54.208	74.327
13	13.809	14.680	15.618	16.627	17.713	18.882	20.141	21.495	22.953	24.523	26.212	28.029	29.985	32.089	34.352	36.786	39.404	42.219	45.244	48.497	68.760	97.625
14	14.947	15.974	17.086	18.292	19.599	21.015	22.550	24.215	26.019	27.975	30.095	32.393	34.883	37.581	40.505	43.672	47.103	50.818	54.841	59.196	86.949	127.91
15	16.097	17.293	18.599	20.024	21.579	23.276	25.129	27.152	29.361	31.772	34.405	37.280	40.417	43.842	47.580	51.660	56.110	60.965	66.261	72.035	109.69	167.29
16	17.258	18.639	20.157	21.825	23.657	25.673	27.888	30.324	33.003	35.950	39.190	42.753	46.672	50.980	55.717	60.925	66.649	72.939	79.850	87.442	138.11	218.47
17	18.430	20.012	21.762	23.698	25.840	28.213	30.840	33.750	36.974	40.545	44.501	48.884	53.739	59.118	65.075	71.673	78.979	87.068	96.022	105.93	173.64	285.01
18	19.615	21.412	23.414	25.645	28.132	30.906	33.999	37.450	41.301	45.599	50.396	55.750	61.725	68.394	75.836	84.141	93.406	103.74	115.27	128.12	218.05	371.52
19	20.811	22.841	25.117	27.671	30.539	33.760	37.379	41.446	46.018	51.159	56.939	63.440	70.749	78.969	88.212	98.603	110.29	123.41	138.17	154.74	273.56	483.97
20	22.019	24.297	26.870	29.778	33.066	36.786	40.995	45.762	51.160	57.275	64.203	72.052	80.947	91.025	102.44	115.38	130.03	146.63	165.42	186.69	342.95	630.17
25	28.243	32.030	36.459	41.646	47.727	54.865	63.249	73.106	84.701	98.347	114.41	133.33	155.62	181.87	212.79	249.21	292.11	342.60	402.04	471.98	1 054.8	2 348.8
30	34.785	40.588	47.575	56.085	66.439	79.058	94.461	113.28	136.31	164.49	199.02	241.33	293.20	356.79	434.75	530.31	647.44	790.95	966.7	1 181.9	3 227.2	8 730.0

附录四　年金现值系数表

n	i(%)																							
	1	2	3	4	5	6	7	8	9	10	11	12	13	14	15	16	17	18	19	20	25	30	35	40	50
1	0.990	0.980	0.971	0.962	0.952	0.943	0.935	0.926	0.917	0.909	0.901	0.893	0.885	0.877	0.870	0.862	0.855	0.847	0.840	0.833	0.800	0.769	0.741	0.714	0.667
2	1.970	1.942	1.913	1.886	1.859	1.833	1.808	1.783	1.759	1.736	1.713	1.690	1.668	1.647	1.626	1.605	1.585	1.566	1.547	1.528	1.440	1.361	1.289	1.224	1.111
3	2.941	2.884	2.829	2.775	2.723	2.673	2.624	2.577	2.531	2.487	2.444	2.402	2.361	2.322	2.283	2.246	2.210	2.174	2.140	2.106	1.952	1.816	1.696	1.589	1.407
4	3.902	3.808	3.717	3.630	3.546	3.465	3.387	3.312	3.240	3.170	3.102	3.037	2.974	2.914	2.855	2.798	2.743	2.690	2.639	2.589	2.362	2.166	1.997	1.849	1.605
5	4.853	4.713	4.580	4.452	4.329	4.212	4.100	3.993	3.890	3.791	3.696	3.605	3.517	3.433	3.352	3.274	3.199	3.127	3.058	2.991	2.689	2.436	2.220	2.035	1.737
6	5.795	5.601	5.417	5.242	5.076	4.917	4.767	4.623	4.486	4.355	4.231	4.111	3.998	3.889	3.784	3.685	3.589	3.498	3.410	3.326	2.951	2.643	2.385	2.168	1.824
7	6.728	6.472	6.230	6.002	5.786	5.582	5.389	5.206	5.033	4.868	4.712	4.564	4.423	4.288	4.160	4.039	3.922	3.812	3.706	3.605	3.161	2.802	2.508	2.263	1.883
8	7.652	7.325	7.020	6.733	6.463	6.210	5.971	5.747	5.535	5.335	5.146	4.968	4.799	4.639	4.487	4.344	4.207	4.078	3.954	3.837	3.329	2.925	2.598	2.331	1.922
9	8.566	8.162	7.786	7.435	7.108	6.802	6.515	6.247	5.995	5.759	5.537	5.328	5.132	4.946	4.472	4.607	4.451	4.303	4.163	4.031	3.463	3.019	2.665	2.379	1.948
10	9.471	8.983	8.530	8.111	7.722	7.360	7.024	6.710	6.418	6.145	5.889	5.650	5.426	5.216	5.019	4.833	4.659	4.494	4.339	4.192	3.571	3.092	2.715	2.414	1.965
11	10.368	9.787	9.253	8.760	8.306	7.887	7.499	7.139	6.805	6.495	6.207	5.938	5.687	5.453	5.234	5.029	4.836	4.656	4.486	4.327	3.656	3.147	2.752	2.438	1.977
12	11.255	10.575	9.954	9.385	8.863	8.384	7.943	7.536	7.161	6.814	6.492	6.194	5.918	5.660	5.421	5.197	4.988	4.793	4.611	4.439	3.725	3.190	2.779	2.456	1.985
13	12.134	11.348	10.635	9.986	9.394	8.853	8.358	7.904	7.487	7.103	6.750	6.424	6.122	5.842	5.583	5.342	5.118	4.910	4.715	4.533	3.780	3.223	2.799	2.469	1.990
14	13.004	12.106	11.296	10.563	9.899	9.295	8.745	8.244	7.786	7.367	6.982	6.628	6.302	6.002	5.724	5.468	5.229	5.008	4.802	4.611	3.824	3.249	2.814	2.478	1.993
15	13.865	12.849	11.938	11.118	10.380	9.712	9.108	8.559	8.061	7.606	7.191	6.811	6.462	6.142	5.847	5.575	5.324	5.092	4.876	4.675	3.859	3.268	2.825	2.484	1.995
16	14.718	13.578	12.561	11.652	10.838	10.106	9.447	8.851	8.313	7.824	7.379	6.974	6.604	6.265	5.954	5.668	5.405	5.162	4.938	4.730	3.887	3.283	2.834	2.489	1.997
17	15.562	14.292	13.166	12.166	11.274	10.477	9.763	9.122	8.544	8.022	7.549	7.102	6.729	6.373	6.047	5.749	5.475	5.222	4.988	4.775	3.910	3.295	2.840	2.492	1.998
18	16.398	14.992	13.754	12.659	11.690	10.828	10.059	9.372	8.756	8.201	7.702	7.250	6.840	6.467	6.128	5.818	5.534	5.273	5.033	4.812	3.928	3.304	2.844	2.494	1.999
19	17.226	15.678	14.324	13.134	12.085	11.158	10.336	9.604	8.950	8.365	7.839	7.366	6.938	6.550	6.198	5.877	5.584	5.316	5.070	4.843	3.942	3.311	2.848	2.496	1.999
20	18.046	16.351	14.877	13.590	12.462	11.470	10.594	9.818	9.129	8.514	7.963	7.469	7.025	6.623	6.259	5.929	5.628	5.353	5.101	4.870	3.954	3.316	2.850	2.497	1.999
25	22.023	19.523	17.413	15.622	14.094	12.783	11.654	10.675	9.823	9.077	8.422	7.843	7.330	6.873	6.464	6.097	5.766	5.467	5.195	4.948	3.985	3.329	2.856	2.499	2.000
30	25.808	22.396	19.600	17.292	15.372	13.765	12.409	11.258	10.274	9.427	8.694	8.055	7.496	7.003	6.566	6.177	5.829	5.517	5.235	4.979	3.995	3.332	2.857	2.500	2.000
40	32.835	27.355	23.115	19.793	17.159	15.046	13.332	11.925	10.757	9.779	8.951	8.244	7.634	7.105	6.642	6.233	5.871	5.548	5.258	4.997	3.999	3.333	2.857	2.500	2.000
50	39.196	31.424	25.730	21.482	18.256	15.762	13.801	12.233	10.962	9.915	9.042	8.304	7.675	7.133	6.661	6.246	5.880	5.554	5.262	4.999	4.000	3.333	2.857	2.500	2.000

图书在版编目（CIP）数据

成本管理学/孙茂竹，姚岳编著. —3版. —北京：中国人民大学出版社，2019.9
新编21世纪财务管理系列教材
ISBN 978-7-300-27428-7

Ⅰ.①成… Ⅱ.①孙… ②姚… Ⅲ.①成本管理-高等学校-教材 Ⅳ.①F275.3

中国版本图书馆CIP数据核字（2019）第203883号

北京高等教育精品教材
新编21世纪财务管理系列教材
成本管理学（第3版）
孙茂竹　姚　岳　编著
Chengben Guanlixue

出版发行	中国人民大学出版社		
社　　址	北京中关村大街31号	**邮政编码**	100080
电　　话	010－62511242（总编室）		010－62511770（质管部）
	010－82501766（邮购部）		010－62514148（门市部）
	010－62515195（发行公司）		010－62515275（盗版举报）
网　　址	http://www.crup.com.cn		
经　　销	新华书店		
印　　刷	天津鑫丰华印务有限公司	**版　　次**	2003年5月第1版
规　　格	185 mm×260 mm　16开本		2019年9月第3版
印　　张	17.75	**印　　次**	2025年1月第6次印刷
字　　数	338 000	**定　　价**	39.80元

教师教学服务说明

中国人民大学出版社财会出版分社以出版经典、高品质的会计、财务管理、审计等领域各层次教材为宗旨。

为了更好地为一线教师服务，近年来财会出版分社着力建设了一批数字化、立体化的网络教学资源。教师可以通过以下方式获得免费下载教学资源的权限：

在中国人民大学出版社网站 www. crup. com. cn 进行注册，注册后进入“会员中心”，在左侧点击“我的教师认证”，填写相关信息，提交后等待审核。我们将在一个工作日内为您开通相关资源的下载权限。

如您急需教学资源或需要其他帮助，请在工作时间与我们联络：

中国人民大学出版社　财会出版分社

联系电话：010-62515987，62511076

电子邮箱：ckcbfs@crup. com. cn

通讯地址：北京市海淀区中关村大街甲 59 号文化大厦 1501 室（100872）